汉字拾趣

郁乃尧 ◉ 著

苏州大学出版社

图书在版编目(CIP)数据

汉字拾趣 / 郁乃尧著. —苏州：苏州大学出版社，2015.1(2015.6重印)
ISBN 978-7-5672-1166-7

Ⅰ.①汉… Ⅱ.①郁… Ⅲ.①汉字—通俗读物 Ⅳ.①H12—49

中国版本图书馆CIP数据核字(2014)第295925号

书　　名：汉字拾趣

著　　者：郁乃尧
策　　划：董　炎
责任编辑：董　炎
装帧设计：刘　俊

出版发行：苏州大学出版社(Soochow University Press)
社　　址：苏州市十梓街1号　邮编:215006
印　　刷：苏州市正林印刷有限公司
网　　址：www.sudapress.com
邮购热线：0512-67480030
销售热线：0512-65225020

开　　本：787 mm×1 092 mm　1/16　**印张**：13.75　**字数**：260千
版　　次：2015年1月第1版
印　　次：2015年6月第3次印刷
书　　号：ISBN 978-7-5672-1166-7
定　　价：35.00元

目　录

第一章　汉字起源说法何其多

汉字是世界上使用时间最久、空间最广、人数最多的文字之一。汉字的创制和应用不仅推进了中华文化的发展，而且对世界文化的发展也产生了深远的影响。早在人类社会之初，生产力极其低下，出于生存的需要，人们不得不联合起来，采用原始、简陋的生产工具，同大自然做斗争。在斗争中，为了交流思想、传递信息，语言诞生了。但语言转瞬即逝，它既不能保存，也无法传送到较远一点的地方去，而某些需要保留和传播到较远地方去的信息，单靠人的大脑的记忆是不行的。那么文字又是怎样发明、产生的呢？最早在汉字专著中勾勒汉字起源的东汉文字学家许慎，在《说文解字·序》中谈及周代之前汉字的源流：远古之时，伏羲氏治理天下，（他）仰观天象，俯察地理，观察鸟兽的形象和大地的脉理，近的取法自身，远的取于他物，在这个基础上，才创作了《易经》和八卦，用卦象示人吉凶。以上所述，可见许慎认为文字的出现经历了许多年代，包括古伏羲时代、神农氏时代、史官仓颉时代，是经验积累的产物（观察天地之间之物、效法身内外之物），不是纯粹主观的产物；是按一定的方法创造而成的（画出八卦图形）。

伏羲、女娲

第一节 “裤带上打个结”
——古老的原始文字符号

结绳记事，即在一条绳子上打结，是文字产生之前帮助记忆的方法之一。

我国上古时期的结绳记事法，史书上有很多记载。战国时期的著作《周易·系辞下传》中记载：“上古结绳而治，后世圣人易之以书契。百官以治，万民以察。”即说我国上古时代，人们用绳打结来治理社会。后世那些有道德、有学问的人运用刻画符号来代替结绳记事。众多官员用来治理政事，众多老百姓用来明察事理。汉朝郑玄的《周易注》中记载：“古者无文字，结绳为约。事大，大结其绳；事小，小结其绳。”意思是说，上古时代没有文字，用绳打结作为约定。大事用绳打大结，小事用绳打小结。《庄子·胠(qū)箧篇》上也有类似记载：古代的老百姓是拿结绳当作文字使用的。

结绳记事

结绳记事起源于旧石器时代后期，当时绳索是原始人生活中的重要发明和重要用品，不但用来捆束东西、捆扎武器、捆绑野兽、遮蔽或装饰身体，而且用来记录大事。古代的甲骨文中没有“记”字，最早的“记”是“纪”字，古字为：[illegible]、[illegible]、[illegible]，这就是结绳记事的象形。以后甲骨文中还保留着结绳记数的图像(见左图)。古人为了要记住一件事，就用绳子在裤带上打个结。以后看到这个结，他就会想起那件事。如果要记住两件事，他就打两个结。记三件事，他就打三个结，如此等等。如果他在绳子上打了很多结，恐怕他想记的事情也就记不住了，所以这个办法虽简单但不可靠。古代人还用大小、形式、颜色等不同的绳子，表示不同的事物；这样一串绳结可以代表好几件彼此相关的事，或一件比较复杂的事；用不同颜色的绳结还可以记载不同的事。结绳可以传递到远方，并留传给后代子孙呢！鲁迅在《门外文谈》中讲到“字”是怎样来呢？“我们那里的乡下人，碰到明天要做一件紧要事，怕忘记时，也常说：裤带上打一个结！”打绳结从记数逐步发展到记事与帮助回忆的作用。据说波斯王大流士给他的指挥官们一根打了60个结的绳子，并对他们说：“男子汉们，从你们看见我出征那天起，每天解开绳子上的一个结，到解完最后一个结那天，要是我不回来，就收拾你们的东西，自己开船回去。”

古代人们依靠绳子办事，包括治理国家，实际上并无文字，结绳记事的背景是“古者无文字”而已。而许慎等学者却把结绳与文字起源混为一谈。清代有不少学者认为文字是由“一”起变形而成，而“一”则隐合着绳形，有的称它为“绳形字母书”。民国著名学者刘师培认定绳形就是结绳时代的文字。少数汉字至今仍有结绳痕迹，如“十”、“廾”、“卅”、“册”等。结绳记事为上古记事的一种方法，毕竟不能全面地记载复杂的事物，文明发展到一定程度时，必然会被图画或文字取代。

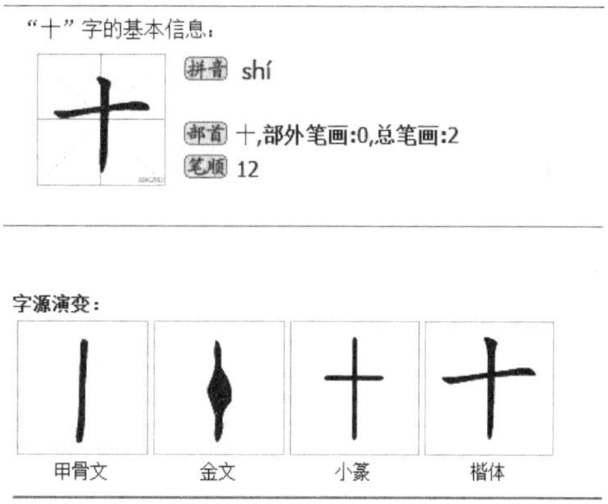

“十”字的演变

神农氏的时代，使用结绳记事的办法治理社会，管理当时的事务，社会上的行业和杂事日益繁多，也随着发生了掩饰作伪的事情。

第二节　刻削符号记事

——贾湖契刻符号为汉字雏形

古人从结绳记事演变成刻削符号记事，再将其系统化成为汉字。《说文解字》：“上古结绳而治，后世圣人易之以书契。”

甲骨文　小篆　楷书　楷书伪变

古文字的“契”字，本为象形字。甲骨文中右边是一把刀形，左边一竖三横。表示用刀在一块小木条上刻下的三个记号。它形象地反映了上古时代结绳记事之外的另一种主要记事方法——契刻记事。楷书的“契”字增加“木”旁则表示这种契刻记事是以木条为材料的。后来“木”误写成“大”，就成了今天的“契”字。“契”字的本义为“刻”。有人把右上方“刀”字写成“刃”字，其实这是不对的。“契”字从“刀”而绝不从“刃”。但想不到的是，契刻记事在新中国成立初期还发挥过它的作用呢！中央人民政府访问团在云南发现过一块刻木板，上面刻着“|||○ ×|||”的标记。这表示两层意思：曾经的意思是来了三个人，月圆时我们会面了；现在又可以表示送去三包礼物，分送给三位领导人。这就是用符号刻画在木头上的契刻记事方法。所谓刻木记事，就是在木头上刻出许多不同符号，用来帮助记忆、储存信息或传递信息，缺口深的表示重大事件，浅的表示较小事件。随后再发生什么事件，就拿出木板，由老年人讲析每个符号所代表的事情。一开始时的刻痕可能只有深的或浅的，后来又有直线、斜线、交叉线等刻痕，用来表示较为复杂的事情。刻有符号的木头常常一年又一年、一代又一代地传下去。

我国的先民还利用过其他实物来表达某种含义，如用坟堆、陵墓等作为人们记忆的符号；用地界、石板、围墙等作为财产范围的标记。今天我们能够看到的先民较为成熟的记事方式是使用字形图画，远古的文字符号是从象形图画开始的。例如关于人的事，就画上个人形；记载打猎的收获，就画上象、鹿、野牛或者其他图像。

贾湖契刻符号

1987 年发掘出贾湖契刻符号，称其为中国最早的文字雏形。河南贾湖遗址中出土的龟甲上契刻的符号，共 17 个，从其形状看，具有多笔组成的结构，应承载契刻者的一定意图。如近似甲骨文的“目”字、“曰”字等，年代距今 8000 年以上。

这批甲骨契刻符号，是河南省文物研究所在舞县北 22 公里贾湖村东侧裴李岗文化遗址中发掘出土的，引起学术界广泛关注。遗址面积 5 万多平方米，地下遗迹和遗物十分丰富，是一处距今 8000 年左右的原始社会聚落遗址。该遗址的墓葬中随葬有成组龟甲。这些用作记事或抒发情怀的契刻符号，契刻在随葬的带孔的龟甲甲板上，带孔的龟甲甲板则是远古人类用于占卜的佩在身上的饰物。贾湖遗址中出土的龟甲上契刻的符号形体，有的与安阳殷墟甲骨卜辞的形体十分相似。因此可以肯定契刻符号与甲骨文卜辞之间存在着一脉相承的关系。而贾湖遗址中出土的龟甲上契刻的符号比以往发现的仰韶文化或大汶口文化陶器上的符号或图形要早一两千年，比安阳殷墟甲骨文卜辞要早 4000 多年。其中个别符号形体已与安阳殷墟出土的商代甲骨文字字形相似。

专家研究，刻符结构为“横”、“点”、“竖”、“撇”、“捺”、“竖勾”、“横折”等笔画，书写特点也是先横后竖，先左后右，先上后下，先里后外，与汉字基本结构相一致。有些契刻符号的形状与其 4000 年后的商代甲骨文有许多相似之处，如形似眼目的“目”、光芒四射的太阳纹等。8000 年前贾湖契刻与比它晚四五千年的殷墟甲骨文有着惊人的相似处，一是书写工具相同，皆以利器为工具，把符号刻在龟甲、骨器上；二是作用相同，商代甲骨文是用来记载占卜内容的，而贾湖契刻也与占卜相关；三是造字原理相同，贾湖契刻是事理符号，而甲骨文的事理文字很多。

石器与骨笛

香港中文大学饶宗颐曾对贾湖契刻进行了深入的探讨和考证,认为“贾湖刻符对汉字来源的关键性问题提供了崭新的资料”。北京大学历史系古文字学家葛英会也认为“这些符号应该是一种文字”。有的学者认为“贾湖契刻的发现,为商代甲骨文的历史源头探索提供了可靠的证据”。学者在龟甲、骨器、石器、陶器上发现了10多例契刻符号,除了在骨笛上所见的设计音孔时的刻记和契刻骨板上的单道刻记外,可以确认的契刻符号共发现有17例。其中龟甲有9例,骨器上3例,石器上2例,陶器上3例。

贾湖原始文字发表之后,许多学者都曾试图进行解读。由于这些符号过于抽象,目前还不便对之进行臆测,但其都具有一定的形态,可以肯定它们记录了当时的主人一定的寓意。而义是要用语言来解读的,因之也应有对应的语言。若如此,这些刻符就具备了文字的形、音、义的基本条件。尽管它大多只是单字,但已具备了文字的基本功能。所以,称其为原始文字,或具有文字性质的符号,当是可以成立的。

贾湖刻符和后来的甲骨文、金文和现代的汉字一样,从书写特征看,贾湖契刻与商代甲骨文是一致的,同样刻在坚硬甲骨等物体上,笔画遒劲,撇折有矩。贾湖刻符也是现代汉字书法艺术的先驱。我国文字起源应归纳为指事与象形两个系统,陶器上的绘画只是花纹,而不是文字。而贾湖契刻符号与汉字的基本结构、组合方式、书写特征都是一致的,汉字的基础在8000年的贾湖时期已经奠定,贾湖刻符的性质及与汉字起源的关系不言而喻。汉字由语段文字阶段发展到语词文字阶段,从现有资料来看,自贾湖契刻符号到商代甲骨文,至少经历了4000多年的历程。成熟的商代甲骨文之所以被认为是突然出现,主要原因很可能是载体的变化。寻找这类过渡阶段的文字载体,是解决汉字起源之谜的主要途径,应是我们考古工作者今后的努力方向之一。

第三节　大汶口陶尊符号
——全面继承与发展造字规律

今天我们能够看到的先民较为成熟的记事方式是使用象形图画字。20世纪60年代初,山东莒(jǔ)县农民在修理当地一条河道时,发现了一个刻画有图像符号的陶器。80年代初,莒县陵阳河原始社会晚期遗址在30多座墓葬中发现了20个图像符号。90年代又先后在安徽、浙江等地发现了类似的陶器图像符号。无可非议,这批图像符号与造字的全面继承与规律发展有着较大的关

山东莒县发现刻有图像符号的陶器

刻有陶文的陶器

系。华夏氏族部落约在5000年前进入父系氏族社会。其时苗蛮部落活动在长江流域，著名的部落首领有伏羲和女娲。而山东莒县正好属于东方部落大汶口文化遗存之一。莒县农民发现的陶器刻画有图像符号，有专家认为这些陶尊符号应是早期的汉字，称它为大汶口文化的陶尊文字或大汶口文化的图像文字。专家认为莒县陶尊文字是栖息在东方的太昊（hào）部落遗存。这个部落常在春季燃火祭祀太阳，陶尊文字就是有了四季概念的先民的祭祀符号。距今四五千年的山东大汶口文化遗址中发现了刻有陶文的陶器，这些陶文与古文字已有相似之处。左图可见为一个合体图画会意字——“炅”（热），太阳在云气之上，云气之下有五峰耸立（一说海水）。可以看出，文字是以象形为基础，由图画符号演变而来，后由史官或巫进行加工整理而成的表意文字。有人认为下面的不是山，而是火的象形图案。古人以三为多，表示山、手指、脚趾都是以三为限。如果是山，三个山头足矣，绝不会列五个山头。

大汶口陶文，多刻在大口陶尊上，也有以红色颜料书写在陶壶上的，该陶文已发现的文字，可释读的有：“Ⅲ”，就是“戉（钺）”；“Ⅳ”是“斤（斧）”；“Ⅴ”就是“旦”；等等。这些陶文的年代距今约4500年。它们在几百公里的地域内通用，有一字在不同地域，使用达6次之多，故被公认为中国最早的文字之一。大汶口陶尊符号具有固定的字形、字音与字义，符合文字公认的条件。值得注意的是，把陶尊符号与甲骨文比较，陶尊符号是甲骨文的雏形，甲骨文应是从陶尊符号演变而来的。大汶口文化陶尊符号，造型复杂多变，用笔随形取姿，直笔弧线皆用，多是对物象直观的描绘和组合指事，所以应属图画符号（见右下图）。从总的艺术风格分析，骨刻文应该是主要继承了这一系统陶符的传统，特别是象形和指事创作指导思想，骨刻文全面继承并很快发展出主要的造字规律。现在我们可先粗粗勾画出这样一个源流传承关系：大汶口文化陶符与骨刻文、甲骨文、金文属直接的一脉传承关系。大汶口文化陶尊上刻画的符号是一种文字产生过程中的指事现象。骨刻文直接继承了这一传统，把指事发展成为一种主要的造字规律。目前，有的学者认为大汶口陶尊上的刻画已经是文字。

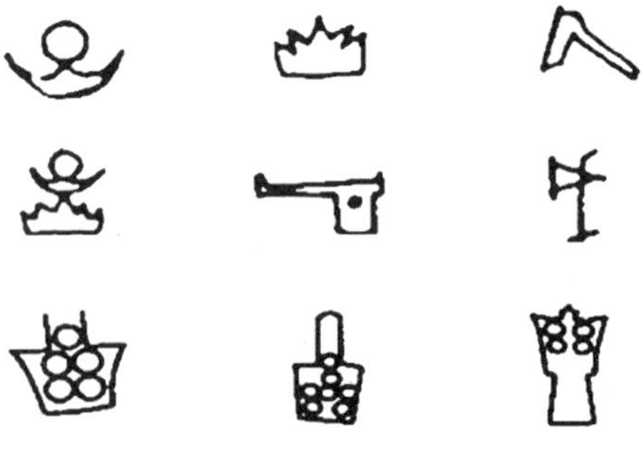

大汶口陶文

但目前这种符号还发现较少，是一器一字，只起到一定的标志作用，虽还不能说明是一种记事现象的文字，但它是骨刻文的源头。在远古时代，由于记事和表意的需要，人们就用图寓意，并把它刻绘于木石、山壁之上。比如需要记载渔猎的事，就画出鱼和网，后来这种图画逐渐线条化，就演变成为早期的图画文字。

虽然说早期的记事、记物的图画，只是人们帮助记忆的手段，并不是文字，但这种科学手法的使用，直接促成了汉字的产生。还有在早期的甲骨文、金文中，我们可以看到图画的痕迹，就是从小篆中，我们也能看到。后来人们为了能够把客观事物和人的思想精确而详细地记载下来，便把记事图画加以简化、调整、充实，作为符号，使它能代表具体的语言成分，赋予它一定的音义，这样就产生了人类最早的汉字。

第四节　八卦

——八种自然现象推衍出的符号

文字产生之前，有个过渡阶段。那就是伏羲氏用来表示世界上客观事物的八卦符号，因此八卦符号就是创造汉字的来源之一。《周易·系辞》："古者庖牺（伏羲）氏之王天下也，仰则观象于天，俯则观法于地，视鸟兽之文与地之宜，近取诸身，远取诸物，于是始作八卦，以通神明之德，以类万物之情。"这段话大意是说，伏羲氏太昊抬头观察天象变化，低头看到鸟兽蹄迹；近处就效法起自身之状，远处就效法起身外之物，从而画出了八卦。《通鉴续编》中说："太昊德合上下，天应以鸟兽文章，地应以河图洛书，于是仰视观象于天，俯观法于地，中观万物之情，始画八卦。"八卦用蓍（shī）草或小竹棍之类的筹策来演算，八卦的符号代表了八种自然现象。它运用的基本符号是：

伏羲氏与八卦图

八卦总的含义：一、乾，健也；坤，顺也；坎，陷也；离，丽也；震，动也；兑，说也；艮（gěn），止也；巽（xùn），人也。二、乾为马，坤为牛，坎为豕，离为雉，震为龙，兑为羊，艮为

狗，巽为鸡。三、乾为首，坤为腹，坎为耳，离为目，震为足，兑为口，艮为手，巽为股。四、乾，天也，故称乎父。坤，地也，故称乎母。坎，再索而得男，故谓之中男。离，再索而得女，故谓之中女。震，一索而得男，故谓之男。兑，三索而得女，故谓之少女。艮，三索而得男，故谓之少男。巽，一索而得女，故谓之长女。

八卦

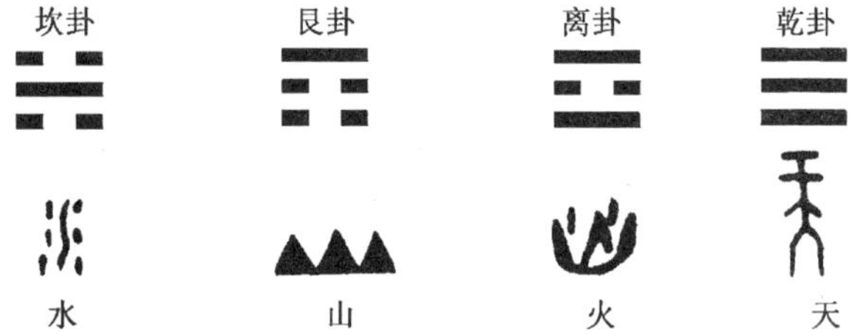

八卦符号和后来的文字有相似的地方，比如用☵表示水的形象，和甲骨文、金文、小篆里“水”的字形是一致的。现在的“益”字上半就是水字的横写。“益”的本义是表示器皿中水满溢出来，“益”就是“溢”的本字。八卦来源于客观的物质世界，然而汉字中虽有个别文字采用了原始八卦符号作为构字偏旁，但绝不能因此认为汉字起源于八卦，因为八卦与汉字是两种性质完全不同的符号系统，八卦只是一种记事符号，并不与语言中特定的词发生对应关系。当然我们也不能否定八卦这种从自然直观的具体观察出发转化为抽象的符号模式的创造过程，对汉字的创造有极其重要的影响。

第五节　上古太极八卦的一双翅膀
——“河图”与“洛书”

“河图”与“洛书”是中国古代流传下来的两幅神秘图案，历来被认为是河洛文化的滥觞（shāng）。“河图”、“洛书”是中华文化阴阳五行术数之源。这是文字神赐说的典型代表。最早记录在《尚书》之中，其次在《周易》之中，诸子百家多有记述。太极、八卦、周易、六甲、九星、风水等皆可追源至此。相传，上古伏羲氏时，洛阳东北孟津县境内的黄河中浮出龙马，背负“河图”，献给伏羲。伏羲依此而演成八卦，后为《周易》的来源。

中华文字之祖——伏羲氏

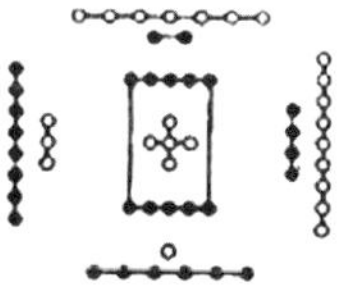

河图

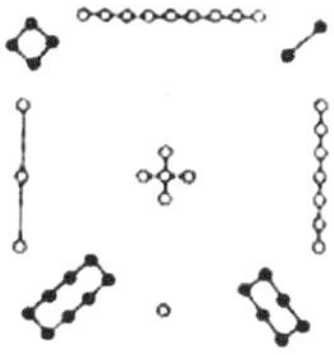

洛书

相传大禹时，洛阳境内洛河中浮出神龟，背驮“洛书”，献给大禹。大禹依此治水成功，遂划天下为九州。又依此定九章大法，治理社会，流传下来收入《尚书》中，名《洪范》。《周易·系辞上传》说“河出图，洛出书，圣人则之”，就是指这两件事。“河图”上，排列成数阵的黑点和白点，蕴藏着无穷的奥秘；“洛书”上，纵、横、斜三条线上的三个数字，其和皆等于15，十分奇妙。

《周易·系辞》载：“古者庖牺氏之王天下也……于是始作八卦，以通神明之德，以类万物之情。”庖牺，就是伏羲。伏羲象天法地，观鸟兽之文，近取身，远取物，通过对宇宙人生的深思，画出了八卦。大地湾遗址位于甘肃天水市秦安县东北五营乡邵店村，距天水市102公里，为新石器早期及仰韶文化早、中、晚各期文化遗址。大地湾遗址1958年后即公布为省级文物保护单位，1978年秋开始发掘，1988年被公布为全国重点文物保护单位。伏羲画八卦，开启了华夏文明，当然是华夏文明的根。早在战国之前的儒家早期经典和史书中，已经记述了伏羲画八卦、结网罟（gǔ，渔网）以佃（向官府租种土地的农民）以渔，创文字以代结绳之政和以龙纪官等重要内容。战国早期桓公问于管子曰：“轻重安施?”管子对曰：“自理国虙戏以来，未有不以轻重而能成其王者也。”公曰：“何谓?”管子对曰：“虙戏作造六峜以迎阴阳，作九九之数以合天道，而天下化之。”（《管子·轻重戊》）虙戏，就是伏羲；管仲也认为，伏羲氏“作造六峜”是“合天道”，明“轻重”，目的是化“天下”。（“峜”：“法”的讹字。）伏羲氏创造造字六种方法，这符合自然界规律，表明事物的多少，目的是造化天下。

八卦又是汉字的起源。汉代许慎在《说文解字·第十五》中指出：伏羲氏八卦、神农结绳记事、黄帝时仓颉造书契，为中国文字原创到定型的三个阶段，画八卦是中国最早的文字创造活动。画八卦，由数起，是对“数”的探索；而把画八卦作为中国最早的文字创造活动，是对语言进行记录的探索。“数”和“字”合在一起，就是数字；而八卦本身又是“图”，数字与图结合才能够尽可能地记录人类的语言与活动，成为载道（记载思想）的工具。

第六节　古老而神秘的龙图腾

伏羲、女娲像

从传说的黄帝时期，到夏王朝正式确立，经历了“三皇”、“五帝”，大约五六百年的岁月，这就是我国古文字创造初期。当时天下没有真正的统一，只是各部族各自为政，各部落也各自造字。为此所造的字，大多带有象形图解，而龙的形象丰富，“龙”的字形也有了很大的发展变化。在古书上，龙和蛇是难以分清的。传说中开天辟地的盘古是人面蛇身。伏羲氏和他的妻子女娲的形象也是人面蛇身。夏禹是伏羲氏的后代，也是人面蛇身，死后化为黄龙，飞上了天，就和云雨雷电产生了联系。人们看到龙卷风，就认为是海上的龙在吸水；下雨之前，往往有蛇出来，就认为这是下雨的预兆。

对于“龙”字在甲骨文中的原型，近代文字学家各有说法：章太炎等认为是食象蛇；罗振玉认为是鳄鱼；还有人认为龙是象形字中古怪的字，无法知道它是何物。其实，龙属于一种特殊的象形字，不同于一般描摹事物外部形态的象形字。人们通过对云的神化而产生了龙。所以原始社会的龙，实质上是人们崇拜的图腾。我国原始社会氏族、部落林立；古华夏部落首领轩辕黄帝，传说就具有黄龙的体形。炎帝神农氏也是“感神龙”所生的龙体。黄帝的儿子有十二个姓，其中“僖”、“巳（sì）”两姓是龙、蛇族。黄帝部族图腾体系中原本有蛇，后来又演变为龙。该集团中夏族，也是以蛇为图腾的，夏族英雄大禹的母亲姓姒，姒（sì），从“以”，在古文字中像蛇形。《山海经》中说：“旱而为应龙之状，乃得大雨。”龙的形象在传说中一步步丰富起来，通过传说所创造的龙的形文演变如下：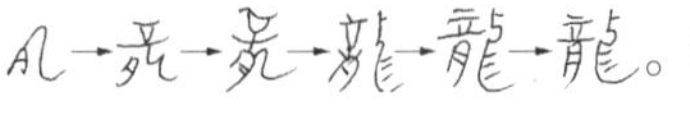。我们从“龙”字的变化可以看出，它确是古老而神秘的，其中或多或少可以悟出我国最早古文字形象吧！

甲骨文　　金文　　小篆　　楷书　　简化字

甲骨文的“龙”字与传说中的龙，有几分相似，形体像龙形，上为头，下为尾，左为腹，右为背。甲骨文中的“龙”又作Aℓ，前面的A表是龙头，后半部S表示蜷曲的身体。由于人们将龙神化，ℓ，表示蜷曲的云；A，向下张开的口，表示可以吐水，将龙的功能，形象地表示出来了。商末龙母尊中金文“龙”字，也像龙形，上部是角，角下是头，嘴巴朝左张开，露出两颗锋利的牙齿，左边是弯弯曲曲的龙身。春秋战国时，龙角变为“辛”字的上部，龙头变为“月（肉）”，龙身变为连着龙头的一条钩形下弯线。战国古金器上的“龙”字，龙背上恢复了三条脊棘。在这基础上发展而成的秦代小篆，已经与“龙”的繁体字相去不远了。《史记》中有这样的传说：汉高祖刘邦的母亲在大河斜坡上歇息，梦中与神灵相遇。这时候雷电交作，天空忽明忽暗。她的丈夫前去看望她，看到她身上有一条蛟龙。不久她就有了身孕，于是产下了汉高祖。而汉高祖的长相又是“隆准而龙颜”。到了魏晋南北朝时，在《郑长猷造像记》碑刻里开始出现了接近今繁体字的“龙”字，这以后又在民间俗字里出现了省掉左旁龙角龙头，只有龙身和一条脊棘的龙，即今天简化的“龙”字。

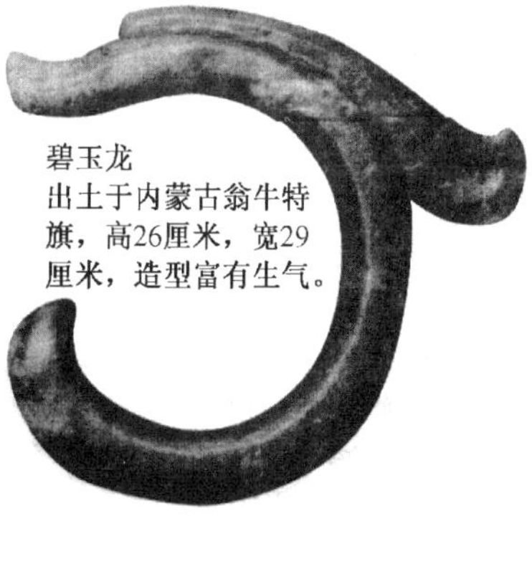

碧玉龙
出土于内蒙古翁牛特旗，高26厘米，宽29厘米，造型富有生气。

内蒙古赤峰市翁牛特旗三星他拉村出土的玉雕龙为最早的龙形玉雕“碧玉龙”（见右图），距今5000多年。这种龙形玉雕呈钩曲形，高26厘米，口闭吻长，鼻端前突，上翘起棱，端面截平，有并排两个鼻孔，颈上有长鬣，尾部尖收而上卷，形体酷似甲骨文中象形的“龙”字。龙可以翻云覆雨、翻江倒海，变化莫测、威力无穷，是智慧力量的化身、如意吉祥的表现。传说公元前2700年统治黄河流域的黄帝即龙的化身。所以后世统治者极为推崇这种观点，自诩（xǔ）为真龙天子。他们周围的一切都有龙的标志，从玉木雕龙、画栋柱梁、衣服装饰、日常用品，如龙床、龙袍以及连吃饭的瓷器，都有龙的图案。老百姓把龙看作皇帝的象征，把华裔和中国人都称为“龙的传人”。据考古学家最近研究发现，龙确是起源于辽河流域。较早发现的龙纹是雕刻在商代青铜器上的，但这并不是时代最早的龙。辽宁阜新查海原始村落遗址出土的“龙形堆塑”，为我们的“时间定位”提供了证据。查海遗址属“前红山文化”遗存，距今约8000年。“龙形堆塑”位于这个原始村落遗址的中心广场内，由大小均等的红褐色石块堆塑而成。龙全长近20米，宽近两米，扬首张口，弯腰弓背，尾部若隐若现。这条石龙，是我国迄今为止发现的年代最早、形体最大的龙。（有文章称，山西省吉县柿子滩石崖上有一幅距今达1万年的鱼尾鹿龙岩画，当是龙的最早的雏形。这幅岩画未见发表，其面目如何，还不得而知。）接下来还有内蒙古敖汉旗兴隆洼出土的距今达7000～

8000 年的陶器龙纹，陕西宝鸡北首岭遗址出土的距今达 7000 年的彩陶细颈瓶龙纹，河南濮阳西水坡出土的距今 6400 多年的蚌塑龙纹等。龙的描绘的起点在新石器时代，经过商、周至战国时期的长足发展，到秦汉时便基本成形了。龙起源于新石器时代早期，距离今天的时间不会少于 8000 年。

龙的图案

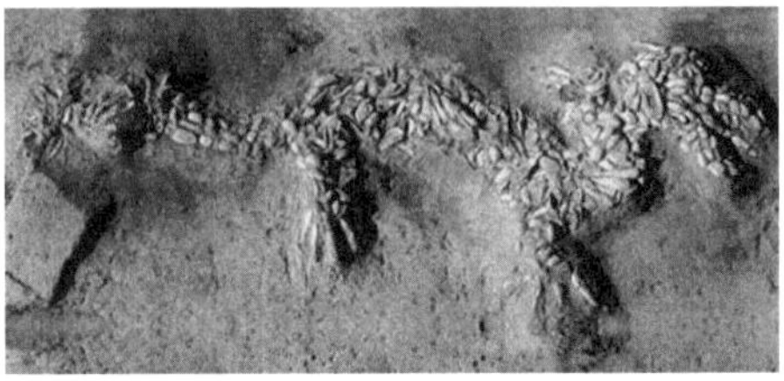

龙形堆塑

第七节　轩辕黄帝的选择

轩辕黄帝

传说中上古帝王轩辕氏，姓公孙，生于轩辕之丘，故称为轩辕氏。据传他出生几十天就会说话，少年时思维敏捷，青年时敦厚能干，成年后聪明坚毅。建国于有熊河（今南新郑），亦称为有熊氏。时蚩尤暴虐无道，兼并诸侯，当时的天下共主、发明农耕和医药的炎帝神农氏已经衰落，酋长们互相攻击，战乱不已，生灵涂炭，神农氏无可奈何，求助于黄帝。黄帝毅然肩负起安定天下的责任，与蚩尤战于涿鹿，双方的战士英勇无畏，战斗十分激烈。黄帝在大将风后、力牧的辅佐下，终擒蚩尤而诛之，诸侯尊为天子，以取代炎帝，成为天下的共主。因有土德（帝后的功德）之瑞，故称为黄帝。黄帝在位时间很久，国势强盛，政治安定，文化进步，有许多发明和制作，如文字、音乐、历数、宫室、舟车、衣裳和指南车等。相传尧、舜、禹、汤等均是他的后裔，因此黄帝被奉为中华民族的共同始祖。每个民族都有自己的传说时代，黄帝就是中国传说时代的一位代表人物。人们在他的身上集中了古人的各种优点、诸多创造，将他奉为人文始祖。

5000 年前轩辕黄帝统一了中国，但他并没有志得意满，反而战战兢兢、忧心忡忡。因为当时中国有许多部落，每个部落都有自己的信仰、自己的图腾、自己的崇拜。所以表面上看起来这个国家统一了，但轩辕黄帝对很多事情都很担忧，其中最费心的就是文字，而当时各大部落的文字五花八门:图画文字、拼音文字、符号文字、楔形文字——轩辕黄帝首先考虑的是拼音文字,因为它只有几十个字母,简单易学。但拼音文字跟着语音而变化,各地语言不同,拼出来也就不同。当时中原大地幅员辽阔,疆域万里,东西南北语言也迥然不同。尽管字母并无二致,但拼写出来却无法互读相通,时间一长必然形成不同的文化中心,进而形成不同的政治中心。文字是信息交流的载体,如何才能找到一种多元文化的共同载体,超越语音而直显本意呢?轩辕黄帝清楚地意识到:这是关乎天下和谐大同的万年大计,故而他放弃了简单易学的拼音文字,最终选择了最具挑战性的形意文字——汉字。从此,世世代代的炎黄子孙,也注定了从幼年开始要面对严峻的挑战,学习繁复的形意文字。正因为这样,九州大地虽然吴语、粤语等方言众多,而龙的传人却由于统一运用汉字而能互读相通,形成了一个大同的文化中心,始终被汉字这条坚韧不拔的根脉紧密联系在一起。

第八节　与神祇的对话

——仓颉造字的传说

造字的仓颉

仓颉,又称苍颉,姓侯刚,号史皇氏,黄帝时史官,曾把流传于先民中的文字加以搜集、整理并加以使用,在汉字创造的过程中起了重要作用,为中华民族的繁衍和昌盛做出了不朽的功绩。人们普遍认为汉字由仓颉一人创造只是传说,不过他可能是汉字的整理者,被后人尊为“造字圣人”。而仓颉造字,应归功于诸子以来古籍记载,又归功于民间广泛传说。《韩非子·五蠹(dù)》在讲及公私相互对立时,是仓颉在创造的文字中,把“私”字写作围绕自己的“厶”(古“私”字),又把“厶”加上“八”(古义背)就写成了“公”字。据《说文解字》记载:(到了黄帝的时代)黄帝的史官仓颉看到鸟兽的足迹,悟出纹理有别而鸟兽可辨,因而开始创造文字。文字用于社会之后,百业有定,万类具明。仓颉造字的本意,大概取意于《夬(jué)卦》。《夬卦》说,臣子应当辅佐君王,使王政畅行。这就是说,仓颉创造文字是为了宣扬教令、倡导风范,有助于君王的施政。君王运用文字工具,更便于向臣民施予恩泽,而臣民应以立德为本,切不可自恃具有文字之工去捞取爵禄。仓颉初造文字,是按照物类画出形体,所以叫作“文”,随后又造出合体的会意字、形声字,以扩充文字的数量,这些文字就叫作“字”。叫它为“字”,是说它来自“文”的滋生,使文字的数量增多。把文字写在竹简、丝帛上,叫作“书”。“书”意味着写事

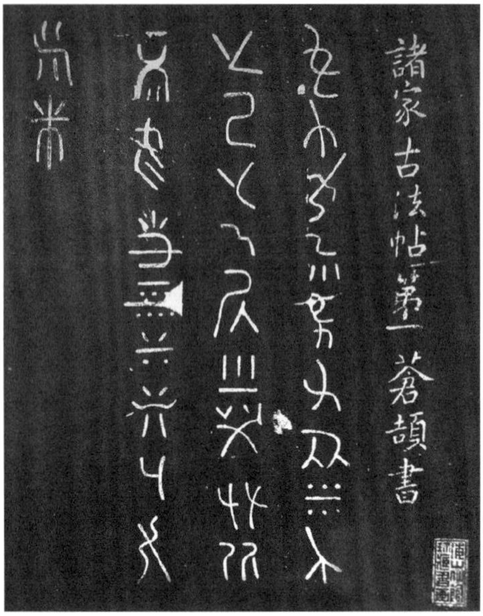

仓颉帖

像其事。文字经历了“五帝”、“三皇”的漫长岁月，有的改动了笔画；有的造了异体，所以在泰山封禅祭天的七十二代君主留下的石刻，字体各不相同。以上所述，可见许慎认为文字的出现经历了许多年代，包括伏羲时代、神农氏时代、史官仓颉时代，是经验积累的产物。

民间传说，有一次，仓颉就是从绳结记录的史书给黄帝提供错误的史实，致使黄帝在和炎帝的边境谈判中失利。事后，仓颉愧而辞官云游天下，遍访录史记事的好办法。三年后他回到故乡白水杨武村，独居深沟“观奎星圜曲之式，察鸟兽蹄爪之迹”，整理得到的各种素材，创造出了代表世间万物的各种符号。“奎有芒角，下主辞章。”历代文人都崇拜奎星，各地为之建楼奉祀。他给这些符号起了个名字，就叫作“字”。仓颉的字都是依照万物的形状造出来的。譬如：“日”字是照着太阳红圆的模样勾的；“月”字是仿着月牙儿的形状描的；“人”字是端详着人的侧影画的……仓颉首创文字的事后来被黄帝知道了，他大为感动，乃赐仓姓。“仓”字的繁体写法其意是“君上一人，人下一君”。

又相传仓颉在黄帝手下当官，黄帝分派他专门管理圈里牲口、屯里食物的数目。仓颉挺聪明，做事又尽力尽心，很快熟悉了所管的牲口和食物，难得出差错。可随着牲口、食物的储藏在逐渐增加、变化，记不住了。当时又没有文字，更没有纸和笔。怎么办呢？仓颉整日整夜地想办法，先是在绳子上打结，用各种不同颜色的绳子，表示各种不同的牲口、食物，用绳子打的结代表每个数目。但时间一长久，就不奏效了。这增加的数目在绳子上打个结很便当，而减少数目时，在绳子上解个结就麻烦了。仓颉又想到了在绳子上打圈圈，在圈子里挂上各式各样的贝壳，来代表他所管的东西。增加了就添一个贝壳，减少了就去掉一个贝壳。这法子一连用了好几年。黄帝见仓颉这样能干，叫他管的事情愈来愈多，年年祭祀的次数、回回狩猎的分配、部落人丁的增减，也统统叫仓颉管。仓颉凭着添绳子、挂贝壳已无法适应了。怎么才能不出差错呢？这天，他参加集体狩猎，走到一个三岔路口时，几个老人为走哪条路争辩起来。一个老人坚持要往东，说有羚羊；一个老人要往北，说前面不远可以追到鹿群；一个老人偏要往西，说有两只老虎，不及时打死，就会错过了机会。仓颉一问，原来他们都是看着地上野兽的脚印才认定的。仓颉心中猛然一喜：既然一个脚印代表一种野兽，我为什么不能用一种符号来表示我所管的东西呢？他开始创造各种符号来表示事物。果然，这样可以把事情管理得很好。

黄帝知道后，大加赞赏，命令仓颉到各个部落去传授这种方法。渐渐地，这些符号的用法全推广开了。就这样，文字形成了。

仓颉造了字，黄帝十分器重他，人人都称赞他，他的名声越来越大。仓颉就有点自傲了，什么人也看不起，造的字也马虎起来。这话传到黄帝耳朵里，黄帝很恼火。他眼里容不得一个臣子变坏。怎么叫仓颉认识到自己的错误呢？黄帝召来了身边最年长的老人商量。这老人长长的胡子上打了一百二十多个结，表示他已是一百二十多岁的人了。老人沉吟了一会，独自去找仓颉了。仓颉正在教各个部落的人识字，老人默默地坐在最后，和别人一样认真地听着。仓颉讲完，别人都散去了，唯独这老人不走，还坐在老地方。仓颉有点好奇，上前问他为什么不走。老人说："仓颉啊，你造的字已经家喻户晓，可我人老眼花，有几个字至今还糊涂着呢，你肯不肯再教教我？"仓颉看这么大年纪的老人都这样尊重他，很高兴，催他快说。老人说："你造的'马'字、'驴'字、'骡'字，都有四条腿吧，而牛也有四条腿，你造出来的'牛'字怎么没有四条腿，只剩下一条尾巴呢？"仓颉一听，心里有点慌了：自己原先造"鱼"字时，是写成"牛"样的，造"牛"字时，是写成"鱼"样的。都怪自己粗心大意，竟然教颠倒了。老人接着又说："你造的'重'字，是说有千里之远，应该念出远门的'出'字，而你却教人念成重量的'重'字。反过来，两座山合在一起的'出'字，本该为重量的'重'字，你倒教成了出远门的'出'字。这几个字真叫我难以琢磨，只好来请教你了。"这时仓颉羞得无地自容，深知自己因为骄傲铸成了大错。这些字已经教给各个部落，传遍了天下，改都改不了。他连忙跪下，痛哭流涕地表示忏悔。老人拉着仓颉的手，诚挚地说："仓颉啊，你创造了字，使我们老一代的经验能记录下来，传下去，你做了件大好事，世世代代的人都会记住你的。你可不能骄傲自大啊！"从此以后，仓颉每造一个字，总要将字义反复推敲，还拿去征求人们的意见，一点也不敢粗心。大家都说好，才定下来，然后逐渐传到每个部落去。

又有传说仓颉造字成功，发生过怪事。那一天白日竟然下粟如雨，晚上听到鬼哭。为什么下粟如雨呢？因为仓颉造成了文字，可用来传达心意、记载事情，自然值得庆贺。但鬼为什么要哭呢？有人说，因为有了文字，民智日开，民德日离，欺伪狡诈、争夺杀戮由此而生，天下从此永无太平日子，连鬼也不得安宁，所以鬼要哭了。

仓颉所处的年代约为公元前26世纪。据此推测，四五千年前，我国的文字就比较成熟了。考古发现证明，在五六千年前的仰韶文化、大汶口文化中发现在陶器上刻画的符号有数十种之多，其中有些与甲骨上所见的字类似，因而有人认为它们就是早期文字。至于在龙山文化早期的陶罐上发现的朱书可以肯定是文字，充分表明中国的汉字至少已有

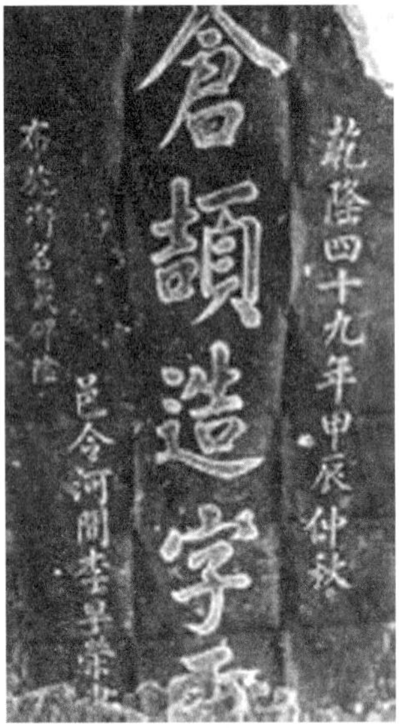

清代李旱荣于仓颉祠旁修“仓颉造字处”石碑

4000 余年的历史。由此可见，文字的出现是人们在长期的社会生活中不断积累、不断总结的结果。而仓颉很可能是总结整理文字，为汉字的形成做出了重大贡献的一个代表人物。

这位史前传说人物，在我国战国以前的典籍中都从未提及。最早提及仓颉者，是战国时期的荀子。其后是《吕氏春秋》和《韩非子》，“仓颉造字”的传说在战国时期已经广泛流传。值得一提的是之后唐朝国画历史家之祖张彦远的《历代名画记·叙画之源流》中解释说：“颉有四目，仰观天象。因俪鸟龟之迹，遂定书字之形。造化不能藏其秘，故天雨粟；灵怪不能遁其形，故鬼夜哭。是时也，书画同体而未分，象制肇创而犹略。无以传其意故有书，无以见其形故有画，天地圣人之意也。”这个意思是说，仓颉生有四只眼睛，抬头可见天空气象万变。一起看到鸟与龟的踪迹，于是定下了书写文字的形体。大自然不能隐藏这个神秘，所以那一天白日竟然下粟如雨；灵巧怪兽不能逃脱它的形状，所以晚上听到鬼哭魂嚎。这时写字与画图形体相同而分不开，刚开始绘制图像，还很不完备，没有办法传达它的意思，所以有了书写的字；没有办法看清事物形体，所以有了画图。这是宇宙大自然间圣贤之人的意思啊！

关于仓颉的故乡传说有二：一是今陕西白水县史官镇北二里多有座仓颉庙，庙后有个大土冢即仓颉墓冢。庙内前殿尚存石碑十五块，其中“仓圣鸟迹书碑”，字与碑保存完好。石碑年代从东汉起，历魏、五胡十六国、唐、宋、元、明、清至民国。早期的有东汉延熹五年《仓颉庙碑》，是金石学上的珍品，五胡十六国时的《广武将军碑》、唐代《仓公碑》、宋代《大宋仓公碑》等。近代于右任先生、陶峙岳将军、朱庆澜将军题写的匾额、对联等留存于庙内殿堂之上。庙内 40 余株古柏已有 3000～5000 年历史。2001 年已列为国家级文物保护单位。二是今河南濮阳市南乐县城西北 35 华里吴村有仓颉陵，占地 70 多亩，内有仓颉庙和造书台，原庙内碑刻林立，“文革”中破坏殆尽。史学家认为仓颉“生于斯，葬于斯”。

仓圣鸟迹书碑

第二章　撩开龟甲兽骨符号的面纱

甲骨文是商朝(约公元前17世纪—公元前11世纪)的文化产物,距今约3600多年的历史。商代统治者迷信鬼神,其行事之前往往用龟甲、兽骨占卜吉凶,以后又在甲骨上刻记所占事项及事后应验的卜辞或有关记事,其文字称甲骨文。甲骨文发现至今已有100多年,河南安阳殷墟等127个坑的发掘亦近80年。春秋末期,河南安阳小屯村称殷,是商朝都城的所在地。公元前11世纪周武王灭商后,殷都在战火中被毁弃,后来变成废墟,大量的甲骨片埋入地下,世人称殷商废都为"殷墟"。而甲骨文原来就是古代人在龟甲兽骨上刻写的文字,为此把它称作"契文"。这些文字大都是殷商时代占卜所使用的文字,所以又称它为"卜辞"。由于刻写材料是龟甲、兽骨,人们习惯地称它为"甲骨文"、"甲文"或"龟甲文字"。殷墟出土的甲骨文叫作"殷墟甲骨文"或"殷墟卜辞"。而1949年后山西一处、陕西三处、北京一处也都发现了甲骨文,与殷商甲骨文相区别,就把它们叫作西周甲骨文。

甲骨文发现地——殷墟(河南安阳小屯村)

甲骨文(龟背)

早在80年前，甲骨学开拓者之一、著名甲骨文学者罗振玉在收藏甲骨的盒子上写道：“龟虽寿三千岁，永不朽在文字。”自清末在河南安阳殷墟发现有文字之甲骨，甲骨文记载了3000多年前中国社会政治、经济、文化等各方面的情形，是现存最早、最珍贵的历史文物。

100多年来，众多学者历经艰辛探索研究，用甲骨文解开了一个又一个历史之谜。但是，甲骨文迄今仍有许多待解之谜。

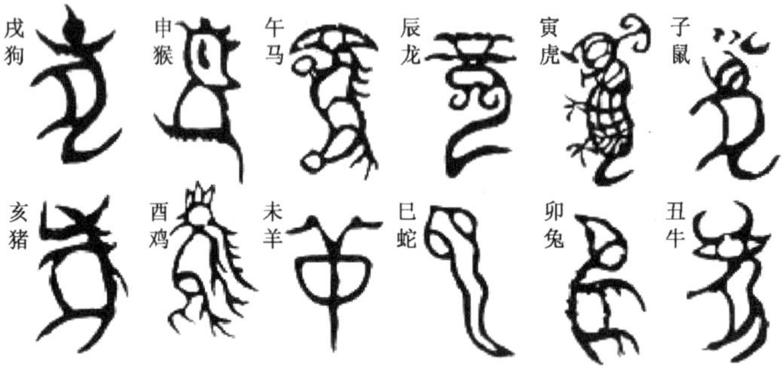

甲骨文生肖字

第一节　甲骨文的三次大发现

1936年6月12日中科院史研所组织的第13次殷墟发掘中有人发现坑壁东北面有一小块带字甲骨，大家继续往下挖，竟接连挖出了760片甲骨。谁也没有料想到，这是一个惊世发现，这是一个殷商王朝的甲骨“档案库”。这个日后编号为YH127坑的甲骨坑位，一下举世闻名，载入史册。经过数天努力，研究人员把这批甲骨整体装入了大木箱。但是，要把这个庞然大物运往南京，在当年可谓困难重重，后来在曾为袁世凯安葬的杠房灵车总指挥的帮助下，终于在1936年7月12日运抵南京，历时整整一个月。惊世国宝甲骨箱运抵南京史研所，引起极大的轰动。各界人士争相传递这个特大新闻。不少达官贵人和政府要员亦附庸风雅，竞相观瞻。当时在宁的汪精卫也亲临现场“指导”工作，指着一个庞然大物说：“哇！好一个大龟啊！”引得在场学者哑然失笑。汪看了半晌，听了介绍，临走时才恍然大悟：原来是好多龟啊！事后，史研所专家仔细察看了甲骨堆积的形状，每发掘一层总是先照相留影，再铺上一层玻璃纸，把每一块甲骨的样子都详细描绘出来，再编上号，工作真是一丝不苟。127号坑室内开挖整理工作持续了三个月才结束，共发现刻辞甲骨17096片，是殷墟发掘以来最重大的收获。为了永久保存殷墟127坑出土甲骨的原汁原味面貌，史研所曾专门请了一位技艺高超的工艺匠师，选用上等的汉白玉材料，雕琢了一个甲骨标本模型。遗憾的是这个珍贵的标本在日寇占领南京时失踪了。

1973 年,中国社会科学院考古研究所安阳工作队在小屯南地的发掘中,共发现刻辞甲骨 5335 片,其中卜骨 5260 片,卜甲 75 片,大版而完整的刻辞甲骨近百版。这是新中国成立以来殷墟发掘中,甲骨文发现最多的一次。

这批甲骨出土时多有明确的地层关系,并与陶器共存。小屯南地的甲骨,大部分属于商王康丁、武乙、文丁时期的卜辞,少量的属于武丁时期和帝乙、帝辛时期的卜辞。甲骨内容也较为丰富,包括祭祀、田猎、征伐、天象、农业、卜询王事等。另外还发现一些地名、人名和方国名等。

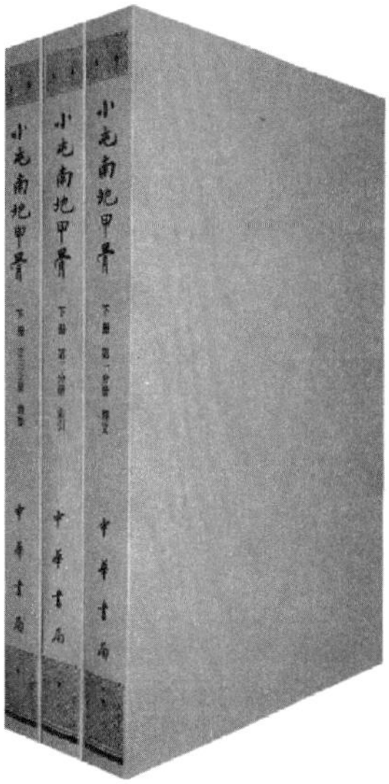

《小屯南地甲骨》集

1991 年秋,为配合安阳的筑路工程,考古所安阳队组织人力在花园庄东地进行钻探。在花园庄东 100 米处,距地表 2.9～3.1 米的深度,钻探人员从探杆头部附着的黄土中,发现了许多无字的小卜甲,初步判断,是个甲骨坑。考古所安阳队于 10 月 18 日在探出甲骨的地方进行发掘,20 日发现了一个长 2 米、宽 1 米、形状很规整的长方形窖穴,编号为花东 H3。21 日挖至距地面 2.9 米时,是密密麻麻的卜甲,但坑内甲骨极易碎裂,看起来完整的卜甲,实际上已断裂成数十片乃至上百片。花园庄东地甲骨坑共发现甲骨 1583 片,其中刻辞甲骨 689 片(卜骨 5 片、卜甲 684 片),以大版的卜甲为主,特别珍贵的是,完整的刻辞卜甲有 228 片。占有字甲骨总数近一半,是 1936、1973 年后殷墟甲骨文的第三次大发现。此坑甲骨卜辞每版字数不等,少的一两个字,一般数十字,最多的 200 多字。卜辞的内容比较集中,主要涉及祭祀、田猎、天象、卜询、疾病等方面。据出土的地层和共存的陶器以及刻辞的内容判断,这批甲骨属武丁早期。此坑甲骨最显著的特点是,甲骨卜辞的主人不是“王”而是“子”(一位地位显赫的高级贵族),属于“非王卜辞”。甲骨内容新颖,字体细小、工整、秀丽,与过去发现的一些特殊书体、卜辞有某些相似之处,但独具风格。花东 H3 卜辞对于“非王卜辞”及商代家族形态的研究有重要意义。

除了上述三次甲骨文大发现外,又于 2004 年 5 月 25 日,在陕西省岐山县周公庙遗址附近的“浩善坑”,共发掘出西周时期的卜甲 700 多片,但其中有刻辞的仅 82 片。据初步清理,可以辨识的文字 350 字,其中属首次发现的“周公”字样出现了 5 次。这批甲骨的发掘举世瞩目,为进一步研究、探讨甲骨文字学提供了可靠依据。

迄今,据不完全记载,中国大陆藏有甲骨文 10 万多片,中国港台地区藏有甲骨文 3 万多片,英美等国藏有甲骨文 3 万多片。这些甲骨文,今均存放在我国包括港台地区和英、美、法、日等国的博物馆内。经前人归纳整理甲骨文单字 5000 多个，已被破译的仅 2000 多个。在这些已经破解的甲骨文中，有三分之一尚需要重新进行解读和会意。

第二节　甲骨文最早识别者之谜

1. 王懿荣服药识甲骨

关于甲骨文的识别，众说纷纭，而其中流传最多的是王懿荣服药识别甲骨的故事。王懿荣（1845—1904），山东福山人，光绪六年进士，官至国子监祭酒（教育行政机构学官）。

王懿荣像

相传清末光绪二十五年（1899）秋天，身居北京城内的王懿荣，患疟疾延请太医诊治。太医诊脉后开出了一张处方，其中一味是中医常用的龙骨。据说龙骨可治刀伤烂疮，又可涩精补肾。王懿荣派家人特地到宣武门外菜市口，找到一家从明代开张的老中药铺达仁堂购药。药买回来后，王懿荣打开药包，无意中发现药包中的“龙骨”上刻有古文字，它与篆文相似而又不相识。作为当时著名的金石学家，王懿荣对此十分惊讶。他开始探索这些古文字。为了寻根问底，他专门派人去那家中药铺用重金购回了全部“龙骨”。经过精心研究，他初步断定，这是更为古老的文字，而且这批“龙骨”应该是商代占卜用的兽骨。那么，这些有最古老文字的龙骨，最早又是怎样发现的呢？

清代光绪年初，我国河南省和河北省的交界处、黄河北岸附近，有一个安阳县（今安阳市）。今天的安阳小屯一带，商代称作“北蒙”，作为都城后改称“殷”。

事情要追溯到 3700 多年前，那时商族的首领叫成汤，战胜了夏朝的国王桀，在黄河中游和长江下游一带，建立了我国历史上第二个奴隶制国家——商朝。想不到几代以后，商朝政治腐败，经济衰退，不得不多次迁移王都。到公元前 14 世纪左右，第 20 个国王盘庚又将王都迁移到安阳小屯一带。盘庚迁都后，殷成为商朝政治、经济、文化的中心。公元前 1046 年，周武王灭商后，此都城被摧毁。殷周初时属于卫国，战国末年又为魏地，秦克魏后更名安阳。而在今小屯一带，自殷都被毁弃后已无大事载入史册。当年的王都已辟作农田。隋唐时又成墓地，直到明朝万历四年（1576）的墓砖地券上才发现有小屯村的名字，可见自隋唐至明末的1000多年间，那里只是一片荒坟墓地。约在1880年左右，河南安阳西北部小屯村一带农民从泥土中掘出了龟甲和兽骨，这些3000年前商代的遗物，农民称它为“龙骨”。他们把它们卖给了药店，研碎以后被当作中药材“龙骨”出售。

2. 理发匠李成治疮捡骨

安阳当地有个叫李成的理发匠，身患疮疖，无钱买药治疗，就把河边拣来的甲骨，碾成细粉，敷在疮口上，脓水竟被吸干。他又在手上划开一道口子，涂了焙干的龙骨粉，顿时起到了止血收敛作用。尤为神奇的是，他把稻草濡以唾沫，横搁在甲骨上，稻草竟转为竖向，这是“龙骨”的吸潮性所致。因为这些“龙骨”是古代脊椎动物骨骼和牙齿的化石，绝大多数是距今已有2500多万年动物的遗骨。中医学上把它用来治疗疾病，确是一味良药。理发匠李成开始搜集这些神灵的龙骨，以每斤六分的价格卖给药铺，并当场显示奇效，于是轰动了四邻。当地农民在农闲时就纷纷以挖售“龙骨”为副业。到了清代光绪末年，农民们不仅在犁地耕种时捡拾“龙骨”，而且有人专事挖掘田里的“龙骨”出售。

3. 甲骨文早期收藏家王襄与孟定生

谈及甲骨文最早发现者，还流传着一种说法，当年，天津有两位学者、早期甲骨文收藏家——王襄（1876—1936）与孟定生（1867—1936）。孟定生名广慧，号白云山人，以收藏大钱出名，收藏甲骨400多片。1898年农民收获花生偶然于地里捡得甲骨，引起古董商范维卿的注意。范维卿于次年冬携甲骨赴津王襄家出售，谈及带字的甲骨，但索价甚高，“计字索值一金”，当时在座的孟定生认为这批带字的甲骨可能是古人记事遗存的“古简”，即要求范维卿去收购。第二年秋，范维卿再次带来甲骨求售，告知不少带字的甲骨“尽已携之京师”，王懿荣以三千金率先购走。王懿荣还收藏了最大一块甲骨，为一龟甲上部，50余字；甲骨上面所刻的系古代文字。它的价值极高，中间一组卜辞记载王的狩猎、擒获情况。验辞后，果有很大收获，计擒乳虎2、兕1、鹿21、豕2、麂127、虎2、免23、雉27。王、孟两人随即悉数收购。

王懿荣初仅得五六百片，后王襄又在京、津两地购得4000余片。由此可见，王襄、孟定生也是较早收集有字甲骨的人。

第三节　有关甲骨文的研究

1. 刘铁云、孙诒让与甲骨文专著

刘鹗(1857—1909),字铁云,博学多才,曾行医经商,都不甚得意,转而弃商从政,曾写过小说《老残游记》。他又是个金石学家,酷爱古物,得知王懿荣以每片一个字二两银子的高价买到一批古物,便来到王懿荣家里。他们经过研究,断定这是殷商时代的遗物和文字。这与他们正在研究的金文(钟鼎文)有相似的地方。后又加以研究考证,终于证实了“龙骨”上刻画的是一种符号,是比金文(钟鼎文)更为古老的文字。这就是刻在龟腹甲和牛的肩胛骨上的文字,即甲骨文。

刘鹗

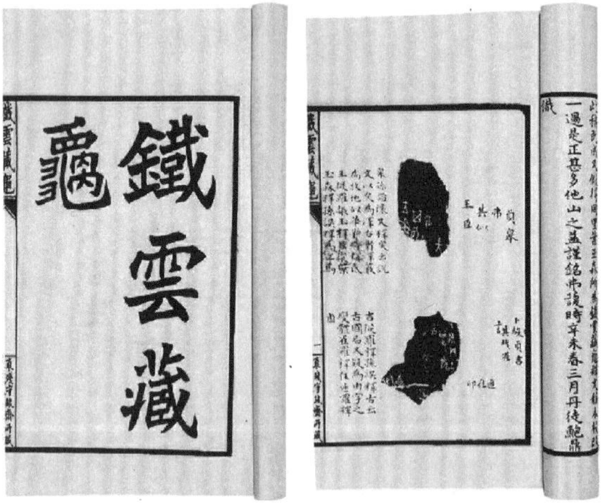

刘鹗《铁云藏龟》

光绪二十六年(1904),八国联军入侵北京,王懿荣在自家花园里投池自尽后,长子王汉甫为了偿还父债,在光绪二十八年(1902)变卖家中文物。刘鹗得讯赶来,将王懿荣所藏的甲骨1000余片全部买走;他又通过古董商赵执斋购买甲骨,又派他第二个儿子赴河南安阳等地搜集甲骨,一年间收得甲骨3000多片。这样,刘鹗总共已有甲骨龟版5000多片了。这时,古董商范维卿再次到安阳收购“龙骨”,又去北京卖给了做过清代巡抚、总督的端方,每字涨到二两五钱银子。清光绪二十九年九月(1903年10月),刘鹗选龟版1058片拓印出版《铁云藏龟》。这是我国第一部甲骨文著录书籍,是当时收集甲骨文字最多的作品。刘鹗应是第一个把龟版时代契刻的文字公之于众的人。这部专著为进一步研究甲骨文提供了极大方便。刘铁云研究甲骨文的成果，写在《铁云藏龟》一书的自序中。他释读了几条卜辞，释文涉及 40 个甲骨文字，其中包括 19 个干支和两个数字，判定甲骨文是“殷人刀笔”。刘铁云不仅是收藏者，还是最早研究、考释甲骨文学者之一。

《契文举例》

孙诒让

《铁云藏龟》出版后，引起了孙诒让的兴趣。孙诒让是清末著名经学家、古文字学家。1904 年他完成了《契文举例》一书，对甲骨文进行分类考释。该书是我国第一本甲骨文考释专著，正确认出的字，包括干支字，有 100 余个。但由于资料等条件限制，其中有不少差错，但他仍不失为受人尊敬的学者。

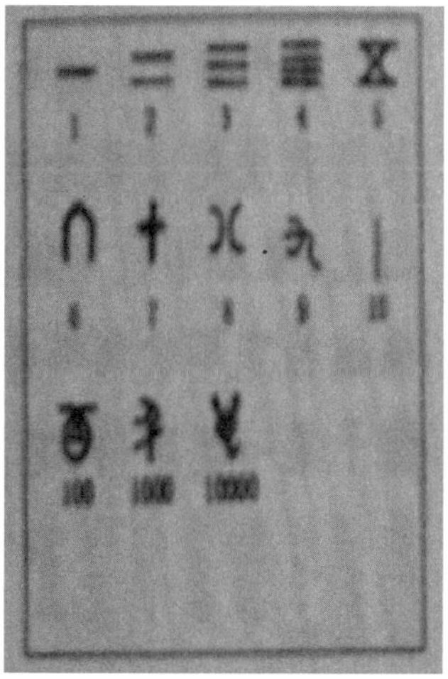

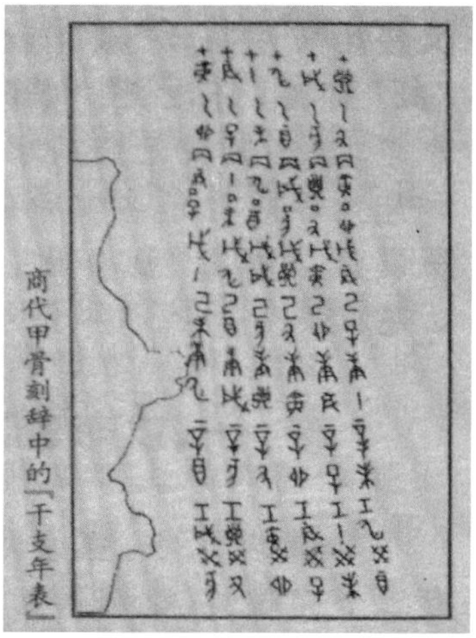

甲骨文中数码、天干地支

2. "甲骨四堂"和甲骨文研究成果

誉称为"甲骨四堂"[罗雪堂(振玉)、王观堂(国维)、董彦堂(作宾)、郭鼎堂(沫若)]之首的罗振玉(1866—1940),曾在1896年到上海与友人创学农社,出版《学农报》,办东文学社,培养外语人才,襄办江楚编译局,东渡日本考察教育,创办江苏师范学堂等。

罗振玉

王国维

董作宾

郭沫若

甲骨四堂

辛亥革命爆发,罗振玉举家迁往日本,殚力著述,悉心从事甲骨文研究,写出了《殷墟书契前编》《殷墟书契考释》等。他早在1908年访得甲骨出土地实为洹(huán)水之滨的小屯,又进一步收集、梳理甲骨文资料,以三个月时间,写了《殷周贞卜文字考》一文。文中揭开了甲骨出土之谜:"博观龟甲兽骨数千,选其尤殊者七百,进一步核实发现之地乃在安阳县西五里之小屯,而非汤阴,其地为武乙之墟,又于刻辞中得殷帝王名谥十余,乃恍然悟此卜者实为殷室王朝遗物,其文字虽略,然可正史家之违失,考小学之源流,求古代之卜法。"这对研究甲骨文的来龙去脉无疑是具有重大价值的。罗振玉在卜字考中释出了甲骨文卜辞的一批关键字,列举了130余条卜辞释文,表明"卜辞粗粗可以读通"。

王国维与罗振玉

在甲骨文著录和考释取得巨大学术成就的还有王国维,他与罗振玉的学术成果被学术界称为"罗王之学"。王国维(1877—1927),字静安,生于浙江海宁。1911年与罗振玉一起举家东渡日本。王国维的学术著译60多种,亲手批校古籍近200种,在甲骨文研究、考释方面都有较大贡献。他采用二重证据法,一重是地下的甲骨文等文物材料,另一重是纸上之材料,指古籍的记载。他所写《观堂集林》一书中，考证了报丁、报丙、报乙等商代先公先王，证明了史书所载世系大体不误，并改正了报丁等世次。文中第一次缀合记载世系的一版甲骨，开了甲骨碎片补缀之先例。他著有《戬(jiǎn)寿堂所藏殷墟文字》及《考释》，为甲骨文研究提供了更多重要资料。

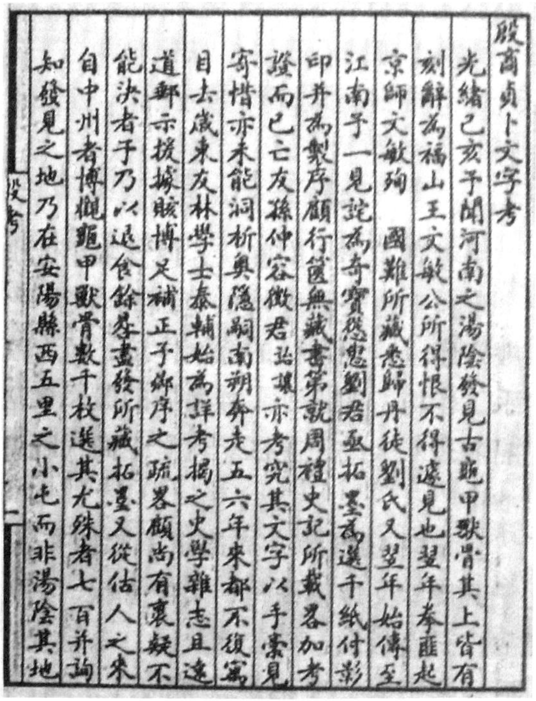
殷商貞卜文字考
光緒己亥予聞河南之湯陰發見古龜甲獸骨其上皆有刻辭為福山王文敏公所得恨不得遽見也翌年拳匪起京師文敏殉 國難所藏悉歸丹徒劉氏又翌年始傳至江南予一見詫為奇寶慫恿劉君亟拓墨為選千紙付影印并為製序顧行篋無藏書第就周禮史記所載略加考證而已亡友孫仲容徵君詒讓亦考究其文字以手稾見寄惜亦未能洞析奥隱嗣南朔奔走五六年來都不復寓目去歲東友林學士泰輔始為詳考揭之史學雜志且遠道郵示援據賅博足補正予鄉序之疏略顧尚有褢疑不能決者予乃以退食餘晷盡發所藏拓墨又從估人之來自中州者博觀龜甲獸骨數千枚選其尤殊者七百并詢知發見之地乃在安陽縣西五里之小屯而非湯陰其地
殷考 一

王国维《观堂集林》书影

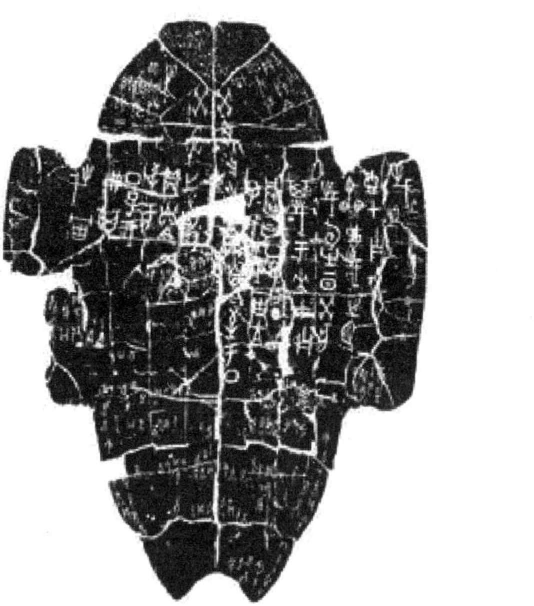

王国维考证过的甲骨拓片

郭沫若先生是“甲骨四堂”之一，他在甲骨文研究方面做出过巨大贡献。著名历史学家顾颉刚说：“在甲骨文的研究上，王国维之后，能继承他的是郭沫若先生。”

大革命失败后，郭沫若流亡日本。一日，他从书店买到罗振玉《殷墟书契考释》一书，十分高兴。他曾回忆说：“在当初，我刚接触甲骨文时，那是一片墨黑的东西，但一找到门径，差不多只有一两天工夫，便完全解除了它的秘密。”郭沫若就是这样狠下决心，又在东洋文库花了一两个月，读完了库内所藏的一切甲骨文和金文的著作。从这些已有3000多年历史的商周时代王室用龟甲兽骨占卜吉凶时写刻的卜辞和与占卜有关的记事文字中，他终于弄懂并揭开汉字中最古老的文字体系的秘密。有一段时期，他每天吃晚饭，总喜欢把骨片一块块地摆在食案上，让全家人一起来辨认。他对甲骨文字学研究大师罗振玉、王国维极为推崇。《殷墟书契考释》《观堂集林》，帮助他“感佩又深化了”对甲骨文字的解释。但又认为他们未能摆脱陈腐的封建观点，一般古文字研究学者，对绝好的史料只是零星地研究，不过是材料的杂糅。为此，郭沫若戏呼它为“纸上的杂货店”。他决心从甲骨文字研究中考察古代社会真实情形，还它历史本来面貌。他每查一个字，必须奔走东京。他还不得不冒昧投书国内学者，祈求这些“未知友”的帮助。自 1928 年开始，他与王国维曾称许的燕京大学容庚教授结下了文字之交。他还托国内友人搜集或购买新出版的有关甲骨文研究专著，如董作宾的《新获卜辞写本》，就是通过友人帮助得到的。卜辞艰涩难懂，考释颇费功夫，抄写尤耗精力，郭沫若夜以继日地钻研，废寝忘食地撰写，偶尔感风寒发高烧，他仍不肯放下手中的毛笔。作为书稿《甲骨文研究》重点篇目的《释干支》，他抄写了好几天，曾病倒在床，呻吟中还念叨着书稿中的甲骨文字。3 年多时间，他终于写成了《卜辞中的古代社会》一文（1929 年 9 月 20 日）。此后他又完成了《甲骨文字研究》一书（1931）。《甲骨文字研究》原稿曾寄给容庚看过，容庚十分赏识，曾郑重地推荐给中央研究院历史语言研究所刊行。当时学术界公认：真正能把甲骨文作为历史材料以全面深入研究，得出合乎客观实际的科学结论的，首推郭沫若。1933 年 5 月，郭沫若又写出了学习和研究甲骨文入门著作《卜辞通纂》一书，由日本东京文求堂书店据著者手迹影印。而其中还有一段有趣的故事呢！该店老板田中庆大郎认为郭沫若前途无量，把次子田中震二托付给他，拜在他的门下攻读中国古文字学。郭沫若在对我国古代社会系统深入研究的基础上，在 1929—1937 年编写了六七种甲骨文专著，为甲骨文研究开辟了新的道路。

《殷契萃编》

新中国成立后，郭沫若担任院长的科学院，又专门设立考古研究所，展开大规模殷墟发掘工作，甲骨出土范围也更广了。安阳小屯村东北渔河对岸有个名叫大司空村的地方就发现了两块带字的卜骨。其中有一块整治粗糙，臼角未切除，正面刻有“辛贞在衣”四个字。专家认为，这片甲骨富有学术价值，“衣”是地名，可能就在安阳附近，与当时的王都有密切关系。

郭沫若先生在《殷契萃编》一书序文中写道：“存世契文，实一代法书，而书之契之者，乃殷世之种，王、颜、柳也。”他又在《古代文字之辩证关系》一文中阐发道：“本来中国的文字，在殷商的甲骨文便具有艺术的风味……有好些作品都异常美观”，“这是文字向书法的发展，达到了有意识的阶段”。

继殷墟发现甲骨文后，直到 1954 年，在山西洪赵县坊堆村周代遗址中，才开始发现了有字的卜骨，此后在北京昌平白浮、陕西长安沣镐遗址和扶风、岐山两县间的周原遗址等地都有周代甲骨文出土，单是岐山县凤雏一地就发现甲骨 10000 多片，有字的近 300 片。

殷周通过刻在龟甲、兽骨的古文字，以占卜的形式，简略记述了商王朝社会生活的各个方面，甲骨文无疑是研究商周社会文化的资料宝库。

第四节　甲骨文中传递出的远古信息

甲骨文虽已是有规律、成熟的文字，但保留着若干远古信息和一幅幅原始生活图卷。有人说："甲骨文是古文化之活化石。"甲骨文中有些文字图形，如山川日月、草木鱼虫、飞禽走兽、宫室城郭，都十分形象地展现出原始社会的风貌。

1. 自然景象——"山、川、日、月"的甲骨文字图形变化

山：古人写"山"字都要画三座山峰，形象地勾勒出山的外貌。而两座山峰不叫山，它在甲骨文中念"丘"，是小山包的意思。传说华夏民族始祖黄帝，早在 5000 年前曾到太行山区的王屋山进行祭天活动。后来许多帝王纷纷效仿黄帝，留下许多有名的碑文墨宝。

甲骨文　金文　小篆　隶书　楷书

川：在甲骨文中"水"和"川"没有太大区别。"川"字，在古文字中指较大的河流，或指涨大水。"川"字今亦指流动的水脉，表示贯通、通顺的状态。

甲骨文　金文　小篆　隶书　楷书

日：汉字中很早就有代表太阳的"日"字，从甲骨文到隶书的字形变化不大。圆圈代表的是太阳的形状，小篆中变椭圆形，最后变为方形。圆圈内一点或一横表示太阳是实心的。实心的太阳有重量的，装满了东西。这表明古人对太阳观察得十分仔细，想象力也很丰富。古人又把"日"看作太阳神，因为太阳给人类带来了温暖和光明，所以古人非常崇拜太阳。西北贺兰山区发现了太阳人面图形岩画。六七千年前，古人在陶器上刻画太阳纹，这都说明他们总是把太阳和自己的生活紧密联系在一起。20 世纪 50 年代，在山东莒

县陵阳河地区，民工修建铁路时，发现一个灰色陶缸，上面刻有日、火、山三个图形组合在一起的符号，在离陵阳河一百多公里的山东诸城，也同样出土了带有太阳形符号的陶片，它们已有6200多年的历史，是汉字前身最古老的符号之一。

月：甲骨文就是“一弯皓月悬中天”的形象。金文只是中间加了一小竖，古人用以表示月中的桂树等，而小篆、隶书、楷书变得不像月亮了。由于月亮的形状总是在变化，有时缺，有时圆，为此甲骨文中的“月”字，既不是新月也不是满月，而是用半个月亮代表“月”字，怕混淆于他字，古人又在半月形里加上一小竖，以示区别。

2. 趣说卜辞中稼穑养殖、耕耘收获的古文字

圃

卜辞中稼穑养殖、耕耘收获的古文字众多。

圃：甲骨文为，形体下部是众多的方框菜田，上部长出了两棵菜苗，像田中有禾蔬形。“圃”的本义是种植蔬菜瓜果的园子。小篆中才把其中的苗圃形变为“甫”，这就变成了内声（甫）外形（囗）的形声字“圃”。楷书则是直接由小篆形体变过来的。《周礼·天官·大宰》：“园圃，毓草木。”其中“圃”用了本义。

丰：甲骨文中在“豆”（食器）上装有丰富的东西，即“丰盛”的意思。它又引申为“茂盛”，它上有茂叶，下有粗根。虽红薯类植物晚至明代才从国外传入，但它的字形说明当时老百姓很早就会种植块茎植物了。而古代“丰”字又有形容容貌丰满、美好的样子，如《聊斋志异·娇娜》：“偶过其门，一少年出，丰采甚都。”

秦：甲骨文上部左右是两只手，中间是一把木杵，下部是两棵“禾”（成熟了的庄稼），字形为，其大意就是双手执杵舂米，本义是粮食。春秋时秦国就是粮多而得名的，后用作地名。陕西的八百里秦川，土地宜于种禾，农业比较发达，是个大粮仓。到了汉代，西域各国称整个中国为“秦”呢！

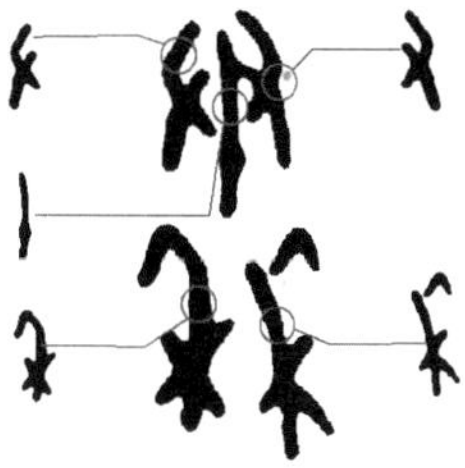

“秦”字结构变化图

甲骨文　小篆　楷书

耒：犁具，是个象形字，像个木杈。最早为“丿”，亦称点种棒，后于其下加一横木，便于脚踏助力，成“”，又将直尖改为斜尖，以减少掘土的弯腰角度，即“力”字之初字。后来，为了提高效率将单一尖端改为歧头，即“耒”字。这显示出耕具的不断改进，此耕具直到汉代仍在采用。《淮南子》一书里有“一人跖耒而耕”。“耒”字是个部首字，凡从“耒”的字大都与农具或耕种有关。如“耙”、“耕”、“耘”、“耦”、“耨”等字。

甲骨文　金文　小篆　隶书　楷书

麦：甲骨文中上部是一棵小麦形，其下部就是一点脚趾朝下的、有脚之义的倒“止”字。凡是脚都有走的意思，所以这个“麦”字原是“来去”的“来”字，象征人为农事奔走，即今“来”的本字。而“麦”字上半部分就是繁体字的“来”字，这种字形的关系在甲骨文中已经存在。

甲骨文　金文　小篆　楷书

来：“来”字的本义是小麦，甲骨卜辞中使用“麦”字较少，而使用“来”字较多，所以发生了“来”、“麦”两字互换现象。卜辞中有“允其告麦”，有人认为这是殷商的附庸国来向商王报告小麦丰收的消息；也有人认为，“告麦”的意思是商王派出去的官员，窥探到邻近的部落种植或收获的麦子，作为情况向商王报告。而《诗经》就有“贻我来牟”，“来”是小麦，“牟”是大米。金文中上部为麦形，下为一只脚，小篆未有大变。

年：甲骨文中为“”，像人背禾形。

上部是“个”禾字，下部是个面朝左、臂向下斜伸的人，这就表明庄稼丰收了。殷人又以

"年"字纪年,一年只种一季稻。《谷梁传·宣公十六年》:"五谷大熟为大有年。"后因庄稼收割完毕,要过一个庆丰收的节,这个节就称为"年"。以后又引申为岁数,称年龄。

甲骨文　金文　小篆　楷书

甲骨文　金文　小篆　隶书　楷书

岁: 甲骨文中为"",像有两柄半月形切割工具,用以割禾、刮整兽皮,岁之言穗、言刿(guì),后引申为年谷之成的"岁月"之"岁"字。

漫长的历史、浩瀚的文字中,今天仍可以从古汉字的痕迹中,找到一幅又一幅原始生活图景,包括衣食住行、生老病死、器皿用物、生产工具、狩猎征战等,都有所反映。它除了可以增强我们对民族、祖国的自豪感,也可帮助我们准确理解并使用汉字。

3. "或"字的本义就是国家——"国"字的演变

商周时间,人们聚居的地方称作邑,《说文解字》中解释说:"邑,国也。""邑"就是国。"国"字的出现,大约在周灭商之后,虽找不到"国"字形体,但甲骨文中形体是"或"字,右为"戈",左为示意的"国","以戈卫国"。可见在甲骨文中"或"与"国"字是不分的。"或"字右边是"戈",中间的"口"字表示城有墙垣,并有武器守护。所以"或"字本义就是国家。"或"是"域"、"國"的本字。"或",甲骨文(戈,武力)加(口,城邑),造字本义:武力守卫的一方疆域。当"或"的"疆域"本义消失后,金文再加(囗,城邑)另造"國"代替,表示古代诸侯封地而建的有武力守卫的城邦。有的金文(或,即"域",领地)加(王),强调"国"是"王的领地"。篆文承续金文字形。楷书在"囗"(城邑、邦域)内的"王"(拥有最高军权者)字上加一点,表示"国"是"域中之王"即诸侯王的武装领地。《汉字简化方案》承续了这一简化。

古代的"国"字反映出的国防思想应用于国防实践,其一就是修筑万里长城。在冷兵器时代,这一巨大的军事防御工程,确实为千家万户带来过一些宁静或平安。

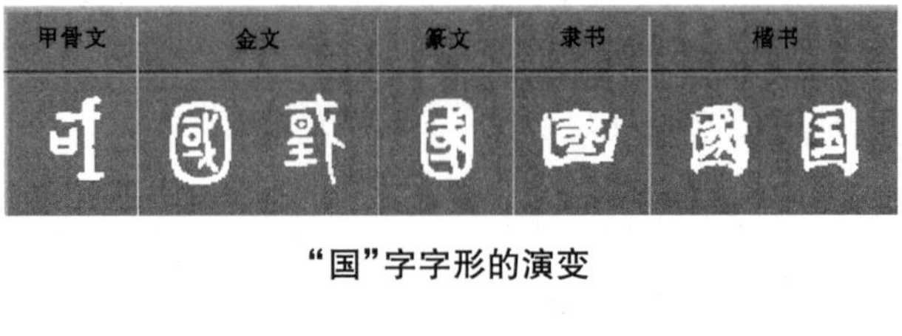

"国"字字形的演变

4. “家”字难道就是表示猪圈？

再以“家”字来说，穴居野外的原始群体，有了“家”后，居住情况才有了较大的改善，有两根主柱支撑着覆盖物，而且几代人也可同堂，放上锅瓢盆碗日常用具也不成问题。从“家”的故事中，人们可以解开对原始社会的科学认识。

甲骨文　金文　大、小篆　隶书　楷书

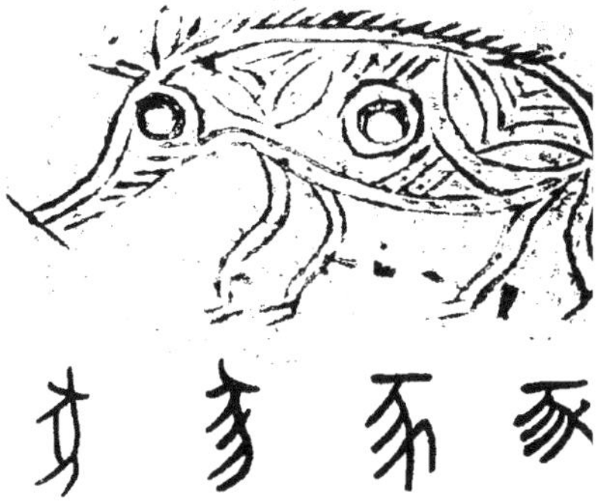

在《说文解字》中，有个大疑案，就是对“家”字形音义的解释，《说文解字》释：“家，居也，从宀省声。”但甲骨文字形结构中看到的只是豕，从“豕”的字在《说文解字》中收录22个。“从豕，豕居屋下”，本为豕居之家，有人推测猪的繁殖很快，所以人的居聚处借用其字，引申为人之居所。在古代，猪是财富的标志，屋下有猪，是有家当的标志，养猪越多，表示家里越富裕。能有栖身之处的人未必有家，而有家的人，一定有猪，故用“宀”、“豕”二字形来表示“家”的概念。上古时代，先民在树上“架木为巢”以作住所。经过了漫长的岁月才转到地上架木为屋，并开始驯养野兽作为家畜（如猪、牛、羊、犬等）。为了防止外来侵袭，房子的结构，一般是上居人，下作圈。猪是当时主要的肉食来源，所以房下养猪和其他的牲畜，这已成为“家”的标志。而甲骨文的发现解开了人居聚处借用其字之谜。甲骨文中“家”字已从图形化简变为线条化了。“豕”已倒过来头向上了。

龟腹甲卜辞中载：贞我家旧老臣……这里的“家”，用房屋和一头公猪形表示，“我家”，指商王家族。从“家”字的演变还可看出上古社会的发展情况：祖先从居无定所的游牧生活开始定居，并进入以农业生产为主要生产方式的农业社会，开始“日出而作，日入而息，凿井而饮，耕田而食”，又形成了父系为中心的家族社会。

龟腹甲卜辞

第三章　从中国书法艺术看汉字的变迁

我们从现存汉字书法的种类可以清楚地看出汉字形体发展的脉络。其演变过程可以概括为：甲骨文→金文→篆书（分大、小篆书）→隶书→楷书。除此以外，还有两种楷书的辅助性字形，即草书和行书。汉字从殷商的甲骨文字演变到后代的楷书文字，其间又经历了多次变化，而其结构体态演变的最后一个大的转折点，是从篆书演变为隶书开始的。隶书以前的文字，统称为“古文字”；隶书以后的文字，统称为“今文字”。广义的大篆包括甲骨文、金文。小篆亦称秦篆，是秦始皇统一全国后，采取李斯“书同文”的建议在大篆籀文基础上改造了的文字。大篆通行时间很长，而小篆应用时间较短，李斯等人参照胥吏与民间流行的一种简体字，将大篆简化而为小篆，小篆仅通行数十年而已。“今文字”包括隶书和楷书。隶书有古隶、秦隶与汉隶之分。楷书并行的有行书与草书。草书分章草与今草。

小篆“线条化”的结构体态，结束了大篆体态的“图形化”。而其中古隶又是转折点，突破了小篆的线条化，逐步弃繁就简，使汉字有了波势（撇、捺笔画）挑法，加速了汉字的“笔画化”。

武丁卜辞

第一节　古趣生新的殷墟卜辞文字

甲骨、金文是最早的书体文字。甲骨文是3000多年前殷商时期契刻在龟甲、兽骨上的一种古老文字，由于着眼点不同，称呼也各异：着眼于表达内容的为“贞卜文字”（卜辞）；着眼于书写方式的为“书契文字”（契文）；着眼于所附材料的为“龟甲兽骨文字”（甲骨文）；着眼于出土地点和文字所反映的时代的为“殷墟卜辞”、“殷墟书契”的“殷契”。

1. 迄今发现的中国最早的书法艺术

甲骨文的发现仅是一百多年的事情。从近、现代出土的大量甲骨来看，甲骨文已具备相当成熟的文字体系。已发现的甲骨文绝大多数是用刀在甲骨上契刻出来的文字，甲骨面积、形体大小不一，文字容纳少。它所刻的文字线条细瘦，笔画棱角分明，字形长方，结构是长短、大小略无一定；同一块甲骨上的字体大小不一，疏密相间，参差不齐，而每字的结构和整幅相比，显得古趣生新。它的笔法有方有圆、有肥有瘦，具有雄伟、劲峭、严谨的风格。甲骨文可分雄健型、圆润型、劲健雄浑型、秀丽轻巧型、工整规矩型、疏朗清秀型。

圆润型

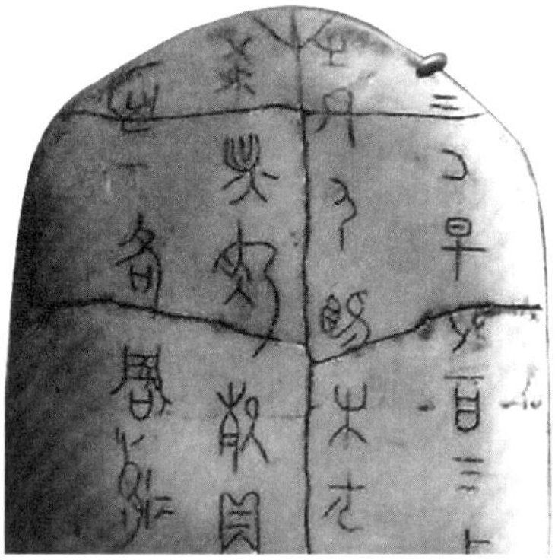

秀丽轻巧型

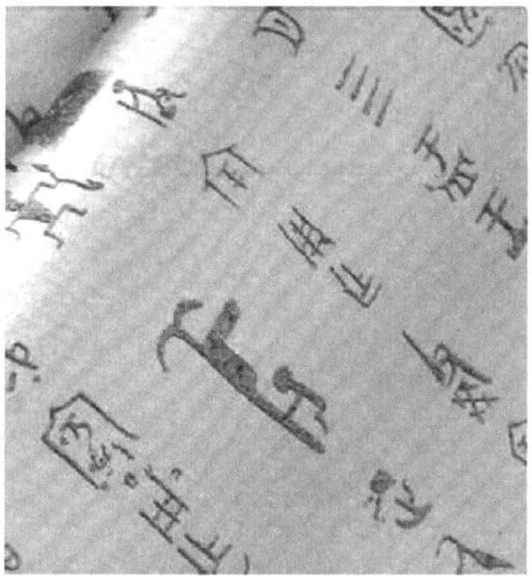

疏朗清秀型

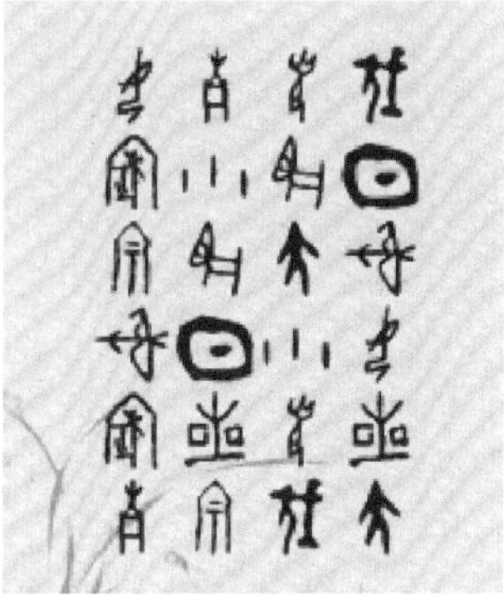

工整规矩型

雄健型

劲健雄浑型

2. 殷人已开始使用毛笔

极少数甲骨文是用毛笔写的，由此可见殷人已使用毛笔，笔写体态风格颇似金文，而刻契体则别具刀笔风味。由于字形结构尚未固定，异体字较多，属于汉字的初创阶段。如《甲骨文编》一书中，收录“龟”字写法多达50余种。甲骨文字已体现出由简至繁、形字合一的趋势。甲骨文笔画瘦削、方折，对文字实体仅现轮廓，不能填实，符号体系中以象形、会意为主要方式。

甲骨文在不同时期具有不同风格：商殷早期，以大字为主，气魄宏放，随后也出现严饰工丽、颓靡萎缩的过程，在后期却又劲峭工整，而且以蝇头小楷为主。一百多年来，甲骨文的发掘与整理中，众多学者、专家耗尽精力，才取得极大成果。

第二节　线条粗壮、字形长圆的殷周金文

殷周金文是商、周两代的青铜器铭文的简称，一般称为“钟鼎文”。

1. 金文是殷周时期青铜器上镌刻的文字的简称

由于古人以祭祀为吉礼，故将祭祀用的铜器称为吉金，对上面的文字，称为吉金文字，简称“金文”。铸刻在青铜器上的文字，线条粗壮，笔画圆转，字体匀称，字形长圆。金文的结构与甲骨文相似，而体态稍异，因书写条件不同，风格也自然有异。甲骨文线条较刚

劲、纤细，而金文则圆润、肥厚，有些字并采用填实方法。殷周两代的金文也有差异：殷代的字有雄壮的，也有秀丽的，而其笔画首尾略微尖锐，如商伯仲彝的铭文。西周时期书体笔道方折，有肥笔，末端尖锐。进入战国时期，文字形体上地域性日渐增强，形成了所谓“楚曾瘦长，越蔡秀美，晋燕方正，齐铭严肃”的特点。引人注目的是有一种“鸟虫书”或称“虫书”，由细而多条曲线组成。有的鸟形在内，有的外形配上鸟形、花纹。它的笔法甚至将文字体态美化成图案。

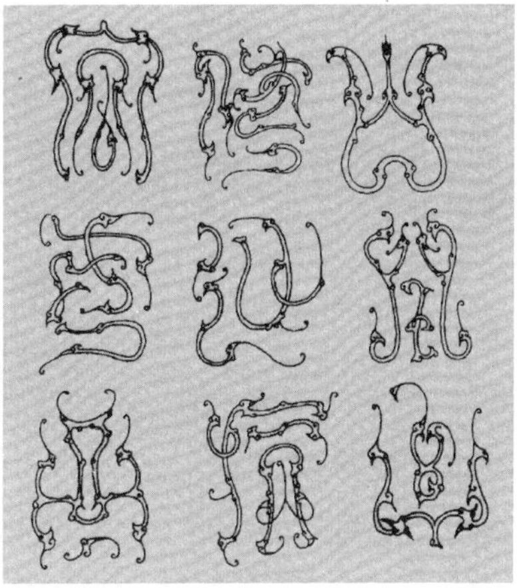

鸟虫书

还有在体态上或故作波磔（zhé）或增加点饰与衬笔的。

越王剑中的“金”字、蔡侯产剑中的“产”字都起于商周，与甲骨文同期，字形结构尚未定型，异体字也较多，《金文编》中收录“鼎”字不同写法有 70 多种。

越王剑中的“金”字

蔡侯产剑中的“产”字

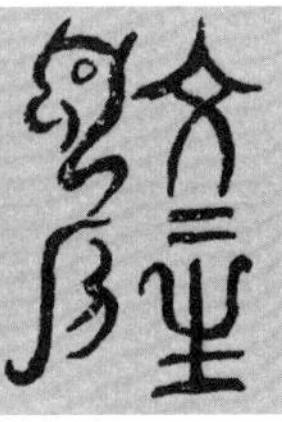

2. 安阳农民拼死保护马槽青铜器的秘密

殷商周代文字可以刻写在龟甲兽骨上，还可以铸刻在铜和锡或和铅熔成的青铜器上。1939 年安阳农民从地底下挖出一个像马槽的东西。经考古专家辨认，才知道就是 3000 多年前，商王为祭祀自己母亲戊铸造的四腿方形青铜器。青铜器重 875 公斤，高 1.3 米，人们因为它像马槽而把它称作“马槽鼎”。又因鼎内铸有“司母戊”三个金字，把它叫作“司母戊鼎”。“司”为古汉语中的通假字，就是“祀”，祭祀的意思，是商王为了纪念他的母亲戊而制的祭器。“司母戊鼎”是中国商代后期（约公元前 16 世纪至公元前 11 世纪）王室祭祀用的青铜大鼎。那就是说是商武丁至其子祖甲时期了。它是迄今为止中国出土的最大、最重的青铜器，同时也是世界上最大的青铜器。现收藏于中国国家博物馆。1939 年，侵华日军听说安阳农民挖掘出像马槽一样巨大的“司母戊鼎”，就想据为己有。可是侵华日军得到的只是一个仿制品而已。真品却被群众埋回地下。由于广大安阳农民群众的拼死保护，“司母戊鼎”终于被保护了下来。

“司母戊鼎”立耳、方腹、四足中空，除鼎身四面中央是无纹饰的长方形素面外，其余各处皆有纹饰。在细密的云雷纹之上，各部分主纹饰各具形态。鼎身四面在方形素面周围以饕餮作为主要纹饰，四面交接处，则饰以扉棱，扉棱之上为牛首，下为饕餮。鼎耳外廓有两只猛虎，虎口相对，中含人头。耳侧以鱼纹为饰。四只鼎足的纹饰也匠心独具，在三道弦纹之上各施以兽面。据考证，“司母戊鼎”应是商王室重器，其造型、纹饰、工艺均达到极高的水平，是商代青铜文化顶峰时期的代表作，而“司马戊”三字为较早的金文。

司母戊鼎

3. 金文贯穿了汉字古文字发展阶段的始终

据商周金文数字化处理系统统计，已发表的青铜器铭文有 13320 篇，其中殷商金文共 4450 篇，西周金文 4889 篇，春秋金文 995 篇，战国金文 1257 篇，文献总字数 124800 个，使用的单字达 5834 个（残缺而不可目验的铭文除外）。尽管绝对数量上少于甲骨文，但在内容上却比甲骨文更加丰富。如殷商甲骨文主要为王室的占卜记录；而金文的内容则包括分封、赏赐、祭祀、土地关系、法律事务等。尤为珍贵的金文贯穿了汉字古文字阶段的始终，不但自身的发展演变可以比较完整地反映古文字演变发展的脉络系统，而且它正体文字的性质，又成为研究其他种类的古文字的重要参照。

秦虎符

战国时期邯郸战役中运用的“虎符”，也是青铜制品。

这块青铜的虎符，分成左右两半，上有铭文 29 字，含义说明：符的右半在秦王那里，左半在新郪（qī，今山东东阿县东）。发兵在五十人以上一定要用拼合的虎符。虎符上的铭文，就是秦篆字形的金文。战国时期著名的邯郸之役，发生在公元前 259 年，秦国乘着胜利，进一步围攻赵国的都城邯郸。这时，秦国的屠杀政策引起了赵国人民的无比愤怒，因而当秦军包围邯郸的时候，赵军英勇抵抗。同时，赵国的部队不断地袭击秦军后路，秦军不断失利。到公元前 257 年，魏、楚两国合谋出兵救赵。魏安僖王派将军晋鄙带了十万大军救赵，但由于畏惧秦国，到了邺（今河北省临漳县西南）就不敢前进，反而派客将军新垣衍绕小路到邯郸，劝说赵国推尊秦昭王为“帝”，向秦国求和。魏相信陵公子竭力主张救赵，而魏王不肯，于是信陵君依靠魏安僖王宠妃如姬窃取了魏王的“虎符”（发兵用的凭证），假造了魏王的命令，带了精兵八万向秦军进攻。最后，秦军在赵军和魏楚联军的内外夹攻下大败。

虎符上的铭文即最早的金文，与甲骨文大致是平行的，二者只是因为书写工具和书写材料的不同，而显得字体不同而已，都留有显著图画文字的痕迹。同一结构体系，金文异体字多，也没有完全定型化。金文比甲骨文字迹大，笔画粗，圆笔多，也有少数方形的，比甲骨文有不少演进。

虎符

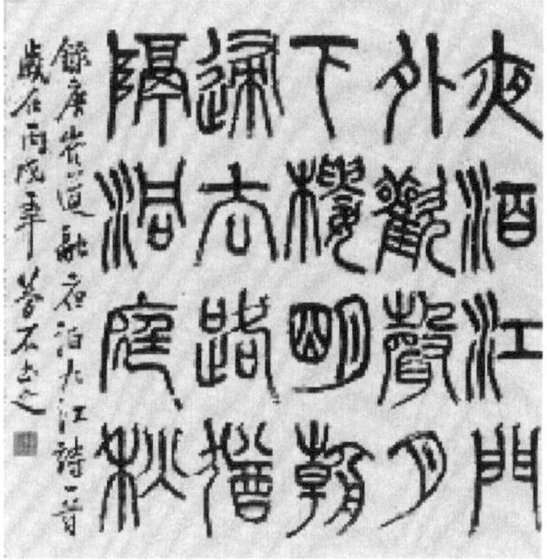

秦篆

晚周时“语言异声、文字异形”，诸侯列国在书简上的文字也不相同。秦割据西周故地，继承西周文字，才进一步发展为篆书。

这里有一则当代发现的西周青铜器铭文刻写的“行贿案”。陕西扶风县出土的 27 件组西周中晚期青铜器中，有两件造型奇特的大口尊，每件刻有 111 个字且内容完全一致的长篇铭文。陕西省一批文物考古专家在对这些铭文进行解读后发现，这些铭文与以前出土的两件传世青铜器“五年生簋（guǐ，古代盛食物的圆形器具）”、“六年生簋”一起构成一个完整故事，它们共同记载的是西周晚期一个贵族向国家司法人员行贿的内幕：一位名叫琱（diāo）生的贵族因大量开发私田及超额收养奴仆，多次被人检举告发。正月的一天，司法机关再次到其庄园调查，朝廷指派召伯虎负责督办此案。眼看朝廷要动真格查处，琱生便采取贿赂召伯虎的办法让其网开一面。西周厉王五年（前873）九月，他先给召伯虎的母亲送了一件青铜壶，并请召母让其在朝廷做大官的丈夫向召伯虎说情，希望大事化小，小事化了。为保证事情办成，琱生还给召伯虎的父亲送了一个大玉璋。在召伯虎答应其请求后，召伯虎得到了一件朝觐（jìn）用的礼器圭（即“五年生簋”）。与“五年生簋”一同传世的“六年生簋”铭文记载，到了第二年四月甲子的一天，琱生的官司有了转机。召伯虎对琱生说：这场官司终于平息了，这都是因为我父母出面说了话。召伯虎将判决的副本送给琱生。琱生再次送给召伯虎一块玉作为报答。至此，一场奴隶主权贵与国家较量的官司，最终以琱生的胜利结束。大口尊上的铭文所记的事，刚好是“五年生簋”、“六年生簋”铭文之事中间的那一段，它与两个青铜簋一起，构成了一个完整的事件。

第三节　古朴奇特的石鼓文

石刻文字承载大量信息，中国是最早对石刻文字进行研究的国家。东汉的司马迁在《史记》中就对秦代石刻文字加以著录。北魏郦道元十分重视碑刻文字的搜集。宋代产生了专门以碑刻和铜器刻铭为研究对象的金石文字学。

1. 大篆书之祖——石鼓文的发现与研究

在碑刻文字中，大篆书之祖是刻于石鼓上的文字，称为石鼓文。战国时代秦国的石鼓文又称“猎碣（jié，圆顶的碑石）”，是迄今所知我国最早的石刻文字。

最早发现石鼓文的是唐初的苏勖（xù）。苏勖，字慎行，博学有美名，劝开学馆引文学士，系著书名家，历任吏部侍郎。他在《石鼓打本记叙记》中写道：“世咸言笔迹存者李斯最古，不知史籀（zhòu，古代汉字的一种字体）之迹近在关中（今陕西宝鸡东北、凤翔之南两县交界的南原西端，秦国故都之地）。”

石鼓文

北京故宫博物院存放着十块鼓形的石头，有刻石文字。其中一块石头字形已磨灭，形迹难辨，其余九块也有残缺。

石鼓文拓片

这些古怪的石头经历了几千年历史变迁，居然幸存下来。这十块鼓形的石头是从哪里来的呢？据说，原本出土在陕西天兴县（今宝鸡市）南郊的田野里。每块石头直径约为三尺多，形态似鼓，为之称它为石鼓。这十个石鼓上各刻着十首为一组的有韵四言诗，格调与古代的《诗经》相似。石鼓上的字句连接自如，古朴奇特。它是我国现存的发现最早的石刻篆书，也是今天能看到的先秦石刻篆书之一。在唐代初年，很少有人认识它。当时尚有 465 个字，后因磨损，字形越来越模糊不清，字数大大减少。唐代韩愈任国子监（教育行政机构）博士（官名）时，曾建议将最早发现石鼓文的石鼓迁往长安太学，但此建议未被采纳。晚唐时有个叫郑余庆的人，把十个石鼓从天兴县搬到凤翔府（今凤翔县）夫子庙里。当时文学家杜甫、韩愈、韦应物等著名文人，都曾经写过石鼓方面的诗文。郑余庆还呼吁有关方面重视并研究这些石头上的字。经过五代十六国的祸乱，这十个石鼓又散失了。直到宋代，有个山西夏县人、天章阁侍制（天章阁为皇室藏书机构，侍制即文学侍从官）司马池又收集起这批石头，放在府学的房檐走廊里。他的老师又把这批石鼓从凤翔搬到首都东京（今开封市），放在保和殿。后来，金人入侵，宋朝灭亡，石鼓又被送到了燕京（今北京市）。石鼓在保和殿的稽古阁，当年曾用金粉涂字，以示珍贵，永远不让人们拓传复制。从元代建都后一直没有移动。抗战时曾迁大后方，现藏故宫博物院。

石鼓文

宋代欧阳修等编的《集古录》著作中强调石鼓文的文物价值，把它列为石刻中最重要的遗物。近现代著名学者也不断发表研究成果，如马衡如《石鼓为秦刻石考》、郭沫若《石鼓文研究》、唐兰《石鼓文年考》等。

据考证，这十块石鼓记述了秦国国君（秦二世）的游猎的颂辞，所以又称“猎碣”。石鼓上的字，即籀文（大篆）。游猎颂辞，以四言诗韵文形式刻在十个鼓形石碣上，每个石碣都刻着一篇六七十个字的文章，其字已多有磨灭，第九鼓已无一存字。这些石碣每个高二尺，直径一尺多，碣状。经过考证研究已证明，这些石鼓文是先秦时期的秦国文字。

秦始皇嬴政

秦始皇诏版

秦始皇统一天下后，巡游天下，在峄（yì）山、泰山、琅琊台、芝罘（fú）、碣石、会稽等地刻石铭功。

秦二世时又在每处刻石上加了一道诏书，说明这些石刻上的文字都是秦始皇刻的。这些刻石是研究大篆的最好资料，可惜原物几乎全毁，只有今安徽滁县西南廓琅琊台刻石尚有残缺存留，保存的只是秦二世部分诏书。

2. 石鼓文改变了汉字产生初期直绘形象的表现方式

泰山刻石虽已残损，但其体形格局仍然可见，这是秦篆的典型。石鼓文章法严正，排列整齐，行间字距都有定格，而且字形大小一致，高宽比例形成竖方形，接近黄金分割。总之，它以舒展大方的字形和严正有序的排列为其特色，改变了文字初期那种直绘象形的手法，为秦代小篆的出现奠定了基础。战国时期有秦篆《诅楚文》，也是石刻祷辞，其文字体

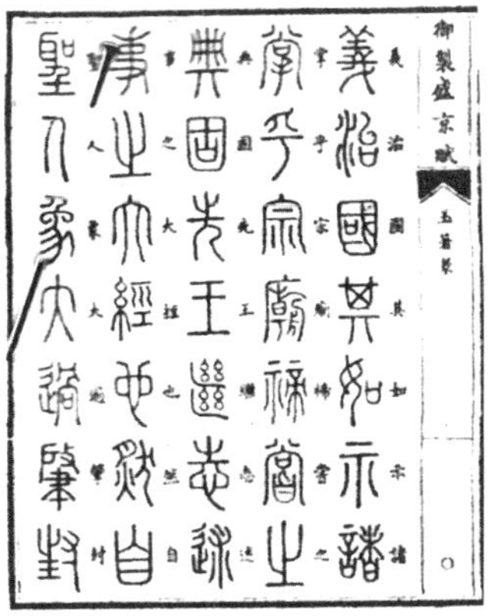

玉箸篆

与石鼓文近似。

秦始皇巡游各地，所到之处总刻石以为志，几次巡视中，共刻了七件，内容大同小异，所书写文字多出李斯之手。他的字瘦硬畅通，号称“玉箸篆”，是小篆的正宗。秦虽制定了统一规范的小篆，但没有把前面的各种字形尽行废毁，而是由它自生自灭。有所谓“秦书八体”，即大篆、小篆、刻符、虫书、摹印、署书、殳（shū）书、隶书。“八体”中有的是因字体不同其名不同，但也有的因所书的地方不同而名称有别的。刻石只是石刻中一种形式、一个类别。其他还有名人题写的摩崖雕凿文字、歌功颂德的碑刻文字、墓志文字。总之，石刻文字出现了百花齐放的局面。有人估计，如果把我国从石鼓文起始的各种石刻文字汇集起来，其数量将与著名的《二十四史》的字数相当。

第四节　终结图画文字的秦篆

公元前221年，秦统一全国。秦始皇实行“书同文”的政策，由丞相李斯等人整理文字，改定字体，废除各国文字。

1. 秦相李斯改大篆为小篆，并加以推行

秦始皇统一以前的文字书体称为大篆，统一天下后使用的文字与六国文字不同，称为“小篆”或称“秦篆”。李斯等人根据籀文改定秦篆。李斯、赵高、胡毋敬曾分别用秦篆编写了《仓颉篇》《爰历篇》《博学篇》三书，作为推广秦篆的课本。这样，既适应了学童的需要，也是作为小篆字体的范本，向全国推行。这是一次大刀阔斧的文字改革。李斯等人编写时，先参照当时各地（包括秦地和原六国各地）流行的简体字，把大篆加以简化而为小篆，并且写成后作为文字的典范。小篆以李斯碑刻为代表，现存西安碑林。宋代郑文宝取其师徐铉摹本重刻的泰山刻石已残，存字4行12字，现存山东泰山

琅琊台刻石拓片

碧霞元君庙，存世拓本以明安国藏165字为最古。秦始皇身体力行推行小篆。他巡游各地制作的刻石都尽量注意书体的标准化。李斯作为著名的篆书家，各地所刻之石，相传都出于他的手笔，留到今天的有《泰山刻石》《琅琊刻石》等。

2．小篆形体比大篆形体更为匀称、简化

小篆形体比大篆更加整齐，文字结构上趋于固定、匀称和简化。尤为突出的是它将“大篆”中的肥笔变为瘦笔，体态一律线条化。

秦国有个叫程邈的人，曾做过狱官。有一次，他得罪了秦始皇，被投入了云阳（今淳化县）监狱，前前后后关押了十年。他在狱中无事可做，平日又喜欢琢磨汉字大篆，便不断地增添或删减大篆的笔画。不料，他在狱中修改大篆一事，被狱官上报到了秦始皇那里，秦始皇大为赞赏，下令释放了他，又提拔他担任御史（监察官），要他选定汉字。程邈出狱后，反复地研究了当时秦代流行的六种文体：第一种是从孔宅墙壁中得到的文字；第二种是古文的异体奇字；第三种叫篆书；第四种叫左书，就是秦国时的隶书；第五种是用来磨刻印章的叫缪篆；第六种是用来书写旗帜或符节的鸟虫书。程邈收集整理了当时广为流传的左书，即隶书，才正式出现了新字体隶书。秦始皇于是宣布：将记录皇帝的诏诰之类的宣言文字与皇帝以外的人使用的文字相区别。皇帝使用的文字书体称为“篆书”，而臣子们所使用的都是“隶书”。

第五节　历经重大改革的汉代“隶变”

到了汉代，隶书成为主要字体。

1．汉隶由篆书演变而成，书写更为方便、简捷

汉隶是由篆书简化演变而成的，把篆书的笔画和构体做了简化。汉隶写法上与秦时的篆、隶又有不同。秦时篆、隶并用。隶书在字形上较小篆大为省改，笔形比小篆简化，笔画由小篆时圆转变为方折，书写更为方便简捷。由此可见，隶书是当时下层小官吏办公时通用的字体。汉隶的写法上与秦隶相比又有不同。汉隶的字体笔尾有“波势”和“挑法”。由于隶书的产生是汉字的重大改革，后世称之为“隶变”。

汉代的碑刻的书体也绝大多数为隶书。墓碑立于墓的神道上，故又称神道碑。墓碑上标题的文字，用篆书的占多，碑文普遍用隶书，无一定格式，前半部为碑志，刻写死者姓氏、籍贯、家族世系、官职升迁、生平事迹、卒葬年代等；碑铭多以四字韵语，对死者一生功德极尽赞颂之词。最早的墓碑《麃（biāo）孝禹碑》是在清同治九年（1870）山东平邑土堤上发现的。底下碑面刻有两行隶书文字，右行是“河平三年八月丁亥”，左行为“平邑侯里麃孝禹”。

2. 北魏书法结构严谨、笔画沉着，上承汉隶、下启唐楷

在书法艺术史上，南北朝是个光辉灿烂的年代，人们习称“北碑南帖”，北碑又叫“魏碑”，即指北魏、东西魏、北齐、北周时的书法艺术。该时期的书法艺术大多留存于墓志、碑石、摩崖等。北魏书法字体大都具有汉隶笔法，结构严谨，笔画沉着，它上承汉隶，下启唐楷，隶、楷兼备，具有古朴拙雅、雄峻坚实的艺术风格。康有为认为它有“十大美”，可从中探讨唐代以前楷书的结构和笔法。

魏三体石经

说到北魏书法艺术，有个国民党元老、著名书法家于右任（1879—1964）和《鸳鸯七志斋》的故事。于右任，陕南三原人，晚号太平老人，又有髯翁之称。他早年追随孙中山先生积极从事民主革命活动，曾任南京临时政府交通次长，后又长期为国民党政府监察院长，1964 年在台北去世。他善诗词，尤精书法。他殚精竭虑搜集从汉代至宋代墓志近 400 方，大多是北朝墓志，其中有七对夫妇的石志，于是给自己书斋起了一个既富诗情，又具有纪念意义的室名——“鸳鸯七志斋”。这些石志被称作“鸳鸯七志斋藏石”。于右任先生当初收集到这批墓志后，就有意送回故乡陕西，因交通运输不便，先转运北平，藏存在西直门内菊儿胡同的一座旧王府内。1935 年，才委托杨虎城将军把“鸳鸯七志斋藏石”运回陕西，全部捐赠给西安碑林。于右任先生在《鸳鸯七志斋藏石记目录》序文中，指明了它的书法文字重要价值：“于书法可知隶楷递变之途径。”于右任的书法，专攻北魏碑刻，所以他在一首诗中写道：“朝写石门铭，暮临二十品。

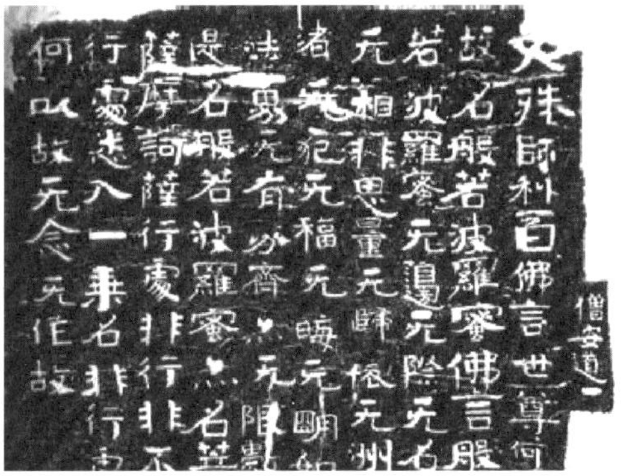

泰山经石峪《金刚经》

竟夜集诗联，不知泪湿枕。”中年以后，他将魏碑笔法融入草书，独具一格，人称“于体”，气势恢宏，拙朴老健。为了使自古以来难识的草书规范化，他还创立了具有易识、易写、准确、美丽的“标准草书”。

第六节　汉字形体发展的高峰
——楷书、草书与行书

1. 楷书笔画平直方正，更加容易书写与辨认，成为通用汉字的形体

汉末又出现了楷书。楷书即“真书”，古时又称“楷隶”或“今隶”。楷书源于隶书，写法更加简易、工整，并带有隶意。楷书是在汉隶基础上演变而来的一种字体，改变了汉隶的波势和挑法，笔画平直匀称，字体明晰方正，容易书写和辨认，很快为人们普遍接受，取代了各种字体而成为一种通用的汉字。

2. 字体形式众多的草书出现

汉初又由汉隶演变产生了草书字体。草书字体形式较多，主要有“章草”、“今草”、“狂草”三种，表达了人们要将文字字体进一步简化和书写便捷的愿望。汉代以后，经过60余年的三国鼎立，进入晋代。书法又出现了一个高峰。隶书的草写，称为“隶草”。“隶草”将隶体基本结构消解，主要用于写奏章，所以也称“章草”。在“章草”的基础上，又出现了“今草”。

3. 行书是介于楷书和草书之间的字体

始于东汉而盛于魏晋的还有行书。行书是一种介于楷书和草书之间的字体，是在楷书基础上稍加简改并笔而成，故称“正书之小伪”。行书的书写比楷书方便，比草书容易辨认。行书不像篆书、楷书、草书有一定规则，书写随意，写得规矩些近于楷书，叫行楷；写得放纵些，其体态近乎草书，叫行草。由于行草伸缩性大，变体也多，传神致意的艺术效果更佳。

行书自汉以来，一直通用至今。它盛于东晋，以王羲之、王献之父子的风格为代表，笔法不拘旧格，用笔显得疏放润丽，可以说行书的鼎盛期了。王羲之（303—361，一作321—379）字逸少，琅琊临沂（今临沂市）人，后徙居山阴（今绍兴市）。官至右军将军（虚衔，非领兵官）、会稽内史（地方行政长官），故世称王右军、王会稽。王羲之楷书师法钟繇，草书

学张芝，亦学李斯、蔡邕等，博采众长。他的书法被誉为“龙跳天门，虎卧凤阙”，给人以静美之感。他的书法全然突破了隶书的笔意，创立了妍美流便的今体书风，被后代尊为“书圣”。王羲之作品的真迹已难得见，我们所看到的都是摹本。王羲之楷、行、草、飞白等体皆能，如楷书《乐毅论》《黄庭经》、草书《十七帖》、行书《姨母帖》《快雪时晴帖》《丧乱帖》等。他所书的行楷《兰亭序》最具有代表性。《兰亭序》晋朝人叫《临河序》，后人又称为《修禊序》《禊帖》《兰亭诗序》，计 28 行，323 字。

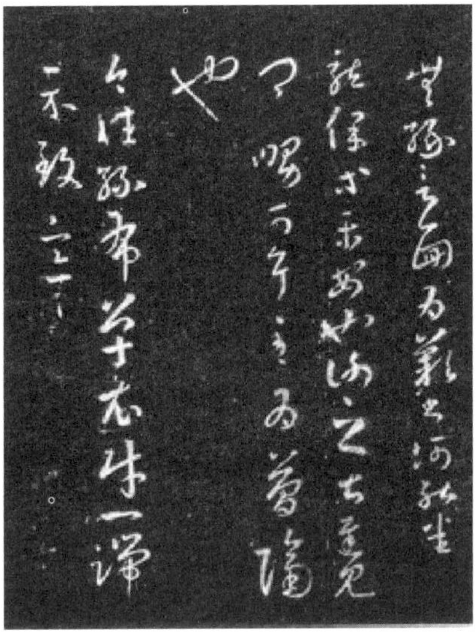

王羲之《十七帖》

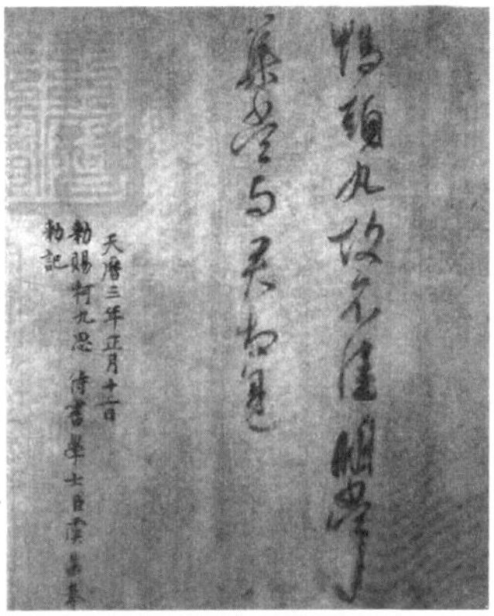

王献之《鸭头丸帖》

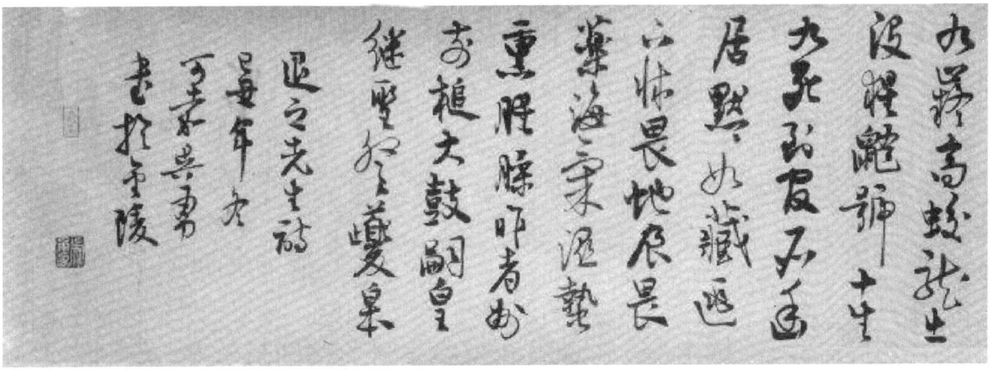

王羲之《兰亭序》

据说，东晋永和九年(353)3月3日，天朗气清，惠风和畅，王羲之与谢安、孙绰等41人在山阴兰亭流觞饮酒，赋诗唱和。王羲之面对良辰美景、高朋挚友，用蚕茧纸、鼠须笔，乘兴写下了这篇“遒媚劲健，绝代更无”的序文，王羲之回家后又重写了数十遍，皆不如原稿，所以他自己也特别爱重，交付子孙传藏，传至王羲之七世孙智永，无嗣，交弟子辩才保存。后人赞道：“《兰亭序》结体欹侧多姿，错落有致，千变万化，曲尽其态，帖中二十个‘之’字皆别具姿态，无一雷同。用笔以中锋立骨，侧笔取妍，有时藏蕴含蓄，有时锋芒毕露。尤其是章法，从头至尾，笔意顾盼，朝向偃仰，疏朗通透，形断意连，气韵生动，风神潇洒。”明末董其昌在《画禅室随笔》中说：“右军《兰亭序》章法古今第一，其字皆映带而生，或大或小，随手所出，皆入法则，所以为神品也。”

4. 对王羲之书法情有独钟的唐太宗

唐太宗李世民是中国历史上赫赫有名的君主，不但有治世之才，而且书法极有造诣。他的书法学东晋王羲之，对王羲之推崇备至。为了能观赏王羲之的书法真迹，唐太宗取出大量金银财帛向民间广泛征集王羲之的墨迹。重金之下，天下各处人纷纷进献，短短几年之内，唐太宗得到王羲之真迹“三千六百纸”。至贞观六年正月(632)内府整理前代墨卷有1510卷之多。相传李世民听说王羲之的七世孙智永的弟子辩才藏有著名的《兰亭序》真迹后，朝思暮想，几次派人重金相购，无奈辩才执意不肯。于是唐太宗巧施一计，让御史萧翼化装成商人，经过一番周折，才从辩才那里骗取了《兰亭序》。唐太宗得到《兰亭序》后，如获至宝，朝夕观览，并不时摹写，有兴时半夜里秉烛临写。为了推广王羲之的书法艺术，唐太宗又命冯承素等书法家，对《兰亭序》双钩填墨，制成副本，赏赐给大臣、公主。唐太宗为了传播王羲之的书法，耗费巨资收藏、摹拓、临写，又亲自为《晋书·王羲之传》撰写赞辞。更值得一提的，如今在西安碑林可以欣赏到怀仁《集王圣教序》与大雅《集王兴福寺》残碑，分别刊于唐代，碑文是唐人所撰，而书碑者却是晋人王羲之，原来是两位僧人怀仁和大雅按碑文从太宗收藏数十卷王羲之墨迹中逐字搜寻，经过20多年才拼凑而成的。搜集时，翻遍王羲之真迹后，仍有缺字，唐太宗又在全国悬赏，重金征购，以一两黄金换取一字的代价，才得以补齐。《集王圣教序》又有千金碑的别称。出于对《兰亭序》的珍爱，唐太宗立下遗诏，要《兰亭序》陪葬。他死后，唐高宗李治遵诏将《兰亭序》真迹盛入玉匣，随太宗入土埋葬。

5. 唐代各大书法家与其对后世的巨大影响

楷书有唐碑与魏碑两大体系，唐碑体占据书坛时间很长，唐之后宋、元、明、清也有较大成就，但均不如唐。魏碑直到清代，士子为了趋时应试，才使魏碑体重新流行。唐人书法多取魏晋之法，追迹于钟繇、王羲之的风格，亦有新创。唐初有四大书法家：欧阳询、颜真卿、虞世南、褚遂良，均各创一体。当时名家众多，流派各异，被誉为书法的中兴时期。

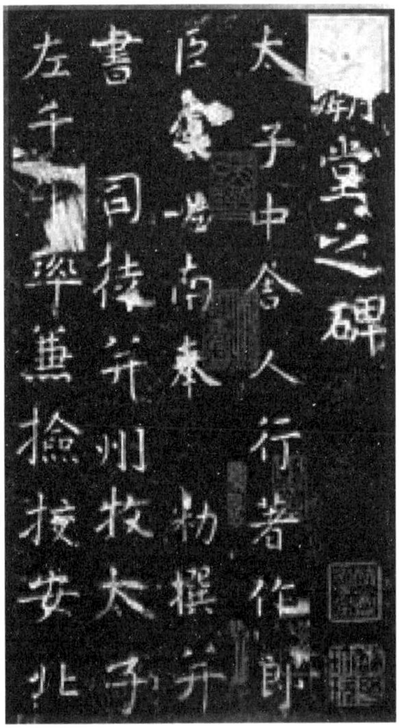
虞世南《孔子庙堂碑》

虞世南（558—638）的楷书有“君子藏器”的美誉；而他的行书秀逸多姿，堪称有地道的“二王”（王羲之、王献之）的书风。

史载唐太宗之女汝南公主，幼年夭折，这位公主深得唐太宗宠爱，必请虞世南这位大书法家书志，以表达悼念之情。虞世南，字伯施，越州余姚（今慈溪市）人。他在陈、隋两朝做过官，却未被重用。入唐后他投奔秦王李世民。唐太宗即位后，他拜为员外散骑侍郎（皇帝侍从），后官至秘书监（掌艺文图书）永兴公，世称他“虞永兴”。虞世南为人刚正不阿，敢于直谏，善文辞，尤工书法，曾得到王羲之七世孙智永的真传，甚得王羲之书法之妙，深得唐太宗赏识。唐太宗把他作为书法之师，并作“五绝”之赞：“一曰德行、二曰忠直、三曰博学、四曰文词、五曰书翰。”对他的德行钦佩甚至高于书法。虞世南的书迹仅存《孔子庙堂碑》和《汝南公主墓志》。《孔子庙堂碑》以楷书入碑，书法价值极高。碑字“笔力劲挺，外柔内刚，虽锋芒蕴藏，但气宇轩昂，点画间洋溢着温文尔雅的君子藏器之美”。前人曾以“沉粹”两字概括，形容为“风神凝远”。近人党晴梵作绝句赞道：“永兴师法永禅师，一代宗风俨在兹。墨本换将银印佩，令人神往庙堂碑。”

欧阳询（557—641），潭州监湘（今长沙市）人，入唐官至太子率更令，后世称“欧阳奉使”。人矮小瘦削，国舅长孙无忌当面嘲讽他：“耸膊成山字，埋肩不出头。谁家麟阁上，画此一猕猴。”欧阳询对各体书法均精通，以楷书为最，宋代《宣

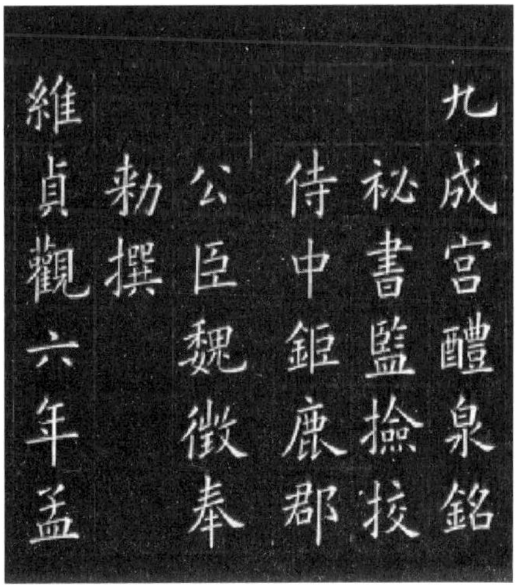

《九成宫醴泉铭》

和书谱》称其楷字为“翰墨之冠”，以《九成宫醴泉铭》《皇甫诞碑》等最著名。《九成宫醴泉铭》是欧体书法代表作，赞为“楷法之极则”、“结构大师”。《书品》一书中比喻欧字“如武库矛戟，雄剑森森”。

韩择木也是唐代著名书法家，以隶书闻名后世。《宣和书谱》评论道：“隶学之少，惟蔡邕一人，择木乃能追其遗风，风流闲媚，可谓蔡邕中兴焉。”把韩择木的隶书看作是“汉隶名家蔡邕书法的再现”，笔法清新可爱，可见他的隶书成就之高，表明隶书在唐代仍占有重要地位。今西安碑林藏有他的隶书碑刻《南川县主墓志》。而他的楷书追求一种娴雅之美，端庄静穆，圆腴秀劲，颇似虞世南的书风。

唐代著名书法家中，还有“颠张狂素”美称的著名书法家张旭（658—747）和怀素（725—785）。

“颠张”指张旭，吴郡（苏州）人，曾官至右率府金吾长史（掌治安官职），世称“张长史”。为人博学多识，卓尔不群，工楷书，尤精草书，人称“草圣”。嗜酒，每天大醉，狂呼奔走，欣然命笔。有时以头濡墨而书，世号“张颠”。自谓“观公孙大娘舞剑，始得其神”。唐文宗把李白歌诗、裴旻剑舞、张旭草书称为“三绝”。有位叫李颀的诗人为他写道：“露顶据胡床，长叫三五声。兴来洒素壁，挥毫如流星。”

张旭《古诗四帖》

“狂素”指怀素。怀素原姓钱，长沙人，自幼出家为僧，法名藏真。工书法，用功勤苦。苦练书法，经常用蕉叶代纸，埋笔成冢，号曰“退笔冢”。喜草书，自言得草书之三昧。后去京都长安，结交了许多书法名家，书艺大进。平日好饮酒，酒酣兴发，素壁粉墙，衣裳器皿，运笔挥洒，狂风骤雨一般，深获众家好评。诗赞“数行如大斗。恍恍如闻神鬼惊，时时只见龙蛇走”。

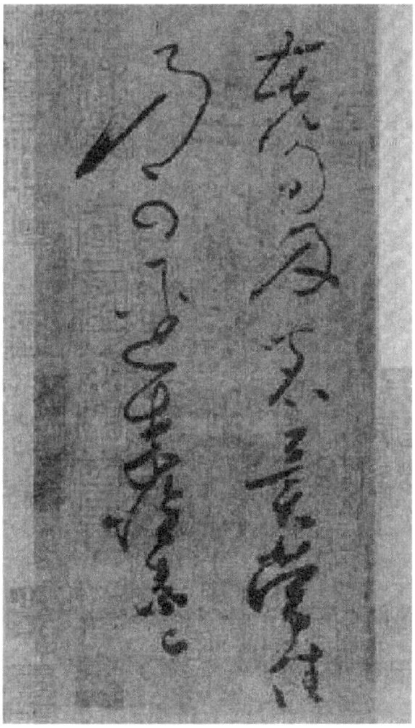

怀素《自叙帖》

颜真卿《多宝塔碑》

颜真卿(708—784),山东琅琊临沂人,官至刑部尚书、太子太师。为人刚正不阿,天下百姓尊称为鲁公。他擅长正楷与草书,笔力遒婉。传说他幼年习字,家贫乏纸笔,就以黄土扫墙练习书法。他喜欢写大字,尤嗜好书石,所以碑刻遗迹甚多。他所写字体,“点如坠石,画若夏云,钩似屈金,戈如发弩。其纵横之气象,低昂之态度,羲、献以来,所未有也”。著名的作品如《笔法十二意》等。总之,当时名家众多,风格流派各异,被誉称为书法鼎盛时期。

有人将以上几种主要的汉字字体作过生动的比喻:篆书如圈,隶书如蚕、楷书如站、行书如走、草书如跑;又有人把还几种字体用衣服相比:篆书像古装、隶书如礼服、楷书和行书像便服和工作服、草书像游泳服。我国书法艺术历史悠久,随着形势的发展,书法也在不断变化着自己的神态风貌,不断丰富着书法艺术的风格。并且我国的书法艺术的发展变化,还对世界书法艺术产生着深远影响,并以其独特魅力对世界文化的发展做出了杰出的贡献。

第四章　追本溯源话汉字

汉字中古字和今字一般都有造字的相承关系。古字的义类过多,需用今字补充;今字又以古字的形、音、义为基础而变化。古字和今字在形体上,既有相同的又有相异的部分。今字绝大多数都是利用古字原有的形体,或增偏旁,或改变偏旁,形体上有着明显相承的关系。有为数不多的古今字,形体虽异,却本为一字,造字法上仍是一脉相承。古字和今字在语音上或相同,或相近,联系非常密切。而在意义上,今字中有的为古字的引申义;有的是古字的本义;有的却曾借用他字所表示的本义。

第一节　洁白美好的象征
——“玉”字

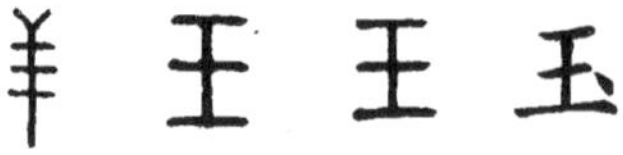

甲骨文　金文　小篆　楷书

“玉”是个象形字,在3000多年前商代已经在甲骨文、金文中出现了。甲骨文的“玉”字像一条线绳串着几块玉石片,一头还打着结呢;周朝晚期金文《毛公鼎》中“玉”的形体与甲骨文中“玉”的形体的区别是贯穿玉片的绳两端不再露出来。小篆“玉”字字体仍是没有加一点的,只有粗细间的区别。隶书才加上一点成为“玉”的。《说文解字》:“象三玉之连,‘丨’其贯也。”意思是说:“玉”字像三块玉石连在一起,中间的“丨”是三块玉石的联结物。许慎说“玉为石之美也,是其本义”,而且指出“其美有五”:“润泽以温”、“䚡(xié)理自外,可以知中”、“其声舒扬,专以远闻”、“不挠而折”、“锐廉而不忮(嫉妒)”。以此“五美”喻人之五种美德:“仁”、“义”、“智”、“勇”、“洁”。古人把玉石打制成各种珍贵的玉器,作为天子、贵族朝拜、祭祀、丧葬、敬祖先和神灵所用,表示珍贵和敬重。因为古人认为玉是天地化生的精灵,可以辟邪除恶,永保吉祥平安,又常把它作为美德的象征。用玉的历史是早在7000年前，当时，人们已经有意识地把拣到的美玉制成装饰品。后来，各种形态的玉器又染上了“神圣”的色彩，象征着权力、财富、贵贱、等级。

古人把玉分成五类，称之为“五瑞”。“五瑞”为：圭、璧、琮、璜、璋。这些是诸侯朝见天子或天子会见诸侯的礼器。古人按公、侯、伯、子、男分为五等。这五个等级的诸侯朝见天子时，手中都必须拿着相当等级的玉石器具。经过几千年不断发展，玉成了人们无时不有、无处不在的饰品、日用品，更成了人生不可缺少的精神寄托。以玉描写人体美的有“玉貌”、“玉颜”、“亭亭玉立”等；成语“宁为玉碎，不为瓦全”，比喻为保持气节而牺牲生命。

战国楚式双龙双凤佩

第二节 先进文明的代表

——“中华”、“中国”、“华夏”名称的古今衍变

“中华”是“中国”与“华夏”的合称，自古有之，又称中原、中土，在古代代表着先进的文化和地区，又代表着创造这一先进文明的汉民族。1912年，中华民国将其加进国号，从此“中华”又有了现代国家的含义；而在地理方面“中华”已经不只是指代中原地区，而是整个中国的疆域；民族方面也不只是指代汉民族，而是生活在中国疆域内的所有民族，还包括生活在海外的华人、华裔。

“中华”一词，是魏晋时期钟信“天人合一”观念的哲人从“中国”和“华夏”两个名称中各取一字复合而成的。“中”侧重自然（天），寓意天下之中；“华”侧重民族（人），寓意为华夏族群（汉族的前身）。国外常将“中华”作为中国大陆、港澳特区及台湾地区的合称。

1. “中”字主体好比旗帜

“中”是象形字。在甲骨文里，“中”字主体是一竖，好比一面旗帜，向左四条线是旗帜上的飘带，旗帜向左或向右边飘动。而中间横圆圈，意思是在一竖的中间。后来，“中”字可以表示任何中间的概念。“中”字的本义就是内或里，由内里之义又可引申为“中间、中央”或“里面”，

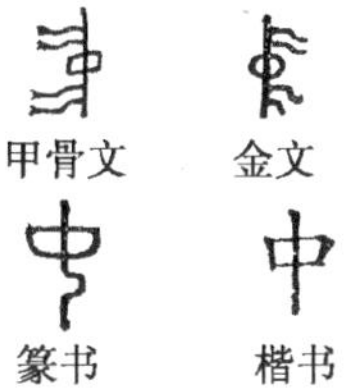

如“田中”,就是田地里面。也可表示“中等”,如“中人”就是“中等人”,即中间人、担保人。中字作为动词读“zhòng”,表示“射中”,如“中肩”,就是射中肩膀;也可表示“符合”,如“中规”,就是符合规矩。亦可表示“半”或“一半”的意思。所谓“中夜”即“半夜”,“中途”就是“半途”。而“中国”的“中”,正是用“中”字的本义——“中央”。古时候,华夏族人称其四境民族为蛮、夷、戎、狄,而自称为“中国”。

2. “中国”的概念

“中国”一词最早见于周代文献,后来随着所指对象不同而有不同的含义。大致说来,有以下六种概念:一是指京师(首都),如《诗经·民劳》注:“中国,京师也。”二是指天子直接统治的地区,如诸葛亮对孙权说:“若能以吴越之众与中国抗衡,不如早与之绝。”三是指中原地区,如《史记·东越列传》:“东瓯请举国徙中国。”四是指国内、内地,如《史记·武帝本纪》:“天下名山八,而三在蛮夷,五在中国。”五是指诸夏族居住的地区,如《论语集解》:“诸夏,中国也。”六是指华夏或汉族建立的国家,《史记》《汉书》经常出现这样的称谓。所以自汉代开始,人们常常把汉族建立的中原王朝称为“中国”。正因为如此,当少数民族入主中原后,便以“中国”自居,如鲜卑人建立的北魏自称“中国”,将南朝叫作“岛夷”;而同时汉族建立的南朝虽然迁离了中原,仍以“中国”自居,称北朝为“索虏”、北魏为“魏虏”。又如在宋代,辽与北宋、金与南宋彼此都自称“中国”,且互不承认对方是“中国”。

“中国”一词所指范围,随着时代的推移而经历了一个由小到大的扩展过程。而《尚书》上出现“中国”时,仅仅是西周人们对自己所居关中、河洛地区的称呼;到东周时,周的附属地区也可以称为“中国”了,“中国”的涵义扩展到包括各大小诸侯国在内的黄河中下游地区。而随着各诸侯国疆域的膨胀,“中国”成了列国全境的称号。秦汉以来,又把不属黄河流域但在中原王朝政权统辖范围之内的地区都称为“中国”,“中国”一名终于成为我国的通用名号。19 世纪中叶以来,“中国”则成了专指我们国家全部领土的专用名词。事实上,“中国”一名虽有 3000 年左右文字记载的历史,但它仅仅是一种地域观念,从夏、商、周开始直至清末,从来没有一个王朝或政权曾以“中国”作为正式国名。“中国”正式作为国名,始于辛亥革命以后。1912 年元旦,中华民国成立,国际上通称“Republic of China”,简称“China”(“中国”)。至此,“中国”一名才成为具有近代国家概念的正式名称。1949 年成立了伟大的中华人民共和国,又将“中国”概念完善、充实到今天的含义。

3. “中国”的别名探源

“中国”的别名,除上述的“华夏”外,还有“中华”、“九州”、“四海”、“神州”等称呼。

“中华”最初指黄河流域一带，《三国志》裴注中最早出现了“中华”一词。随着版图的扩大，凡属中原王朝所管辖的地方都统称为“中华”，泛指全国。唐代韩偓诗云：“中华地向边城尽，外国云从岛上来。”已把“中华”与“外国”对举。所以，“中国”也简称“华”，中国人侨居海外称“华侨”。

“九州”之名，起于战国中期。当时列国纷争，战火连天，人们渴望和平，于是产生了区划中原的思想，因而《禹贡》便有冀、兖、青、徐、扬、荆、豫、梁、雍九州。其他古籍如《尔雅·释地》《周礼·职方》《吕氏春秋·有始览》等也有“九州”的记载，尽管具体的州名有所差异，但记载的均为九个州。“州”正式成为政区是东汉的事。后代的州越分越多，越分越细，辖区也越来越小，但核心地域大致相当于战国时代“九州”的范围。所以“九州”就成了中国的代称，并一直沿用至今。

古时候，中国曾有“四海”之称，以四境均有海水环绕而得名。战国齐人邹衍，得到海外交通的启发，大胆提出了“大九州”说。他认为《禹贡》九州合起来只能算一州，叫“赤县神州”、“赤县神州内自有九州，禹之序九州是也，不得为州数，中国外如赤县神州者九，乃所谓九州也。于是有裨海环之，人民禽兽莫能相通者，如一区中者，乃为州。如此者九，乃有大瀛海环其外，天地之际焉”。所以，“神州”只占天下八十一分之一。后代的事实虽然证明这只是一种假说，但“神州”之名一直沿用到今天。

4. “华夏”再释

周朝晚期金文　小篆　楷书　简化字

相传，我国历史上第一个朝代是夏朝。古时候，黄河流域一带的先民自称“华夏”，或简称“华”、“夏”。“华夏”一词最早见于《左传·襄公二十六年》：“楚失华夏。”唐孔颖达疏：“华夏为中国也。”从字义上来讲，“华”字繁体字“華”，是象形字。金文中“华”字上面是盛开的花，中间是花的干，两边是花的枝，下面是花的根。后字形逐步变化，加了草字头。汉魏之间被简化为𠌶字，用来表示它的本义，即有美丽的意思。

甲骨文　篆书　楷书

“夏”字是象形字，在甲骨文里“夏”字象大人之形，从上到下为人头、身、手、足，整体形象威武有力。因其形一人手足俱全，古代中国人又作自称。《方言》：“秦晋之间，凡物壮大谓之嘏（gǔ，福），或曰夏”，所以“夏”字有“大”的意思。这就是“夏”字成为古代中国人自称的社会思想根源。又草木茂盛季节也叫“夏”，这和《方言》的说法是一致的。西周在全国分封诸侯，这些诸侯可叫“诸夏”，因此“诸夏”也就是“中国”的意思。中国第一个有史朝代叫夏朝,是由治水闻名的大禹建立的。与夏朝有关的事物也就带上了“夏”字,如“夏礼”、“夏历”等。中原是华夏、中国的发祥地,华夏、中国又经常指中原。《尚书·武成》:“华夏蛮貊,罔不率俾。”意思是无论是中原的华夏族还是偏远的少数民族,没有不顺从(周武王)的。“华夏”和“中国”现在都是指全国,古今词义发生了变化。“夏”字有盛大的意义,“华”、“夏”两字连起来的确是个美好的词。“华夏”所指即中原诸侯,也是汉族前身的称谓,所以“华夏”至今仍为中国的别称。

5. 世界文化中的“中国”名称的对应变化

古代印度、希腊、罗马等国人,尊称中国为“Cina”、“Thin”、“Sinae”,许多发达国家几乎都用与之音近的名词来称呼中国,中文译音为“支那”、“脂那”、“至那”、“希尼”、“震旦”等。这些或是“秦”字的语音,或从“丝绸”的“丝”读音而来,也有人认为源出“瓷器(china)”或闽南话的“茶”。俄罗斯将中国叫“契丹”,显然另有来源。契丹族建立的辽,武力强盛,控制着整个蒙古高原及其周围地区,铁骑所至,所向无敌。而当时刚刚兴起于东欧平原的俄罗斯人,初闻东方唯有契丹,故称中国为“契丹”,并沿用至今。

第三节　耀眼的生命之源

——“日”、“月”与“明”字

1. “日”字代表太阳

远古的先人很早就把太阳看作生命的源泉和万物的主宰,所以汉字中很早有了代表太阳的“日”字。圆圈代表太阳的形状,圆圈中一点表示太阳是实心的,实心的太阳有重量,装满了东西。这说明古人把太阳观察得很仔细,想象力也很丰富。

“日”字的本义就是太阳,系离地球最近的恒星。甲骨文和金文都像太阳的形状。所以“日”字是象形字。“日”字从它形成开始,虽经几千年的发展和演变,但变化不大,只是从开始的圆形,发展到秦小篆为椭圆形,最后变长方形,直到今天。

古人把“日”看作太阳神。阴山的岩,就刻画出古人拜神的形象。在西北贺兰山区还发现了太阳人面图形岩画。六七千年前古人在陶器上刻画太阳神。古人对太阳的敬仰,也表现在原始文字符号上。20 世纪 50 年代在山东莒县陵阳河地区发现一个灰色陶缸,上面刻画有日、火、山三个图形组合在一起的符号;山东诸城市也同样出土了带有太阳形符号的陶片。这个符号在不同地区都曾多次出现,说明这个符号早已起到了信息交流作用，是中国汉字前身最古老的符号之一。对这个符号说法之一，认为这是个“昊”字，是光明的意思；另一说法认为“日”字底这一杠表示地平线，是太阳在早晨刚刚升起，应念“旦”。

“旦”字，最早见于山东莒县陵阳河大汶口文化遗址出土的陶器。“旦”字是象征了日出的图形文字。金文中“旦”字是日初出未离于土之状。

“旦”字象形

“日”字下面有个“木”字为“杲”（gǎo），是明亮的意思。《诗经·卫风·伯兮》：“杲杲出日。”这就是说：明亮的太阳出来了。

“日”从太阳的本义引申为白昼，如“夜以继日”。又可引申为计量时间的单位——天，一昼夜，《诗经·王风·采葛》：“一日不见，如三秋兮。”

“莫”在甲骨文中代表落日的景象。上面代表草，下面代表树林，中间的“日”象征太阳。这个字的含义就是太阳隐没在树林中了。天快黑了，在野外劳累了一天的人们该回家休息了。“莫”字在金文中的结构与甲骨文一致。待到隶书，下部草字变为“大”，遂成为“莫”字。

“莫”字象形

甲骨文　金文　小篆

2. 月儿弯弯照九州

古文字里，“月”字也是象形字。甲骨文就是“　弯皓月悬中天”的形象。金文继承甲骨文，只是中间加了一小竖，古人用以表示月中的桂树等。明月高照，标志着长夜的降临。故而甲骨文中月亮的形状，既是月亮的形象，又是长夜的象征。后来又用月亮计算时日，把三十天算作一个月，成了历法上的专用名词。造字者又在月亮的形状中加了一点，造出一个“夕”字，这就是苏东坡问“今夕是何年”的“夕”字。这样便有了“月”和“夕”两个字。

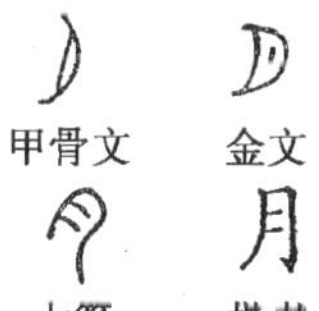
甲骨文　金文
大篆　楷书

3. 日月争辉为“明”

“明”字，甲骨文中有左“月”右“日”和左“日”右“月”两种写法。

“明”是个会意字。《荀子·天论》：“在天者莫明于日月。”也就是说，在天上没有再比太阳和月亮更明亮的了。金文中则发生了伪变，把“日”字变成了窗户形，月亮照在窗上

即表示光明的意思，成了会意字。字体演变楷书后又还原到甲骨文的会意方式，用“日”、“月”组成“明”。

“明”字象形

甲骨文　金文　小篆　楷书

“明”字的本义是光明，白天的光明来自太阳——“日”；夜晚的光明来自月亮——“月”。那么日和月同时并存，当然可概括全部的光明了。在甲骨文里，“明”字又是专门记录时间的字之一，特指拂晓时分。直到战国时代，“明”字仍指清晨，《楚辞·天问》：“自明及晦，所行几里？”这就是说从早到晚，整整一天能走多少里路的意思。

“明”字可引申为“明显”，《荀子·正名》：“是非之形不明。”就是说是非的外部表现并不明显。由物之明，又可引申为人之明智、英明等。至于《管子·制分》所说的“聪耳目明”中的“明”字，那是指眼睛亮、视力好。

第四节　人类生活的主宰

——衣食的古今字义变化

古代常用“食”字表示吃。“食”字是象形字，它的甲骨文下部就是一个食器装着丰盛的食物，两侧的两点表示已装满外流，最上部的三角形是食器的盖子。“食”字的本义为食品，系名词，后转化为动词“吃”。《诗经·小雅》：“饮之食之。”这里的食应读“sì”，通“饲”。饮之食之，就是给他喝，给他吃。《诗经》中有“三岁食贫”，这个“食”字是“居”的意思。“食”与“居”两字关系最近。

甲骨文　金文　小篆　隶书

“食”字

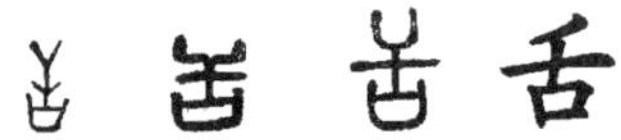

甲骨文　古陶文　小篆　楷书

“舌”字

先人说到吃，总离不开舌头。“舌”是象形字。甲骨文的形体，整个像舌形。“舌”字上面是“丫”，两边各一点代表唾液，下面是一个口。后来两点唾液连成一横，上面形成“干”，整个字就成了“舌”。《说文解字》：“舌，在口所以言也，别味也。”又：“从干，从口，干亦声。”它的本义为舌头。而古代的“舌人”，不是指善于说话的人，而是指古代的翻译官。说到吃，离不开盛食物的器具。现在的“豆”字前身是表示一种形似“豆”字形状的高脚盛物器具，上面画上三角，表示食器里堆满了食物。古时常用“饮”字来表示“喝”的意思。繁体字“飲”，由“食”和“欠”构成，是一个会意字。在甲骨文里，“饮”字右边是一个人伸手的形状。几经变化，才形成左“食”右“欠”。而“欠”字的来源是个象形字，在甲骨文里“欠”字像一个跪着的人张口的样子。

古代的“衣”字既可作名词，表示衣服，又可作动词表示穿衣。“衣”是象形字，可作偏旁。在甲骨文里“衣”字像衣服的形状。古代“衣”字特指上衣，而“裳”字表示下衣。现在以上两字可以合用，不再区别上下了。

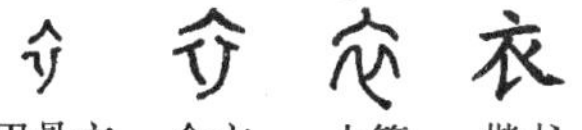

“衣”字

先民最大的问题，也就是吃饭、穿衣问题。有一个汉字正好反映了先民的这一愿望，那就是“裕”字。“裕”由“衣”和“谷”组成。“谷”字是会意字，上面部分像谷米的形状，下面的“口”表示放谷米的器具。后来又出现一个笔画繁复的“穀”字，表示谷米的意思，而“谷”字本身则专门表示山谷的“谷”了。简化汉字后，“穀”字简化为“谷”，恢复了最早的意思，谷米的“谷”与山谷的“谷”就同形了。

第五节　“朋”和“友”的区别

在古代，受教于同一个老师的人之间叫“朋”，就像今天的同学；而志同道合的人则叫“友”，就是今天的朋友。古人说“同师曰朋，同志曰友”即可证明。不过志趣相同的“友”很容易共投同一老师而成为“朋”，同师的“朋”也有可能受师承的影响而产生相同的志趣从而成为“友”，所以后来的“朋”和“友”就难以区分了，于是出现了“朋友”这样稳定的结构。如《周礼》中“联朋友”，清代刘开《问悦》中“朋友之交，至于劝善规过足矣”，等等。这里的“朋”、“友”两字不分彼此，已经和今天的“朋友”没有多大区别了。但是，古人看重“道不同不相为谋”，如果发现朋友今非昔比，就会割席绝交。

1. “朋”字原为古人的颈饰

先说“朋”字。《说文解字》：“朋，假借也。”表示群鸟聚在一起的情形。“朋”字最早见于甲骨文，呈两串贝或玉联结在一起的形象。郭沫若认为就是古人的颈饰。在青铜器铭文中常常可以见到“贝五朋”类的句子，表明“朋”就是一种货币衡量单位。据考证，商殷时期，水陆交通不像后来那么发达，因此产于南方海洋中的贝在中原地区就“物以稀为贵”了。如果谁得到王赏赐的贝，便认为获得了极大的荣誉，要铸造宝尊彝器作为纪念，由此可见贝的贵重。因

“朋”字

此,把“朋”作为货币单位,是自然而然的事情。由于贝必须串在一起,贝美丽的花纹依次排列,就像鸟儿聚在一起的样子。在《诗经》中,可以看到“菁菁者莪,在彼中陵。既见君子,锡我百朋”的句子,“锡我百朋”也就是说赐给我一千个货币。《周易》中把“朋”作为卦辞的句子不可胜数,例如益卦里有“十朋之龟”,坤卦里有“利西南得朋,东北丧朋,安贞吉”,等等,不一而足。因此,朋必有“利”大概就是从这里开始的吧。商周以后,“朋”字的意思发生了变化。这时候,一些博学者设筵授徒,一方面解决生计问题,另一方面让自己的学问广为传播。前来上学的学生们之间如何称呼呢?他们就以寓群鸟相聚之意的“朋”来称呼彼此,因此许慎说“同学曰朋”。《论语》曰:有朋自远方来,不亦乐乎。其实孔夫子是因为看到他的老同学来了,才高兴地发出“不亦乐乎”的感叹。这种“同学为朋”的痕迹在随后中国几千年的封建王朝中随处可见,后又引申为“朋党”。“朋党”,就是同学会。

2. 古人对“友”的看法

“友”字

再说“友”字。“友”也是一个象形字,甲骨文中“友”字是两只右手靠在一起,好比旧友重逢,两人都伸出右手紧紧相握,表示友好。“友”字本义是兄弟。《说文解字》说:“同志为友。”在古代,部落间的人都有亲缘关系,这种血浓于水的兄弟情谊是牢不可破的,只有一个部落、一个家族之间的成员才能互相信任,围绕一个目标去做事,因此,只有兄弟才能成为友。“友”经过演化,外延开始扩大,志同道合的人也可以成为友了。如《诗经》里,出现了“窈窕淑女,琴瑟友之”的句子。

春秋时候,古人对“友”是有自己的看法和认识的。孔子说:“益者三友,损者三友。友直,友谅,友多闻,益矣。友辟,友柔,友佞,损矣。”这是说,有益的友有三种,有害的友有三种。结交正直的友、诚信的友、知识广博的友,是有益的。结交谄媚逢迎的人,结交表面奉承而背后诽谤的人,结交善于花言巧语的人,是有害的。《孟子》也写道:“不挟长,不挟贵,不挟兄弟而友。友也者,友其德也,不可以有挟也。”这句话是说,不倚仗年纪大,不仗恃地位高,不倚仗家里富贵来交友。交友时,是因为友的品德好才去交他,心中不要存在任何倚仗的观念。

第六节 “昏以为期，明星煌煌”

——从“黄昏”到“婚姻”

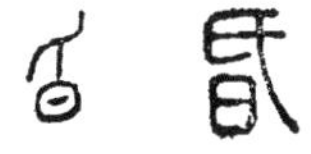

甲骨文　小篆

“昏”字

“昏”字，在甲骨文上部为“人”形，其下为“日”，太阳降到人的手臂以下，表示天暮黄昏时分。小篆“昏”字中原来的人形讹变为“氏”。《说文解字》：“昏，日冥也。”“昏”字的本义为黄昏、傍晚。

《诗经》：“昏以为期，明星煌煌。”意思是约定黄昏相见，等到明星照满天。“昏”字表示黄昏义，后来引申为“昏黑”，杜甫《茅屋为秋风所破歌》：“秋天漠漠向昏黑。”“昏”后又引申为“模糊”，韩愈《与崔群书》：“目视昏花，寻审间便不分人颜色。”

“昏”字所记录本义是“黄昏”。那么古字中“昏”字为何表示婚姻呢？《诗经》中没有“婚”字，黄昏义、结婚义都用“昏”字。《诗经》一共用了九个“昏”字，其中有六个表示婚姻义。“宴尔新昏，不我屑以。”意思是说：你们安乐新婚，对我冷淡不予理睬。这里的“昏”字表示婚姻义。因为婚姻的“婚”是常用字，后为了区别黄昏的“昏”字，就以“昏”字为基础增加偏旁“女”字，另造了一个“婚”字。

第七节 “春秋”与“时辰”

古代的四时，包括春夏秋冬。而甲骨文中却只有“春”、“秋”两字，这反映了最早以春秋代表四季。当时，人们最关心的是一年两季的收成：夏收与秋收。在甲骨卜辞中，提及“春”、“秋”差不多都与农业生产相关。所以据专家研究，认为距今约3500年前的商代还没有四季的划分，只有春秋两季。表示季节的“夏”、“冬”两字是以后才出现的。“夏”字曾是古时一个朝代名称。再说“冬”字，甲骨文中没有的，却有一个字像一挂丝线已用到尽头，表示终极、终结的意思，即最早的“终”字。人们在分清四季后认识到冬季是一年的尽头，就用“冬”字表示一年最后一个季节的名称。

“春”字，甲骨文左边的上、下两部分都是“草”，中间是“日”，真可谓旭日东升，绿草萌发，大地回春。再以形声来看，其左是形，“日”在春“草”中，表意；其右是声符“屯”（十字木架上缠绕了一团线，即“纯”字的初文）。金文的位置发生了较大的变化，把声符“屯”移到了中间。小篆基本与金文相同，只是“屯”的曲笔朝右拐。楷书中“草”和“屯”发生了较大的伪变，根本看不出原义。“春”字的本义就是春季。见《荀子》：“春耕夏耘秋收冬藏，四者不失时，故五谷不绝。”唐代高适《人日寄杜二拾遗诗》：“一卧东山三十春。”诗中的

"三十春",不是单指三十个春季了,而是说三十年。

甲骨文　金文　小篆　隶书　楷书

"秋"字,是象形,上有一只头有触须、振翅吟鸣的秋虫,其声啾啾,所以先民就以其形其声,作为"秋"字。甲骨文中"秋"字还有一种形体,上是"龟"形,下是"火"形。上古时代,我们的祖先事事都以占卜问个祸福休咎,把龟甲放在火上灼焦,再看龟甲上的裂纹(即为"兆"),来占卜吉凶。这个上"龟"下"火"的初文,古音读"焦"。为什么最初作"秋"字用呢?这因为"秋"、"焦"同韵,所以借声为"秋"。另一个原因,秋天稻谷成熟,金黄如火;而田水已干,绽开了龟纹裂缝,所以"龟"、"火"合而表示秋意。到了战国,古籀文(即大篆,包括钟鼎文)中,"秋"字中"龟"下面的"火"上多加了个"禾"字,以表示"秋"是个禾谷成熟的收获季节。故宫博物院所藏的战国古玺和楚国的帛书里,"秋"字,由"旦"、"火"、"禾"组成了。这表示秋天朝阳火红,禾熟似火。更重要的是,我们可以看到字的形体简化了。秦始皇推行的小篆中"秋"字中简去了"旦"字,保留了"禾"与"火","火"与"禾"并列。汉代"隶变"中,隶书"秋"字把小篆中的左"火"右"禾",变成了左"禾"右"火"。《说文解字》:"秋,禾谷熟也。""秋"字本义是"收获"。又可引申为年,《诗经》:"一日不见,如三秋兮!"

甲骨文　金文　小篆　隶书　楷书

"春秋"亦常指称一年,进而就用来指历史。在春秋时期,各国都有本国的史书《春秋》,而流传下来的,只有鲁国的《春秋》。从而"春秋"成为史书的代称。

古人也用"时"指一天的时间。先秦将一天分为"十时",据《隋书》,昼为朝、禺、中、晡(bū)、文,夜为甲、乙、丙、丁、戊。南北朝时,将昼夜分为十二个时段,用十二地支来表示,即十二个时辰。宋代再把每个时辰分为初、正两部分,相当于世界通行的二十四小时制。时,指一定的时点,时辰一般指120分钟。现代计制时一时60分钟,是前者的二分之一,便称之为小时了。

第八节　度量单位的变化

——“尺”、“寸”不古

这里讲的是古人造语用字的故事。古人称儿童为“五尺童子”。用“五尺”来形容儿童，指的是身高。如果按现今长度计算，五尺约合 1.67 米，很难设想古代的儿童会有如此高度。而古代的尺短，一尺约合 23 厘米，五尺不过 1.15 米左右。我国尺寸的长度，是上古时期短，后来变长。因此，唐代已改成了“三尺童子”，见韩愈《论淮西事宜状》：“乘其力衰，三尺童子，可使致其死命。”因为唐代尺的长度为 29.71 厘米。北宋时一尺等于 31.7 厘米，尺长了，自然不能再说“五尺童子”了。北宋名臣胡铨在《戊午上高宗封事》中说道：“三尺童子，至无识也。”当然，将五尺改为三尺，只是个大概的说法。

古书里还有“三寸舌”、“三寸金莲”的说法。虽然都是“三寸”，实际指的长度并不相同。《史记·留侯世家》说：“今以三寸舌为帝者师。”以秦汉时代的长度标准计算，三寸长约 7 厘米，的确够长的了。古代有一种概念，认为长舌头善于说话。但又认为男的长舌好，女的长舌就不好。《诗经》：“妇有长舌，维厉（祸害）之阶（根源）。”后又用长舌妇指多嘴的女人。“三寸金莲”，是用来形容妇女缠裹的小脚。缠足之风，始于五代，盛于宋、明。“三寸金莲”中的“三寸”，按宋以后的长度计算，约合 10 厘米。

“斗”，作为一种器物，它的容量和形制，古今也有不小的变化。古代的斗容量比后代小得多。春秋战国时，一斗不及现今的两升。斗、筲都是很小的容器。孔子在《论语》里，批评当时做官而器量狭小的人为“斗筲之人”。西安三桥出土的量器，十斗铜钟所容小麦是 32.3 斤，一斗仅容小麦 3.23 斤。到了元代，一斗容重有 9.5 升，接近现代斗的 10 升容量。元代卢琦在诗中写道：“欣然坐我斗室底，满室岚气生清秋。”这里的斗室，形容房屋的狭小。尽管斗的容量小，但常用来形容人的胆大。《三国志》中写道，姜维被斩杀后尸体遭解剖，发现他“胆大如斗”。为此，只有结合古代尺寸长度、器物容量的变化，才能领悟古人造语用字之妙。

第九节　意近而形不同——“道”、“路”、“街”

“道”字只出现在金文里，由“首”字和“行”字组成。两侧是个“行”字，在甲骨文里，“行”字也是象形字，为四面相通的十字路口的形状。“道”中间是一条大路，左右两侧又分出两条小路；在这十字路

金文　小篆　楷书

口的内部有个人上“首”下“止”。这就是表示人在道路上行走。“行”字从小篆开始，十字路口的形状逐渐拉直，到了隶书就形成了现在“行”字的形状。可见，如今的“道”字下方的“辶”，是由“行”字逐渐演变而成的。《说文解字》：“道，所行道也。”“道”字的本义是路。《史记》：“从此道至吾军，不过二十里耳。”由“路”可引申为“规律”，《荀子》：“循道而不贰。”就是说，遵循事物发展规律而不背离。由“规律”又可引申为“途径”、“方法”、“主张”、“学说”等。

金文　篆书　楷书

“路”是左形右声的形声字。金文的左边是“足”，表示走路；右边是“各”，表示读音。《说文解字》：“从足，各声”，字音与“各”有关；字义是“道”也，就是道路。诸葛亮《出师表》中“以塞忠谏之路也”中的“路”字，又可引申为思想或行为的途径。《左传》中“筚路蓝缕以启山林”中的“路”却是当“车”讲，“筚路”就是“柴车”。“路”字所以当“车”讲，是因为路能行车。《史记》中“路弓乘矢”里的“路”是“大”的意思，是由路的宽广而引申为“大”，所谓“路弓”就是“大弓”。古书中常见“路寝”一词，特指古代君主处理政事的宫室。

“街”是会意字。说文：“从行，主声。”字义与形有关，字义是“四通道也”。就是说“四面相通”的道路。古今字义相同，方言里还可当集市讲，如“赶街”。

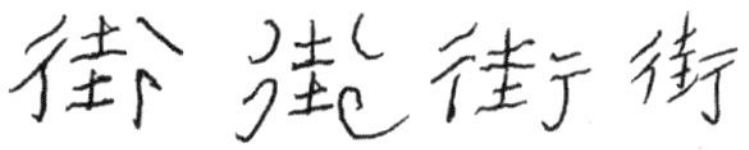

金文大篆　小篆　隶书　楷书

以上“道”、“路”、“街”三个字基本意思相同，因此可同义结合使用。早在先秦，“道”与“路”可结合在一起。《国语》：“国人莫敢言，道路以目。”就是说，老百姓都不敢说话了，只能在路上以眼神示意。“街”与“道”结合在一起成为“街道”，表示有房屋的较宽的道路。如今“街道”还简称居民的基层组织呢！

第十节　过河与登山

——“涉”、“陟”、“降”

过河与登山反映在文字上，便是一组结构巧妙、寓意丰富的会意字：涉、陟、降。这三个字的共同特点是都有足趾，可由于和不同的偏旁相结合或足趾位置的差异，会意也不相同。

先看“涉”字的甲骨文：

“涉”字

“涉”字甲骨文上下都有足趾的象征,中间竖或横线代表水,两只脚一上一下,或一前一后,中间隔了一道水,这就意味着正在水中行走。造字之初,“涉”当然是指赤足渡河。《诗经》:“子惠思我,牵裳涉溱。子惠思我,牵裳涉洧。(溱与洧均水名)”这是一个女子的自白,假若对方爱她,她决心撩起衣裳,徒涉溱水、洧水去跟随他。这个“涉”字保持了它的原意——赤足渡河。后又引申泛指各种形式的渡河。商代已有车和舟,但甲骨文中屡见“王涉”、“王其涉”、“王涉滴”等记载。《尚书》中“盘庚作,惟涉河”、《汉书》(项籍)“使布先涉河击秦军”等。由此一般而论,都是指渡河、过河。

两趾与水搭配是过河,那么,两趾与山搭配起来,就与登山有关。

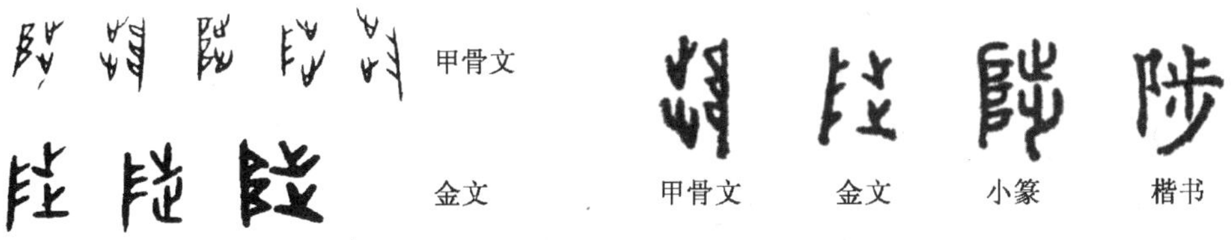

“陟”字

“陟”甲骨文左侧形似山阜,亦即竖直了的“山”字之形;而脚趾之形都是朝上,这就是人们奋力登山的象征。到了小篆又变形,直到隶楷书写成“陟”字。现已极少使用此字,但在古籍里还常用它表示爬山的本义。《诗经》出现多次,如“陟彼崔嵬”、“陟我高冈”。“陟”,登山,登高之形。

有上必有下,和上山之义相反的字便是“降”,它的结构与“陟”相仿,只是双脚的脚趾都朝下。山阜与下行的双足搭配在一起,呈现徐徐下山的形状。

登山曰“陟”,过河曰“涉”,两者相连应是“陟山涉水”、“长途陟涉”才对。由于读音顺口,“陟”的同义逐渐转移到“跋”字,并为“跋”字所取代,典籍中只见“跋涉”而不见“陟涉”。《诗经》:“大夫跋涉,我心则忧。”“跋涉”一直沿用至今,而“陟涉”却从语言中消失。“陟降”本义专指上山、下山,后泛指自下至上的升和由上而下的落,乃至泛指上下动词。

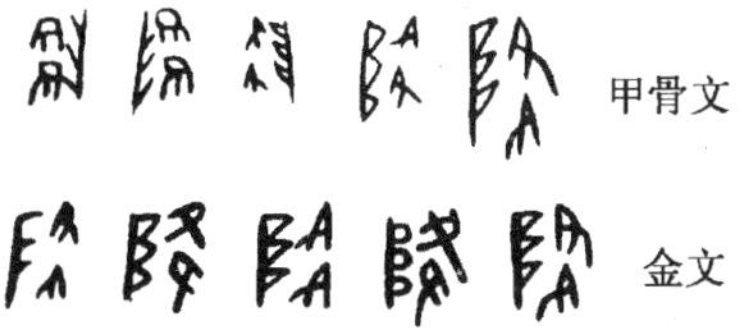

“降”字

《竹书纪年》把帝王之死统称为“陟”,意谓升天。在典籍里义同升天。《诗经》:“文王陟降,在帝左右。”“降”字在甲骨文时代已引申由上而下的“下”,具有下降之义。现代汉语里还引申为职务或地位的由上至下的变动,如“降职”、“降薪”、“降级”等,“降”字成为一种惩处的手段。

第五章　多用第三只眼

——一个美丽的误会，有趣的汉字歧义

汉字的语言环境不同，含义也不相同，须加仔细辨别。在当今信息时代里，我们能"读"会"写"的同时，应多用"第三只眼"（想象和联想）来感受每个汉字深层的魅力。同一个汉字，尽管结构、形态相同，却往往有多层含义，必须注意分辨，也有人认为汉字的歧义是个美丽的误会。

我国汉字歧义之多，谁还不偶尔读错一个两个字？这是再正常不过的了。比如同形引起的歧义——"乐（yuè）"和"乐（lè）"，意思既然相近，为什么不干脆把它们的读音统一起来？如果不方便统一起来，为什么不把它们在字形上区分开来？比如说"长（cháng）"和"长（zhǎng）"，把其中的一个写成"镸"，就可以很容易地把这两个字区分开来。更多的是一字或词多义引起的歧义，例如："他已经走了。"这个"走"字，一是指离开，一是去世。另外，也有因语法关系或结构层次的不同而引起歧义。这样的歧义往往会在我国的书面文字里形成一个个潜伏着的"歧义陷阱"。

语言文字学家普遍认为，歧义现象是指一个句子中的字或词含义模棱两可，可以做两种或多种解释。语言文字是一种约定俗成的社会现象，而不是人们根据科学规律创造出来的，因此，不论哪种语言文字都存在大量的歧义现象。

第一节　一词多义带来的"歧义陷阱"

1. "梦"字趣说——是虚幻妄想，还是追逐理想

"梦"字被媒体评为 2013 年最流行的汉字。"中国梦，我的梦"的"梦"字是什么含义呢？

甲骨文　楚帛书　小篆　楷书　简化字

“梦”字，繁体作“夢”。《说文解字》：“梦，不明也。从夕，瞢省声。”人们做梦时大脑不清楚，故谓不明，可见梦的本义即做梦。“夢”字上部为“苜”之变形，直目变成了横目，其义按《说文解字》所释为“目不正”。“夢”字横目上的“艹”，中间原也不相连，这是眉毛的象形（一说为眼屎，借以表示眼睛所见不明；也有认为是眼动之状，后讹变为“艹”，与卓字无关）。中间的“冖”是人形的讹变，与上部组合表示人的眼睛不明。这两部分就是《说文解字》所说的“瞢省声”，用来表示读音，但音中也有义，即不明之义。下部“夕”字同月，意指夜晚。目已不明，夜晚当然更看不清，这就是“梦”字释义为不明的原因。只是这个“梦”字，不是我们现在常说的“做梦”的“梦”。

甲骨文

梦（原文“寢”）

真正的“梦”字原写作“寢（寢）”，在殷代甲骨文中已可见。《说文解字》释为“寐而（作‘如’字解）有觉也，从宀，从爿，夢声”。它在甲骨文中的右边是一张床，左边是一个人躺在床上，手抚额头在做梦。这个突出眼眉的人形也表声。楚帛书文字形体，基本上失去原形，下部增加“夕”字，表示夜晚做梦。“梦”字的含义指人们在睡觉时所看到的事物形态，实际上是一种幻象而已。人人都会在睡觉中出现梦境。甲骨卜辞中有关殷王占梦的记载很多，而且殷王非常关心其梦与祸福的关系，以及以占梦的结果来逢凶化吉、消灾避祸。《诗经》中写道：“乃占我梦。”《周礼》对梦进行分类：“以日月星辰占六梦之吉凶，一正梦、二噩梦、三思梦、四寤梦、五喜梦、六惧梦。”古人对梦的看法大多认为是一种幻象，且有多种分类之说，对后世影响较大的还是《周礼》分为吉凶两类的“六梦说”。明代张自烈《正字通》中对“梦”的解释为“寐中所见事与形也”。古代文人受此说影响较大，多有借虚幻的梦象来隐喻现实生活的。如庄子的“蝴蝶梦”，沈既济《枕中记》的“黄粱梦”，李公佐《南柯太守梦》的“南柯梦”等。

总之，“梦”字的本义即做梦，由做梦可以引申为“虚幻”义，如《荀子》中“不以梦剧乱知，谓之静”。这是说不以梦中虚幻嚣烦干扰认识，这就叫作静。

20 世纪 50 年代汉字简化，“梦”便成了规范字。现代辞书定义“梦”为人在睡眠时大脑皮质的某些部分尚未完全停止活动所引起的一种表象。这种表象通常不是自愿的，因而带有某种神秘感。其实梦除了虚幻的特点之外，也可以是清醒状态下的一种想象或愿望，即所谓梦想。而愿望若有现实基础就是可以实现的理想。

人们都有梦想，人们对梦境总希望美梦成真。为了实现美好的理想，人们不断地寻梦、追梦。个人这样，民族与国家也如此。为此，“中国梦”中的“梦”字正是表示随着中国的不断发展，梦想变现实已是指日可待，“中国梦”就是这么一种建筑在现实基础上的复兴与强国的愿望或理想。起初，“中国梦”主要用于政治领域，对于国家而言，可以说“百年强国梦”。随着使用频率的提高，“中国梦”已扩展到更广泛的领域，包括了中国人民的愿望、理想。“中国梦”的实现，要我们自己或者我们的民族实实在在、一步一个脚印地大干才能实现。习近平总书记指出：“实现中华民族伟大复兴，是中华民族近代以来最伟大的梦想！这个梦想凝聚了几代中国人民的夙愿，又是每个中华儿女的共同期盼。”“中国梦”已成为亿万人民的追求！

2. 似水流年——“水”不仅是代表河流

“水”是最古老的文字，也是象形字，字形像一条流动的小河。水的最初含义就是河流。甲骨文、金文的“水”字中间是水脉，两边是水点。水点多少不固定。甲骨文中分布两旁的四点之中的曲线表示弯弯曲曲的水流。而楷书中已显示不出水流之形。

《说文解字》的解释：“水，象众水并流，中有微阳之气也。”许慎认为水就是由许多小河并流而成的大河。长流不断，故寓有永久之意。传统文化中的“五行”——金、木、水、火、土，构成最基本的生命因子，而在“五行”中，水的意蕴更为贴切。地球上最初的生命起源，就是在水中。地球上四分之三是海洋，四分之一是陆地。水是生命之源，一个健康的人可以一周不吃食物，却不能三天不喝水。虽然地球上四分之三是水，然而大部分的水不能直接喝，也不能直接用。所以我们要珍惜水资源。李白诗中所写“抽刀断水水更流”，描述了水的奔流不息，更表达了人们对水的无尽遐思。水的第二层联想与时间相关。成语中有“似水流年”；孔子曾经站在水边长叹“逝者如斯夫”，意思是感叹日子过得跟流水一样快，教育人们要珍惜时光，时光像流水一样一去不复返。所以我们应该明白，为什么“水”字的下面一笔要带一个钩，就是要把容易消失的东西留住。水的第三层联想跟女性有关。《红楼梦》中贾宝玉说：“女儿是水做的骨肉。”女孩儿像花儿一般，身段是柔媚的，性情是温柔的，柔情似水，而“男儿是泥做的”。贾宝玉把水与泥对立，一清一浊，一褒一贬。由此引申出水在人们心目中柔情、清纯之意象，并用与水相关的“冰清玉洁”来形容人品高洁或文笔雅致。

3. 多义的笑话公案

多义词引起的歧义闹出了不少令人捧腹的笑话和令人百口难辩的公案来。

有个和尚做了几十个饼，买了一瓶蜜，躲在屋里吃私食。没有吃完想要出门，把饼和蜜藏在床底下，交代徒弟：“给我看好饼。床底下瓶子里的是毒药，吃了就死。”和尚出门后，徒弟把蜜涂饼，大吃一通，只吃剩了两个饼。和尚回来，看到蜜已吃光，只剩两个饼，大骂徒弟："你怎么吃我的饼和蜜?"徒弟说："您出门后，我闻到饼香，馋得熬不住，就拿来吃掉，又怕师父不肯饶我，就吃了瓶里的毒药寻死，没想到现在还没有死。"师父又大骂："你怎么就吃掉了这么多?"徒弟把剩下的两个饼塞进嘴里，说道："这么吃就吃掉了。"师父又伸手要想打徒弟，而徒弟很快逃掉了。这是利用"怎么"的两种意义。师父问"怎么"，是"为什么"的意思。徒弟故意把"怎么"理解为"怎么样"的意思。

再有一则民间故事：有个人尊奉儒释道三教，塑了三位圣人的像。一个道士来了，把老子的像放在中间。一个和尚来了，把释迦的像挪到中间。一个书生来了，又把孔子的像挪到中间。这三位圣人相互说：咱们本来好好的，被人家搬来搬去，把咱们搬坏了。这里是利用"搬"字的两种意义——搬动与搬弄。

《韩非子·外储说·左上》介绍：郢(yǐng，今湖北江陵县西北)地有个送给燕国宰相书信的人，晚上书写时灯光不亮，就对端烛的侍者说"举烛"。于是误写下了"举烛"两字，而并不是书写的本意。燕国宰相读了这封书信十分高兴地说："举烛者，尚明也；尚明也者，举贤而任之。"燕相理解为"举烛"即"尚明"，"尚明"即"任用贤人"。燕国宰相将此告知燕王，燕王十分高兴，取而为国策，国家以此治理，取得了很好效果。其实该"举烛"并非郢人原意。"郢书燕说"比喻以讹传讹，以假乱真，穿凿附会，曲解原意。

以上故事告诉人们：必须弄清字义，切忌"望文生义"，以免笑话百出。

4. "养"字不该误释为生育

1979 年版《辞海》对"养"字的注释如下：生育。《韩诗外传》卷十："季遂立而养文王。"

查《韩诗外传》，周朝先公旦父有三子：太伯、仲雍、季历。季历有子叫昌，即后来的周文王。父喜昌，欲将君位传给季历，以便以后再传昌。后果真如此，书中有"季遂立而养文王"。如果按《辞海》注释为"生育"，释成季遂立而生了文王，这就与历史时间不符。那么"养"字是什么意思呢?

许维界的《韩诗外传集释》中认为"养"字不好解释，引资料说"养字，疑"。"养"字指生育，唐诗中已有这种用法。张籍《筑城》："家家养男当门户，今日作君城下土。"这个"养"字有生养和抱养的意思；而先秦时，"养"指养活，"生"指生育。再看《韩诗外传》中原文："季遂立而养文王"，后面一句是"文王果受命而王"。这说明季历即位后，并不是等着将来让文王昌继位，而是立即对文王昌进行教育的。为此，此句中"养"字不应该解释成"生育"的意思，而是抚养教育的意思。

5. 促销抵用券的争议

日常生活中因语法关系或结构层次的不同也可形成歧义。福建漳州消费者周某在一家餐馆消费后，准备使用促销抵用券时与餐馆产生了争议。由于抵用券上“每张限用一桌”的表述存在歧义，当地消委会做出了有利于消费者的解释。该案列入2006年福建省十大消费维权案例。

2006年10月30日，周某在漳州芗(xiāng)城区一家餐馆消费198元后，结账时拿出上次在餐馆消费时所赠送的80元(一次性优惠抵用券8张，每张面值10元)抵用券，要求餐馆抵用并开具发票。没想到餐馆只允许周某使用一张抵用券，即只能抵用10元。原因是餐馆在抵用券上印有“每张限用一桌”，周某只消费了一桌，因而只能抵用一张。周某认为，“每张限用一桌”的意思应为“所有抵用券可以在一桌抵用”，如今自己一次性优惠的抵用券可以全部用在“一桌”上，并不违反抵用券上的限定。福建省消委会有关负责人表示，“每张限用一桌”有歧义，从字面上容易让人产生“每张抵用券都可以在一桌抵用”和“一桌只能抵用一张”的两种解释。抵用券属餐馆印制的格式合同，依据《合同法》第41条“对格式条款有两种以上解释的，应当做出不利于提供格式条款一方的解释”的规定，“每张限用一桌”应做有利于消费者的解释，餐馆最终同意按周某的要求将8张抵用券一次性给予抵用，并开具了发票。

总之，语言交流中，汉字的歧义现象的产生是多种因素影响的结果，从而也形成了歧义的各种类型，引出了不同后果。

第二节　古今异义带来的“歧义陷阱”

1. “败北”中的“北”字不表方位

“败北”中的“北”字，与“南面称王”中的“南”字不同，不是表示方位，而是“背”字的初文。这个“北”字是个会意字，也是一字多义。“北”字的本义是“背”或“相背”。

从甲骨文形体可以看到，“北”字形似两个人背靠背地站着。金文、小篆都可以看出是两个人背背相靠的样子。楷书中好似两个人背靠背地坐着。《战国策·齐策六》：“士无反北之心。”“北”指背的意思。古代作战，打了败仗，向后逃跑，总是以背对敌，所以“北”字亦有败的意思，北(běi)与败(bài)读音相近。《孙子兵法·军争》：“佯北勿从。”意

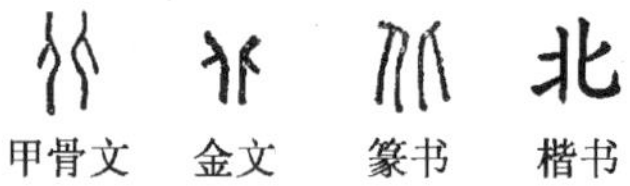

甲骨文　金文　篆书　楷书

思是敌人假装败回，则不能盲目追赶。《说文解字》："北，乖也，二人相背。"相背，不和谐，互相背对背而立。不和谐，势必引起对立，甚至打斗，打不过对方的，便背转身逃跑。由此，败北，就有了战败或败走的意思。《史记·项羽本纪》："身七十余战，所当者破，所击者服，未尝败北。"意思是说：亲自参加了许多次战斗，阻挡的都被攻破，进攻的都被征服，从来没有打过败仗。

2. "省"字的今生与前世

"省"（shěng）字，指一种地方行政单位。我国目前地方行政单位，主要为省、市、县三级。省属最高一级。但"省"字之初义，原是王宫禁署，即所谓"禁中"，《篇海类编》："禁署也。汉以禁中为省。""王宫禁署"为何称"禁中"呢？汉代蔡邕在《独断》中解释说："禁中者，门户有禁，非侍御者不得入，故曰禁中。"但"禁中"又何称为"省"呢？蔡邕又说："孝元皇后父大司马阳平侯名禁，当时避之，故曰省中。"此类因外戚的名讳更改的还属少见。

魏晋以后，称设在宫禁附近的尚书、中书和门下等中央政府机构为省，即尚书省、中书省和门下省。到了隋唐时就形成了中央机构的三省：以中书省为设计决策机构，以门下省为考核审议机构，以尚书省为贯彻执行机构。这是省的"前世"含义。"省"字在元朝以后又有了变化，即它的"今生"。蒙元平宋后始设行省。作方当时最高一级地方行政区，所谓"行省"，原是中央的临时派出机构。元朝的中央机构是中书省，所以行省就是行中书省。元朝这种行省制度，占领一个地区，就设立一个行省，委派一个中央大员。由于灭金平宋长达 17 年之久，这种临时派出机构逐渐成为正式的地方政区的名称。因此元朝行省辖境很大。据《元史》说，元平宋后立中书省一，行中书省十有一。即元朝全国分为十二个大行政区：一个中书省直辖区，十一个行中书省。行中书省简称"行省"，"行省"又简称"省"。明初"行省"改为"承宣布政司"，但民间还是习惯将这一级行政区称为"省"。当时全国有十五个省。清初沿袭十五省，只是废除了两京制和布政司，直接改称为"省"。到光绪年间，全国已增至 27 个省级行政区。

3. "男"字不单指男子汉；男子汉也可称"千金"

"男"字在甲骨文中的左边是田，右边是个犁铧一样的耕田工具。古时候，男人主要承担耕田的劳动，在农耕经济占主导的社会中，男人的主要活动场所是在田间。在田间耕种，在田间狩猎，而这都是需要出力的地方，所以称为"男"。金文的形体，犁铧变成手形。小篆的形体，与金文基本相似，只是"力"在"田"下。而造字者的初衷，是想通过会意的方法，把男人所从事的主要工作反映出来。"男"字的本义，就是指能在田中劳动的壮年男

子。因此，对男人自身素质和品质的要求，一般都要高一些，而社会上对男人的标准，不同的时代有着不同的标准。在《易经》中，男人代表阳，要能给世界带来力量，男人要有阳刚之美，卓尔不群。因为整个社会对男人的要求很高，所以男人生活的压力要比女人大。《礼记》："三十而有室，始理男事。"但"男"字在《史记》中："太仓公无男，有女五人。"这里的"男"字不是一般"男"的意思，而是特指儿子了。另外，周朝的五等爵位都由男子充任，所以"男"字就借为五等爵位中公、侯、伯、子、男中的第五等。

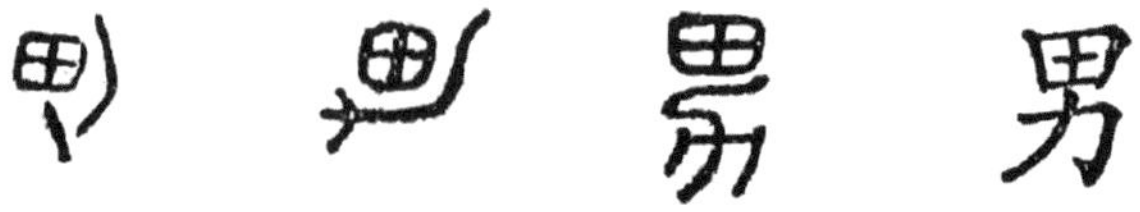

甲骨文　金文　小篆　楷书

如今人们一般都用"千金"敬称别人的女儿，"千金"原来也可称男子。旧时则多用于官宦与大户之家，略含尊贵之意。先从字面上说，"千金"就是"千镒（yì，古代重量单位）之金"或"千斤之金"的省略。初义只是极言金之多，如《孙子》的"日费千金"。到了《史记》"一黄金一斤"中，司马贞引臣瓒注："秦以一溢（镒）金为一金，汉以一斤为一金"，则"千金"有"千镒之金"与"千斤之金"的两种不同说法。一镒是二十两，旧制一斤为十六两，那么千金的重量有两说，一为二万两金，一为一万六千两金。而这个金是否就是黄金呢？《辞海》认为"千金，谓黄金千斤"。《辞源》释"千金为千斤金"，又特别说明"秦汉时金多指黄铜"。那么千金斤就是千斤黄铜。这"金"究竟是黄金还是黄铜，历来有不同说法，不过千镒、千斤金都是很贵重的，因而用"千金"形容贵重是无疑的。因为贵重，所以"千金"常借来形容富贵，如《韩非子》"千金之家，其子不仁"。而《史记》又有"臣闻千金之子坐不垂堂"，此"千金之子"与今富二代相仿，就是富家之子。"子"字在古代虽通指男女，但一般多指儿子，所以这"千金之子"最初还不是特指大户人家女儿的，亦可指男子。

4. "我"字本是指兵器

"我"字是现代汉字中最常用的第一人称代词，最早出现在商朝的甲骨《卜辞》。古人用"我"称呼自己，一般认为是假借，如汉乐府《木兰辞》中"阿爷无大儿"，"阿"字就代表"我"。古代的"我"和"阿"读音相同。可是许多人不知晓，"我"字的原始义却是一种像锯齿似的锋利的兵器，似斧而有三锋，已失传。甲骨文的上部朝左部分是三锋戈，中间是一条长柄，金文、小篆仍形体相似。公元前1046年，周武王在盟津（今孟津）大会诸侯，检阅军队，进行讨伐商纣王的演习。据说就在这时，《秦誓》三篇文章，有一句说:“取彼凶残,我伐用张。”而“我伐用张”在《孟子》中写作“杀伐用张”。原来这句话是说,对于凶残的商纣王我们要大张旗鼓地消灭他。由此有人说“我”字的本来意思是杀,这是有道理的。更有趣的是,许多从“我”衍生的字,其意思都与“我”字的本义有关。如“莪”是一种蒿草,这种蒿草的叶子是锯齿形的。“蛾”是鳞翅类昆虫,夜里飞出,喜欢接近火光,“飞蛾扑火”的成语出于此说。飞蛾触角细长弯曲,带有明显的锯齿。“俄”字表示用锯齿形兵器截断腿的,断了腿就站不稳、站不久。“俄”字于是有了表示时间很短的意思。

5. “老子”的流变

现代汉语里人们熟悉的“老子”有两个用法:一是指父亲;二是男性的自称。而在古代却不同,起初年纪较长者与人讲话时自称“老子”,并不是妄自尊大;很多时候自称“老子”,只不过是自称“老家伙”、“老东西”而已,并无侮辱他人之意,却更像是一种谦称。西晋名臣刘弘任荆州都督时,颇能推诚布公,量才器使。他安排某人去做某事,总是鼓励他们说:“事成是某人之功,事败是老子之罪。”其中“老子”犹言谦称自己“我老头子”的意思。东晋名将陶侃也常对部下自称“老子”。《晋书》记载,公元 327 年历阳内史苏峻举兵叛乱,宰相庾亮联络荆州刺史陶侃东下平叛。此前庾亮对陶侃不大信任。所以两人会面时,陶侃就半开玩笑地对庾亮说:“君侯修石头以拟老子,今日反见求邪?”意谓您当初修石头城,存心防备我这老家伙,如今也来求我了。身为荆州刺史的陶侃自称“老子”,不过说自己痴长几岁,并非要借此羞臊宰相庾亮。陶侃晚年一直想告老还乡,因属下苦苦挽留,结果直到大限将至,才得卸去官职。《资治通鉴》中记载:“陶侃垂暮,思欲卸任,为群僚所阻。及至垂死之时,恨恨言道:‘老子婆娑,正坐诸君辈。’”这里的“婆娑”,意思是“盘桓、徘徊”。部属一再挽留,当无恶意。陶侃自称“老子”,也不过是叹息自己不能及早享享清福而已。947 年,契丹灭后晋,后晋宰相冯道为救生民,应召去开封见辽太宗耶律德光。一见面,耶律德光就责备冯道事晋无状,冯道毫不反驳。辽太宗耶律德光又问他:“何以来朝?”冯道回答说:“无城无兵,安敢不来?”德光诮之曰:“尔是何等老子?”对曰:“无才无德痴顽老子。”若以现在的语言习惯,冯道岂不在找死?但从耶律德光不怒反喜的反应可知,他对冯道自称“老子”毫不反感。

到了南宋,“老子”产生了一个新的义项——父亲的俗称。陆游《老学庵笔记》卷一:“予在南郑,见西里俗谓父曰‘老子’,虽年十七八,有子亦称‘老子’。”现在气愤或开玩笑的场合,有人也傲慢地自称是对方的“老子”——这样,自己的辈分高出了对方。而巴金《憩园》:“你敢动一下,老子不把你打成肉酱不姓赵!”这又是一种缺乏教养的不礼貌的称呼。中国工程院副院长杜祥琬院士曾在第十一届中国科协年会上说:“不科学的学术评价体系是造成当前学术界一些不道德问题的原因，老子一生就写了一篇文章，只有五千字，若按现行的学术评价体系，可能连硕士学位都拿不到。”这里的“老子”不是“我”的意思，而是指春秋时期哲人“老子”。

6. 说“当”道“挡”

“当”是简化字，繁体字写作“當”。这是个形声字。《说文解字》：“當，田相值也，从田，尚声。”所谓“田相值”，就是田块与田块比较，其大小，其优劣大致相当。由此引申出对等义、面对义、担当义以及抵住、拦住等义项。对等义如“门当户对”、“旗鼓相当”；面对义如“首当其冲”、“当仁不让”；担当义如人们常说的“当权”、“当政”以及“敢作敢当”、“愧不敢当”；等等。“抵住”、“拦住”这个义项同样是从“田相值”来的，只是后来它又加义符“手”写成了“挡”。可见，“挡”是“当”的加旁分化字。然而词汇有个逐步积累过程。凡是历史上已经定型的词，往往有相对的稳定性，并不轻易随后来的用字变化而变化。“当”字就是一个典例。如“螳螂当车”最早见于《庄子·人世间》：“汝不知螳螂乎？怒其臂以当车辙，不知其不胜任也。”直至唐代李白《蜀道难》古诗中仍用“一夫当关，万夫莫开”。——这些句中的“当”字都是“抵挡”、“阻拦”的意思。当然“挡”字的出现，不可能对“当”字没有影响。“势不可当”、“螳臂当车”中的“当”字亦可写成“挡”字，由此“当”与“挡”两字构成了同义异形的关系。

第三节　音同、音近词带来的“歧义陷阱”

1. “国事”与“国是”不是同一概念

“国事”与“国是”是近义同音词，两者都是名词，都指国家的政务、政事。但两者却同中有异：首先是词义范围不同，“国事”既可以指对国家有重大影响的事情，也可以指一般的国家事务；而“国是”则专指国家决策、规划等重大事务。其次是适用对象不同，“国事”可用于国内，也可用于国际，如“国事访问”是一国首脑接受他国邀请所做的正式访问；“国是”所指的国家大事则严格限用于国人在中央所议之国家大事，在我国，人民代表大会是人民行使国家权力的机构，全国人大代表到北京参加全国人民代表大会就是“共商国是”。再次是语体色彩不同，“国事”是颇具口语色彩的词，“国是”是用于书面语的文言词。最后是语法功能不同，作为名词，两者都能作主语、宾语，但“国事”还能作状语，如“国事访问”；而“国是”就无此用法。

2. 岳母刺字的“尽忠报国”中“尽”字还是“精”字

岳飞背上刺字本是“尽忠报国”，见《宋史·岳飞传》：“飞裂裳以背示铸，有‘尽忠报国’四大字，深入肤理。”但不少人常将其误作“精忠报国”，而且这一差错流传极广，迄今仍以讹传讹。“尽忠报国”与“精忠报国”虽只有一字之差，在古代的语境中二者的分别是挺大的。从产生年代来看，“尽忠报国”要远早于“精忠报国”。《北史·颜之仪传》中已有“公等备受朝恩，当尽忠报国”。而“精忠报国”出现较晚，明朝之前，“精忠”与“报国”很少连在一起使用。再说“尽”字是力求达到最大限度，在古代尽忠尽孝是为人臣子应尽的本分。而精忠、至孝则多为君主、朝廷、公议、时论对表现卓越的忠臣、孝子的褒奖。就为人臣子者自身而言，只能用尽忠、尽孝来严格要求自己、勉励自己，却绝不能用精忠、精孝来夸耀自己、标榜自己，两者用途是有严格界定的。

岳母刺字确为“尽忠报国”

岳飞从军后舍生忘死，赤胆忠心，宋高宗对他十分倚重。公元1133年，岳飞奉诏入见，帝手书“精忠岳飞”四字制旗以赐之。从此以后，以宋高宗手书绣制的“精忠岳飞”大旗，成为岳家军的主要标志。后人因此而有“飞白精忠早赐旗”的诗句。由于岳飞曾得到过这一殊荣，故而后世写他的小说、戏曲便常常以“精忠”为名。古代文人对两者的区别还是比较清楚的，杭州的岳飞墓前，刻有明人洪殊的榜书“尽忠报国”。但对普通民众而言，“精”、“尽”两字发音相似，不易搞清两者的区别，于是岳飞背上的刺字也逐渐误传成了“精忠报国”。

第四节　形近字带来的“歧义陷阱”

1. “沙”早“砂”晚

“沙”从金文看，左边是弯曲的水形，右边的四点是表示有很多的沙粒。所以水边或水底的细小石子称为沙。小篆中左边的“水”字未变，右边的沙粒变为“少”字。《说文解字》中有“沙”字：“水散石也。从水从少，水少沙见。”清段玉裁注：“石散碎谓之沙。”可见“沙”与水有关。“沙”字最早出现在《诗经》中：“凫鹥在沙。”这个“沙”字，指的是水边或水中由沙子淤积成的沙滩。凡称“沙”的，一般总是天然形成的，比如河沙、海沙、沙滩、流沙

等。沙又细又松，捏不起来，最典型的词叫“一盘散沙”。

“砂”字出现较晚，《广韵》称俗“沙”字。《集韵》称“沙”，或作“砂”。《史记》：“致物而丹砂可化为黄金。”丹砂，即今朱砂也。《集韵》《韵会》于“沙”字下注“亦作‘砂’”。唯《正字通》云砂类不一。最早的书证是晋葛洪的《抱朴子》：“凡草木烧之即尽，而丹砂烧之成水银，积变又还成丹砂。”“砂”字多与矿物有关，而且大多数的砂是人力加工而成的。如砂布、砂纸等。当然也有自然形成的，如砂岩。砂岩是一种沉积岩，是源区岩石经风化、剥蚀、搬运在盆地中堆积形成的。它是一种广为利用的矿物。此外，还有矿砂，比如硼砂、钨砂、朱砂等。

“沙”和“砂”都是细小的石粒，但“砂”要比“沙”大。唐代岑参《走马川行奉送封大夫出帅西征》：“君不见走马川行雪海边，平沙莽莽黄入天。”这里描写的是戈壁沙漠地区风卷黄沙遮天蔽日的景象。能够“莽莽黄入天”的应该是极细小的沙粒。李商隐《韩碑》：“长绳百尺拽碑倒，粗砂大石相磨治。”这里说的是用粗砂把碑文磨掉，所用的砂肯定要比“莽莽平沙”粗大得多了。

也有认为两者是异体字的。如宋《集韵·麻韵》：“沙亦从石。”而从此说的有元《韵会》、明《字汇》以及《汉语大字典》。总之从产生时间上看，“沙”先起而“砂”后出。而且不管是正俗字还是异体字，它们本义都是指细碎石粒。它们的区别在于：沙从水，其造字理据强调的是成沙条件，即水流成沙，水流聚沙；而砂从石，强调的是成砂原料，即岩散成砂，石碎成砂。

为何“沙漠”不用“砂”字？沙漠指沙质荒漠，这种地方干旱缺水，植被稀少，这里不用“砂”字，是因为它以“沙漠”作为比喻，把沙比成了水，沙漠地表覆盖大片流沙，分布各种沙丘，在风力推动下，沙丘不时流动。“漠”其实也指流沙。《说文解字》解释说：“北方流沙也。”因此沙漠必须用“沙”字。另外，“砂”是岩石破碎而成，颗粒粗大；而沙漠是土壤沙化而成，颗粒很细。粗大的砂，不可能随风飞扬，无法形成流沙；只有细如粉尘一样的沙，才能像水一样流动。

2. “暴发”和“爆发”的区分

“暴”，《说文解字》中解释是：“晞(xī，晒)也。从日，从出，从廾，从米。”段玉裁注释：“日出而竦手举米晒之”，合四字会意。“暴”字的本义是在太阳出来时举手晒米；引申指一般的晒。“晒干”意思中“暴”字读“pù”，现作“曝”字。后“暴”字产生了读音“bào”，字义也逐渐丰富起来。辞书上常见有以下义项：① 突然发财或得势(多含贬义)：暴发户。② 突然的发作：山洪暴发。“暴发”着重指突然而且猛烈的发作，多半由外部条件促成，多用于与水有关的具体的自然物，用于人时，常与突然发财或得势的人和事连用。“山洪”是与水有关的具体自然物，且“山洪”是由雨水大而集中这个外部条件促成的，所以用“暴发”。

"爆发"的义项有:① 火山内部的岩浆突然冲破地壳,向四外迸出:火山爆发。② 通过外部冲突的形式而发生重大变化,例如用革命的手段来推翻旧政权,建立新政权。③(力量、情绪等)忽然发作;(事变)突然发生:爆发战争。"爆"字在《说文解字》中解释是:"灼也。从火,暴声。"徐铉:"今俗音豹。火烈也。"王筠注释:"今俗谓火迸散为爆。""爆发"侧重于猛烈性,强调内部相互冲突的力量长久蓄积之后的瞬间迸发,类似于炸弹猛烈爆炸一样令人震惊。适用于火山、战争、重大事件等。

"暴发"与"爆发"都含有突然而猛烈地发生的意思。但"爆发"强调由内而外地强烈迸发;"暴发"则强调迅疾地向四周蔓延。而"暴发"早于"爆发",最早用例出自西汉《史记·扁鹊仓公列传》:"太子病血气不时,交错而不得泄,暴发于外,则为中害。"这里的"暴发",意思就是突然发作。而"爆发"是现代才出现的。可见"暴发"要比"爆发"早出现两千年。"暴发"也可用来直接说明事实,比如"泥石流暴发"。"爆发"用来说明事实更具形象感,能表现出事物的气势,说明事情是以炸烈般的声势发生或发作的,比如运动员的"爆发力"。"暴发"与"爆发"中的"发"字都是表示"发生、发作"的意思;"暴发"中的"发"字还有"发财、得势"的意思,而"爆发"从来不表示"突然发迹或发财"的意思。

总而言之,"暴发"与"爆发"的区别有以下四点:① 在感情色彩上,"暴发"多含贬义,有讽刺味,如"此人原本穷困潦倒,一夜之间暴发了"。"爆发"多为中性,可用于地理现象,如"火山爆发"。② 在表达意义上,"暴发"是突然而猛烈地发生的意思,如"山洪暴发"。只用来描述洪水等危害人身财产的自然灾害,后引申到传染病的蔓延。"爆发"含蓄积已久,猛然破裂或迸出的意思,如"爆发革命"。只用在描述火山喷发这一种自然现象上。引申可指各种具有自内而外地一下子猛烈迸发出来这一特点的社会现象或社会事件。③ 在突出重心上,"暴发"突出的是声势较大,速度快,让人难以琢磨原因,或没有必要去琢磨原因,侧重于突发性。"爆发"突出效果,往往能引发人的理性的思考,侧重于猛烈性。④ 凡与"火"字有关的一律用"爆"字,包括形形色色的明火与暗火,如人的内心力量、能力的迅速呈现等类似火山的喷发的现象,如夫妻争斗,宣泄内心的"无名之火",观众或听众表露胸中"激情之火"等,描述社会现象的使用语境较广大。余下和"火"无关的,自然都用"暴发"。

3. 莫把野鸟当"佳人":"隹"与"佳"

义为猛禽的"隼"(sǔn)字,很容易把上部错写为"佳"字。"佳"字左边是单人旁,右边是两个"土"字构成的"圭"。"圭"字音"guī",玉器,下平上尖,呈长条形。开始帝王用它册封诸侯,后来用作各大礼仪时帝王、诸侯手执的礼器。正因为"圭"字出身不凡,所以用作"佳"字的声符时,也兼表义,表示美好。这里的美首先是形容人的,所以形符从

“人”,即佳人。然后引申到佳境、佳肴、佳作、佳节、佳期、佳偶等。再看“隹”字,它的右边不是两个“土”字相叠,而是“主”字多了一横。“隹”,这是一个象形字,在甲骨文里是一只鸟的形状,上部是鸟头,嘴向左方,向右的两笔像翅膀,向下的两笔像爪子。《说文解字》中说“隹”就是短尾巴鸟的总名。金文更像一只头朝左的短尾巴鸟,其下部是一只爪子。小篆还有点鸟的样子。可是楷书很难看出鸟的模样了。在上古,“隹”与“鸟”实为一个字,但两字字形明显不同。而且“隹”字是个部首字,凡由“隹”字所组成的字大都与禽兽有关,如“雉”、“雕”、“雀”等字。“雉”字,是以箭矢射中的鸟(隹);“隼”是鸟中之王。

玉器圭

甲骨文,像鸟的样子,上部是头,嘴向左方向,右两笔是翅膀,向下两笔像爪子

周朝中期的金文,更像一只短尾鸟

小篆,有点像鸟的样子

楷书,看不出鸟的模样

4. 好似孪生兄弟的“赝”与“膺”

“赝”与“膺”这两个是形近异义字。

“赝”字,先从“雁”字谈起,雁,候鸟,布阵天空不是“一”字,便是“人”字,古人视此鸟有人之道。“雁”字除了形符用“隹”,声符用“厂”外,特加了一个立人。“隹”是短尾巴鸟,“厂”本义为山崖,后来借用为“廠”的简化字。“雁”字以“厂”为声符,因传说雁栖于山崖。作为非常之鸟的雁,古代常用于一些重要场合。《周礼·春官》:“孤执皮帛,卿执羔,大夫执雁,士执雉,庶人执鹜,工商执鸡。”“雁”除了作一种候鸟名外,还有一个新义项:虚假的与伪造的。这个新义项后又有了一个新字“赝”。异体字“雁”下的“贝”为形符,以示价值或与钱币有关。《玉篇》释“赝”字:“不直也。”“直”通“值”。“不直”即不值钱,伪造的东西当然没有价值。

“膺”字,本义指胸,所谓“义愤填膺”,就是正义的愤怒充满胸膛。上面的声符就是老鹰的“鹰”的古字。胸部隆起,是老鹰的显著体态特征。下面的形符,看似日月的“月”字,其实是个“肉”字。古人造“肉”字时煞费苦心,画了一块肉的轮廓,里面的两横表示肉的肌理,但几经演变以后,已和“月”字无异。不过,稍加考证,发现在汉字中,从“月”字的多半与肉体有关,如“肢”、“股”、“肺”、“肚”、“肋”、“肘”、“肥”、“胖”等。“膺”字也不例外。“膺”字的其他义项也都是从胸引出来的。“赝”、“膺”两字初看如孪生兄弟，了解它们的来龙去脉以后，便会发觉相差甚远。因此，别字由字形近似而致误的实在太多，“赝”与“膺”就是一例。常见的错误就是将“赝品”写成“膺品”，将“义愤填膺”写成“义愤填赝”。实践中，“膺”组成的常用词有“荣膺”、“义愤填膺”等。“赝”组成的常用词有“赝品”、“赝币”等。为了便于记忆，下面有两句口诀：带点的不带钱，带钱的是假货。带点的不带钱——带点的就是广字，广字就不带钱字（贝），是“膺”。带钱的是假货——带钱的（贝）是“赝”字，“赝”字代表假货（赝品）。

5. 于右任妙用“呼”与“吁”字

于右任

于右任（1879—1964），记者，诗人，中国近代书法史上的书法艺术大家、一代书圣，爱国政治家、革命家。辛亥革命时期，著名的报刊活动家、教育家。他是清朝光绪年间举人，早年加入光复会和同盟会。1907 年起先后创办《神州日报》《民立报》，积极宣传民主革命。后随国民党退居台湾。于右任寓台湾 15 年，1964 年病逝于台北。1909 年 5 月 15 日，于右任集资在上海租界创办《民呼日报》，自任社长。该报以“实行大声疾呼，为民请命”为宗旨，揭露贪官污吏罪行，揭露清朝统治的腐朽黑暗。然而，于右任被驱逐出租界，该报只办了 92 天。1909 年 10 月 3 日，他又在上海租界办了《民吁日报》。他对报名的解释为：以“吁”之于“呼”，字形相近，用于表示人们愁苦阴惨之声；而分析“吁”字又适为于某之口，于沉暗之中尤含幽默意味。该报揭露日本政府企图夺取满洲铁路筑路权进而控制我国东北的阴谋。伊藤博文在哈尔滨车站被朝鲜爱国志士安重根刺死，该报又发表文章赞扬安的英勇行为，说伊藤之死罪有应得。当时另有一说：“吁”即“呼”字去掉两点，竟谓即使被清廷挖去双眼，仍将奔走呼号。日本政府串通清政府于 11 月 19 日查封《民吁日报》。《民吁日报》被查封近一年，于右任又于 1910 年 10 月 11 日在上海租界创办《民立报》。该报的出版，得到了孙中山的大力支持。于右任在上海先后创办《民呼日报》《民吁日报》《民立报》，宣传革命，旋封旋起，由于报名都用“民”字打头，创办时间又互相衔接，故人们将三报合称为“竖三民”。

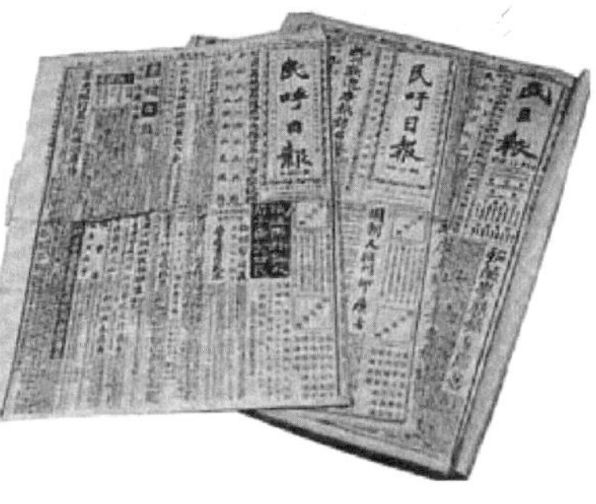

《民呼日报》《民吁日报》《民立报》

第六章　汉字的变异

——汉字的调侃、拆字和叠字

每个汉字都是先祖或今人智慧的结晶，都凝聚着深厚的文化背景。秦朝统一了天下，更统一了文字，“书同文”。小篆让图画文字终结，符号化更为明显，汉字开始定形。“隶变”又确立了汉字的笔画系统。直到东汉许慎的《说文解字》，将汉字推向了金字塔顶峰。许慎写《说文解字》，耗时 16 年完成初稿，又用 22 年补充，前后共用 38 年时间。为了完成书稿，为官的许慎称病告老还乡，书定稿时他已经 60 岁了。一辈子、一本书，流传至今虽已过去 1800 多年了，但仍被人们热捧。唐朝武则天曾为自己取名“曌”(zhào)。之前，齐桓公造过“猱”(náo)字；后来，鲁迅曾造过“猹”(chá)字。明代雪蓑(suō)为青州衡王祝寿，献“寿”字刻于南山，为摩崖大寿，“人无寸高”，即一个人身高不如“寿”字中的“寸”高，喻“寿比南山”。孔乙己知道“回”字有四种写法，其实“寿”和“福”字都有上百种写法，进山西乔家大院，照壁就是一幅“百寿图”。以上说明了中国的方块字，或象形，或形声，蕴含玄机哲理，妙不可言。你看，“天为一大，地乃土也；白水为泉，止戈为武；不正为歪，人为是伪”；“官”字两张口，“兵”字两条腿，“忍”字心头一把刀……在特定语言环境中，连人称代词也会发生有趣的变异。如第一人称“我”字，指说话或行文人自己。然而在报刊上常见这类标题：“2009 年苏迪曼杯开赛，我以 5∶0 战胜英格兰队”；“世界××会议，我首次与会”。句中的“我”已变异为中国羽毛球队和中国政府。

第一节　汉字的调侃

所谓汉字调侃，无非是指用文字戏弄、嘲笑。以下系收集报刊资料汇总而成：

1. 变了个样的汉字

“土”字底部横线右侧多了一点，还是念“土”。有 90 后的孩子会说：“我很圡。”而这个“土”字底部横线右侧多了一点，是什么意思呢？原来指自己很“汗”，即觉得自己很土而惭愧得流下了一滴汗，就是说很羞愧、很难为情、很郁闷的意思。原来，“土”字底部横线右侧多了一点是一滴汗，实在太有意思了。

还有这个“火炎焱燚”。从一个“火”字到四个“火”字，这四个字必须连用，不能单独用。例如“祝您火炎焱燚”，意思是说祝您越来越火，未来越来越好，事业越来越发达。这是一种奇思妙想吧！

“槑”，古代梅花的“梅”字。这个古代的“槑”字今天早已不用，而现在说“这个人好槑”，意思是说“这个人很傻，很天真”。

“王”字的开始一横右边加上一点，显得也很奇妙，又变为什么意思呢？这是说“玉”字上的一点放错了位置，表示了这个“玉”有点不正常，有瑕疵。如果用这个字来形容一个人，那就是说，你这个人不错，但有点小问题，可以努力改进。

2. 令人捧腹的汉字对比

以下是一组汉字之间拟人化的对话，从中可见汉字内涵的深邃，具有耐人寻味的趣味。

“比”对“北”说：夫妻一场，何必闹离婚呢！“比”字由两个“匕”并列组成，影形不离，好比一对恩爱夫妻；而“北”字正好相反，两个“匕”背靠背，又好比夫妻不和背靠背，正在闹离婚呢！“臣”对“巨”说：和你一样的面积，我却有三室一厅。“臣”字结构好似三室一厅，而同样面积的“巨”字结构好似仅有一室一厅而已。再看“晶”字三个口中多了一横，好似装修，而“品”字中三个口都是空白的，所以“晶”对“品”说：你家难道没装修？“吕”对“昌”说：和你相比，我家徒四壁。“自”对“目”说：你单位裁员了？“茜”对“晒”说：出太阳了，咋不戴顶草帽？“个”对“人”说：不比你们年轻人了，没根手杖几乎寸步难行。“办”对“为”说：平衡才是硬道理！“兵”对“丘”说：看看战争有多残酷，两条腿都炸飞了！“占”对“点”说：买小轿车了？“旦”对“但”说：胆小的，还请保镖了？“大”对“太”说：做个疝气手术其实很简单。“日”对“曰”说：该减肥了。“人”对“从”说：你们怎么还没去做分离手术？“土”对“丑”说：别以为披肩发就好看，其实骨子里还是老土。“寸”对“过”说：老爷子，买躺椅了？“由”对“甲”说：这样练一指禅挺累吧？“木”对“术”说：脸上长颗痣就当自己是美人了。“叉”对“又”说：什么时候整的容啊？脸上那颗痣呢？“欠”对“欢”

说：背的债比我多，什么都不愁，难不成不要还？“卯”对“迎”说：好啊，你把我撇开，你说，你在躺椅上想谁？“情”对“清”说：妹子长得真水，害得哥哥心再也放不下。“石”对“岩”说：老二，依靠父母的福荫，那不是自强自立！“村”对“树”说：兄弟，心里又闹别扭了，不要嘛，有话咱可当面讲。“卡”对“下”说：伙计，放下名利争夺是对的，你看我，都分不开身了！

由此看来，可爱的汉字，真正是调侃到家了。

除此之外，有些字的组成很有寓意，比如“富”字，一半是“福”，一半是“灾”；贪贫相近，祸福同旁。近来又有人调侃：“走”、“关”系就是“送”，咬耳根授机宜即“邪”，某些看上去很有“威”望的男人，暗地里藏有一个女人呢！

第二节　文字含情的故事

苏步青任复旦大学校长期间，受邀参加一位教授执教50周年纪念大会，因事缠身不能前往，遂安排秘书拟电：欣闻某教授执教50周年，特驰电祝贺。因事不能赴会，鉴谅。苏步青。苏老看后，严肃地对秘书说要注意文字推敲，并拿笔逐字修改，将其调整为：欣闻某教授执教50周年纪念会召开，谨此电贺。本人因事未能躬临盛会，为歉。苏步青。短短几十字电文，竟改动六处，增删文字16个，友谊、热情之情，抱歉、遗憾之意，深蕴其中。

月中生情，古今中外描写月亮的诗句中很多。自古以来，既有“月上柳梢头，人约黄昏后”的婉约，也有“明月出天山，苍茫云海间”的豪放；有“露从今夜白，月是故乡明”的感慨，还有“海上生明月，天涯共此时”的相思。刘禹锡有诗云：“尘中见月心亦闲，况是清秋仙府间。”月光，很美，它的美让人有种很宁静的感觉，很亲切，“海上生明月，天涯共此时”。在每个有月亮的晚上，将自己融化在这浓浓淡淡的月光里，清灯薄酒，天地共一醉，不知今夕何夕。如果人的一生都可以像这样，纯净简单，那该多好啊！

微情书　百字令

见
惊艳
目流连
再难思迁
踌躇欲向前
只恐天上人间
悲欢喜怒一线牵
循环往复恨此心坚
花开花落转眼已三年
天人合一处垂首对漪涟
思或淡情未移口三缄
燕去燕归沧海桑田
倘注定有分无缘
亦感蒙赐初面
纵此生不见
平安惟愿
若得闲
仍念
歉

网络上疯狂流传着一份正反可读的百字令情书，文字呈现菱形排列，用百字令这种形式写出了一段感情由生到死的过程。其隽永婉约的词句让人们看到爱情的美好。百字令：见/惊艳/目流连/再难思迁/踌躇欲向前/只恐天上人间/悲欢喜怒一线牵/循环往复恨此心坚/花开花落转眼已三年/天人合一处垂首对漪涟/思或淡情未移口三缄/燕去燕归沧海桑田/倘注定有分无缘/亦感蒙赐初面/纵此生不见/平安惟愿/若得闲/仍念/歉。

第三节　拆字趣话

拆字，又称“测字”，隋代名“破字”，宋代叫“相字”。拆字源于汉代。汉字属象形文字，一个字往往可以拆成几个字，旧时就用这种拆字法，来判断人事因果，预言吉凶祸福。

1. 饶有风味的拆字联

水有虫则浊，水有鱼则渔，水水水，江河湖淼淼；

木之下为本，木之上为末，木木木，松柏樟森森。

冻雨洒人东两点西三点，切瓜分客横七刀竖八刀。

天下口天上口志在吞吾；人中王人边王意图全任；冯二马驯三马冯驯五马诸侯。

2. 蔡茂梦官

《后汉书·蔡茂传》载：“（茂）梦坐大殿，极上有三穗禾，茂跳取之，得其中穗，辄复失之。以问主簿郭贺，郭贺离席庆曰：‘大殿者，官府之形象也。极而有禾，人臣之上，禄也。取中穗，是中台（官署名，汉称尚书为中台）之位也。于字失禾为秩，虽曰失之，乃所以得禄秩也。’”文中蔡茂晚上做梦席坐在大殿，殿顶有三棵稻穗，他跳起来拿取这三棵稻穗，却很快又丢失了。他把这件事询问掌管文书官员郭贺，郭贺起身离开席坐说道：大殿是官府的形象啊。殿顶有禾稻，在官员的上面，这是福气啊。拿取到其中间的稻穗，这是尚书高官的职位啊。“穗”字旁“惠”字消失而加上“失”字是“秩”字，于是可得到高官的俸禄。郭贺对“穗”字的拆字给蔡茂极大安慰。

3. 吕安讥友

据《世说新语·简傲》载，有一次，魏晋名士吕安久不见好友嵇康，十分思念，便不远千里，驾车来到安徽宿县嵇家造访，因未事先相约，恰巧嵇康不在家。嵇康的哥哥嵇喜出门来迎接。可吕安瞧不起嵇喜，连门槛都未进，便要打道回府，嵇喜出于礼貌好客，再三挽留。吕安竟无动于衷，提笔在门上写了一个“凤”字，便回头而去。嵇喜不解其意，还以为是客人赏识他而题写的，欣赏良久，沾沾自喜。其实，“凤”繁体字为“鳳”，拆开来就是“凡鸟”，讥讽嵇喜庸才，俗不可耐也。

4. 拆字讽贪官

清末的梁鼎芬很得张之洞的赏识，出任汉阳知府。他借办理新政之名，放纵手下搜刮勒索，弄得怨声载道。有人撰一联贴在知府衙门上，联曰：“一目不明，开口便成两片；草头割断，此身应受八刀”。横额是：“梁上君子”。这是一则十分巧妙的人名拆字联：上联把“鼎”字拆开，下联把“芬”字拆开，横额则借其姓“梁”字套用成语，指责他是盗贼。

5. 测字答疑

拆字后来成为一种职业，有以拆字为业者，称“测字先生”，其方法是先让欲析疑者随手写一字，测字先生根据该字组成或间架结构来发挥答疑。清人赵翼《陔（gāi）馀丛考》载：少时，见一测字者踉跄而来，问其父之病，随手拈得“一”字。术者曰：“一者生字之尽，死字之初也，汝父殆不起矣。”又问：“汝父生年云何？”其子曰：“丁丑生，属牛。”术者曰：“然则尔父不死，牛加一画则生字矣。”清代周亮工《字触》载：杨王沂中，闲居微行，遇一测字者，王以所执拄杖就地一画，相者惊拜曰：“‘土’上一画，乃‘王’字也。当封王无疑。”测字者利用测字时的环境，把“土”借用过来，与“一”组成“王”字，预示所测人将要封王。这种拆字，利用文字的知识性和趣味性，营造出一种吸引力和神秘氛围，专门为人推测社会人事因果，预言吉凶祸福，有一定的迷信色彩。

6. 科长解字

科长写了一个“金”字，问：这个字怎么解释？小张：“人中之王就是领导，领导要把两碗水端平。”科长喝了口茶：“错，这个字是说，只要成为人中之王，就能腰缠万贯。”科长写了一个“合”字，问：这个字怎么解释？小张：“一人一口，不可多吃多食。”科长喝了口茶：“错，这个字是说，只许一个人开口，一个人说了算。”科长写了一个“会”字，问：这个字怎么解释？小张：“操办会议要让来者如云。”科长喝了口茶：“错，这个字是说，开会要人云亦云，不要标新立异。”科长写了一个“从”字，问：这个字怎么解释？小张：“二人同心，同进共退。”科长喝了口茶：“错，这个字是说，两个人要有主有次，一个服从，另一个跟随。”科长写了一个“众”字，问：这个字怎么解释？小张：“团结起来，劲往一处使。”科长喝了口茶：“错，说了这么多，你一点没有长进，这个字是说，不论有多少人，总要有一个人高高在上。”小张听了科长解字，岂不哑口无言？

7. 陈道明说“品”

驰骋影视圈二十余年，陈道明的艺术成就是有目共睹的，他的艺德也是有口皆碑的。

北京大学电影节上，有大学生问陈道明：您心目中优秀演员的标准是什么？陈道明不紧不慢地回答说：第一要有好的人品，第二要有好的作品。人品对于一个优秀演员来说至关重要。“品”是三个“口”：下面第一个“口”代表知名度，一炮而红，广为人知；第二个“口”代表认可度，演技深厚，佳品纷呈，这算是一个成功的演员；上面一个“口”代表美誉度，专心演戏，踏实做人，这才能算得上是一个优秀演员。品字缺少下面一个“口”，尚且还是个“吕”字，但倘若缺少了上面一个口，那就什么也不是了。他的回答赢得一片掌声。陈道明在此巧借“品”字的构成，用三个“口”层层递进地阐述了演员的三种境界，生动地说明了人品的极端重要性。

8. “拆白道字”

拆字，亦可作为文字游戏，被广泛用于作诗、填词、撰联，或用于隐语、制谜、酒令等。

南宋胡仔《苕溪渔隐丛话》载有一首拆字诗：

“日月明朝昏，山风岚自起。石皮破乃坚，古木枯不死。

可人何当来，意若重千里。永言咏黄鹤，志士心不已。”

每一句中都含有拆字，构思奇特新颖。日月为明，山风为岚，石皮为破，古木为枯，可人为何，永言为咏。

宋周必大《玉堂杂记》：“谢石善拆字，有士人戏以‘乃’字为问，石曰：‘及字不成，君终身不及第。’”

拆字作为文字游戏，称为“拆白道字”。

谢金圃（名墉）、吴玉纶、德定圃（名保）、沉云椒初典试，颇不满于众口，作对云：“谢金圃抽身便讨（指墉字），吴玉纶倒口就吞（指吴字），德定圃人傍呆立（即保字），沉云椒衣里藏刀。”双关拆字，巧不可阶。

9. 妙析拆字联：蒋焘分西瓜

明人蒋焘，少时即能诗善对。一天，家中来了客人。此时窗外正下着小雨，客人想考考他，便出联云：“冻雨洒窗，东两点，西三点。”他想，“冻”字拆开是“东两点”，“洒”字拆开是“西三点”，对起来有一定难度。他正要用西瓜招待客人，于是从屋里抱出个大西瓜来，切成两半，其中一半切了七刀，另一半切了八刀，然后对客人说：“请各位指教，我的下联对出来了。”他见客人纳闷，补充说，刚才对的是：“切瓜分客，上七刀，下八刀。”“切”字拆开正好是“七”、“刀”，而“分”字拆开是“八”、“刀”。此联巧妙运用拆字，又富于情趣，令客人叹服。

10. 隐语拆字游戏

有一副拆字联也颇有趣:“此木是柴山山出;因火成烟夕夕多。”

拆字用于撰联,再如:“张长弓,骑奇马,单戈独战;嫁家女,孕乃子,生男曰甥。”上联分述“单”、“戈”二字又合并为“战”字,下联分述“生”、“男”二字又合并为“甥”字,分别表现了驰骋疆场和儿女情长的两种场面,富于趣味性和艺术魅力。

正史中也对“拆字”这种游戏有记载,如《后汉书》载:“献帝初,童谣云:‘千里草,何青青,十日卜,不得生。’”这条隐语中,“千里草”即“董”,“十日卜”即“卓”,暗示董卓专权。用拆字法制谜,有“曹娥”、“鼎足”、“碎锦”、“金钟”等十六格。拆字文化丰富多彩,情趣盎然。

11. 江淹妙对“鸿是江边鸟”

南朝江淹,是个文学名人。与他有关的妇孺皆知的成语就有两个:“梦笔生花”与“江郎才尽”。

相传,江淹在被权贵贬黜到浦城当县令时,有一天,他漫步浦城郊外,歇宿在一小山上。睡梦中,见神人授他一支闪着五彩光的神笔,自此文思如涌,成了一代文章魁首,当时人称为“梦笔生花”。中年以后,江淹官运亨通,官运的高峰却造就了他创作上的低潮。据《诗品》记载,江淹有一天晚上梦见一个人,自称是郭璞(晋代文学家),他对江淹说道:“我有一支五色彩笔留在你处已多年,请归还给我吧!”江淹从怀中取出,还给了那人。其后他写的文章就日见失色。时人谓之才尽,于是便有“江郎才尽”一说。

江淹年轻时家贫而才思敏捷。一次,一群文友在江边漫游,遇一蚕妇,当时有一文人即兴出联:“蚕为天下虫。”将“蚕”拆为“天”和“虫”,别出心裁,一时难倒众多才子。正巧一群鸿雁飞落江边,江淹灵感触发,对道:“鸿是江边鸟。”将“鸿”拆为“江”和“鸟”,与将“蚕”拆为“天”和“虫”有异曲同工之妙,不仅反应奇快,而且贴切工巧,众人皆叹服。

12. “水天一色,风月无边”

洞庭天下水,岳阳天下楼。名倾天下的岳阳楼始建于公元220年前后,其前身相传为三国时期东吴大将鲁肃的“阅军楼”,西晋南北朝时称“巴陵城楼”。

最早称“巴陵城楼”为“岳阳楼”的人是唐代大诗人李白。李白一生曾六登岳阳楼,最后一次到岳阳楼,有个过路人在岳阳楼的墙壁上留下了三个字:“一虫二”。众人不解其意。李白来时,有人就向他请教。李白沉思良久道:“这是仙人留下的一副对联。‘一’指水天一色；‘虫二’便是风(風)月无边。”人们叹服，并请李白留下墨宝。李白欣然命笔，写下“水天一色，风月无边”八个字。如今，这副对联刻成雕屏，悬挂在岳阳楼三楼主门上。

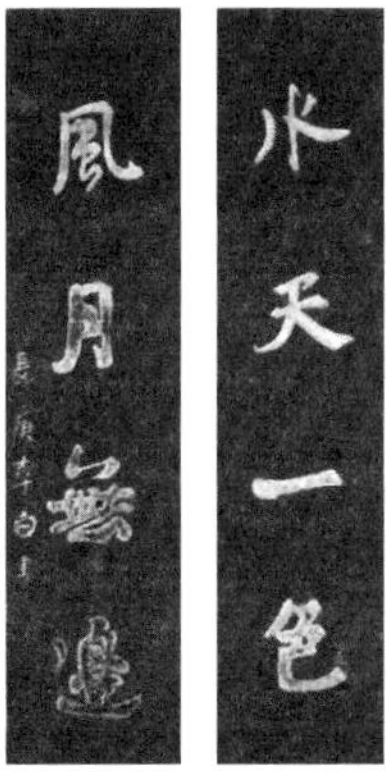

李白写的对联

岳阳楼

13. 佛印与苏东坡

北宋文坛巨匠苏东坡与诗人佛印和尚是至交好友。一次，苏东坡去找佛印和尚，看到他正在与三个木匠为庙顶上设计雕刻一个木头的小狗。只见他们四人围在一起，对着木头狗品头论足，灵机一动，想起一个拆字上联来。他上前对佛印说：“我有一上联在此，佛兄可对否？”随即出口吟道：“四口围犬终成器，口多犬少。”佛印一听，心想这是一个拆字联，四口围住一只犬，正是一个“器”字，四口对一犬，可不是口多犬少吗！佛印正皱眉挠头时，忽然看见两个人抬着一根木料走了过来。他眼前一亮，联从口出：“二人抬木迈步来，人短木长。”

苏东坡听罢，连声称妙。原来，“来”的繁体字是“木”字腰窝有两个小“人”，木头挺长，人却极短，佛印同样用拆字法对出了下联，可谓天衣无缝。

14. 佛印巧对苏小妹

佛印和尚与苏东坡的妹妹苏小妹也曾有过一次“拆字联”妙对。佛印和尚有一天去拜访苏东坡，大吹佛力广大、佛法无边。坐在一旁的苏小妹有意开他的玩笑：“人曾是僧，人弗能成佛。”佛印一听，也反戏她一联：“女卑为婢，女又可为奴。”苏小妹和佛印的妙对，就是利用拆字法巧拼“僧”、“佛”、“婢”、“奴”四字互相戏谑，妙趣横生。

15. 吕蒙正拆字遇恩师

宋朝仁宗时期的宰相吕蒙正，幼时家境贫寒，缺衣少吃。但他学习刻苦，天赋颇高。一日，私塾先生带领几个学童上山游览，吕蒙正因未吃早饭，肚中饥饿，看到有一山泉，忙跑过去伏下身子饮水充饥。先生见此情景，知其必是饥饿所致，便即景出联问曰：

“欠食饮泉，白水岂能度日？”

吕蒙正人称“神童”，知道这是一副拆字联，“欠”、“食”是一个“饮”字，“白”与“水”是一个“泉”字。此联触到了他的痛处，勾起他无限愁情。他当即对出了下联：

“才门闭卡，上下无处逃生。”

他将“才”与“门”组成“闭”字，“卡”拆为“上”、“下”二字，既说出了自己的家境，又与上联相对甚妙。

先生见他说的可怜，又深爱其才，当下把他领到自己家中，让他和自己的儿子一起读书，并免除了他的一切费用。

后来，吕蒙正终于在大考中被钦点为状元，最后做到了一人之下、万人之上的一品首辅。

16. 拆“秦”字赵构惊梦

《岳传》说，宋高宗赵构因岳飞主战、秦桧主和而被搅得六神无主，微服上街解闷，遇一拆字先生，便据当时的季节随手写一“春”字给他拆解。

拆字先生看罢此字，对赵构纳头便拜。赵构大惊，问其究竟，拆字先生说，客官你看：一夫旁边一轮红日，岂是等闲之辈。赵构听了，对之深为佩服，便继续追问此字玄机。拆字先生一边收摊，一边向赵构耳语一句：春字“秦”头太重，压“日”无光。说完，拆字先生便溜之大吉。很明显，这个故事是在讽刺宋高宗时期权倾天下的奸臣秦桧。

17. 江南四才子巧对拆字联

明代江南四大才子唐伯虎、祝枝山、文徵明、周文宾，在平时聚会时，常常吟拆字诗联取乐。一天，祝、文、周三人应邀到唐府作客，一进门，看到唐伯虎和家人正在影壁墙前种桂树，便一齐上前打招呼。宾主坐定，祝枝山开口道：小唐，今天我们四个来做一个游戏，每人一句拆字联，组成一首诗，你意下如何？

唐伯虎一听，揖手答曰：祝兄所言，正合我意，请祝兄出首句。

祝枝山说：刚才进门的时候，看到你在种树，就以此为题吧。我出的是——闲种门中木。

唐伯虎听完暗思：门中有木是个“闲”字，从意思到文字技巧都挺好。有意思，有意思！对，有了，随即开口答道：思耕心上田。

众人一听，不禁拍手叫绝，更被唐伯虎的巧妙构思所折服，小唐确比老祝技高一筹。文徵明也不甘落后，连忙说：我来第三句，我对的是——秋点禾边火。

话音一落，众人齐声称妙。祝枝山指着周文宾说：文宾，该你收尾了。周文宾忙站起来揖手曰：各位种的种，耕的耕，点的点，到我这里该生长了。我的尾句是——甜生舌后甘。

刚一落音，祝枝山击掌称妙，说：我们四人的拆字联连起来正好是一首诗呀！随即从头朗诵起来：

闲种门中木，思耕心上田。

秋点禾边火，甜生舌后甘。

大家听后，齐声称赞。唐伯虎说：我们江南四大才子聚会吟诗，各显其能，有种有收，可谓获益匪浅也。可喜可贺，来，让我们共同举杯，喝他个一醉方休！众人齐声称好。四人开怀畅饮，尽兴而归。这四人的拆字联见录于文徵明《惠山茶会图》。

18. 拆联戏人

乾隆皇帝擅长对对联，且常借此戏人。一次，他乔装改扮，与张玉书在酒楼上饮酒。席间，他乘着酒兴指着一姓倪的歌姬出了上联“妙人儿倪氏少女”，要张玉书接对。这上联是“妙”、“倪”二字的拆字联，张玉书一时苦思莫对。

歌姬在一旁随口答道“大言者诸葛一人”，将“大”、“诸”二字拆开。乾隆大为赞赏，命张玉书赐酒三杯。不巧，酒已喝完，倾壶只滴出几点。

歌姬见此，笑着对乾隆说：“‘冰（冰）凉酒一点两点三点’，下联请先生赐教。”上联既暗含前三个字的偏旁，又冠以数字，窘得乾隆面红耳赤。幸好此时楼下走过一个卖花人，张玉书灵机一动，代言道“丁香花百头千头万头”才算为他解了围。据说，打那以后，乾隆皇帝再不轻易用对联戏人了。

19. 拆字遇仙

奸相秦桧弄权朝野，对谢石相字之占有所耳闻，遂将谢石贬至边地。谢石在途中遇一女子，云善拆字，石怪思之，世上还有似吾拆字者乎！遂书“谢”字，令相之。女子曰：不过一术士而已。石曰：何以见得？女曰：是寸言中立身尔。石又写一“皮”字，令相之。女曰:石逢皮即破矣,原来你是谢石。正巧,押解谢石之卒姓“皮”。石惊服不已。石又曰:吾亦善相字,汝可画字,待吾相之。女曰:吾在此即字也,请相。石曰:人傍山立,即“仙”字,汝非仙乎!女笑而忽失,后石竟不返。

20. 巧拆年号

唐僖宗当朝时,改为广明元年,相字者曰:昔有一人,自崖下出来,姓黄氏,左足踏日,右足踏月,自此天下大乱矣。果然,当年黄巢在长安起义,唐帝国从此一蹶不振。

宋朝皇帝宋太宗改元太平兴国,有相字者曰:“太平”二字,乃一人六十寿也。太宗果享年六十而崩。

21. 拆“有”失江山

话说明末崇祯年间,农民起义风起云涌,天下大乱。李自成和张献忠,分扰黄河、长江流域;其中又以李闯王势力为大,威胁北京,首都危在旦夕。有一京城大官,在此之时,心慌意乱,既忧社稷覆灭,更愁家财侍妾星散。于是带着随从,穿着便装,到一卦摊问卜,说了“有”字,让算卦先生测测大明朝的前途。算卦先生掐算半天,说:“先生请听了,‘有’字只有月而无日,没太阳的天地,何来光明?因此,大明的前途,将是灰暗难定,日子恐不好过。再说,‘有’字上边是个‘大’字缺一捺,下边是‘明’字缺个日,正好说明大明江山现已失去了一半土地呀,大明命运实在不妙。”

官员听罢大惊失色,赶紧改口道:“你听清楚,我要你测的字,是朋友的‘友’字,不是有没有的‘有’字。”算卦先生只好再算:“友、友……唔,不大妙……友字似反字,反字没出头,友字出了头,这是说反贼今已出了头,横行天下,大明安危,确实堪虑。”

此时,官员前额已是冷汗涔涔。他再改口说:“你又听错了,我要测‘良莠(yǒu)不齐’的‘莠’字。”算卦先生再测,说:“‘莠’字从草从秀,草,莫非指草寇?秀,一枝独秀?不得了,合起来是指草寇一枝独秀啊!”

那位官员此时已方寸大乱,但又改口,说要测的字是“从黑从幼的‘黝’字”。算卦先生不得不又测:“黝,黑也、黯淡也。唉,大明前途,一片黯淡!”那位官员早已惊得大汗淋漓,但仍不服气,又说他要测的字是“酉”。算卦先生测的结果是:“酉,很像个尊字;尊,有帽有鞋;酉,除帽去鞋。九五至尊,弄到除帽去鞋的地步,为什么?必是在危急的情势下才甩掉鞋帽。故依字面和字义综合分析,绝非佳兆,搞不好皇上将来有什么山高水低啊!”那位大官全身痉挛,面露哀伤。他对算卦先生说:“以前本官所提的字,统统不算,再测一个‘酉’字左边加木的‘楢’(yóu,木名)字吧。”算卦先生一看到这个字,便跪下叩头说:“请大人恕罪,酉左边有木,是指至尊无帽无鞋,急迅离宫,吊死树上。”“‘酉’左加‘木’下再加一‘火’(檩)字如何?”那位大官大着胆子问。“更惨,这边至尊上吊,那边宫殿起火啊!”算卦先生说罢,闪身离去,消失于苍茫暮色中。此后的故事即应验了算卦先生的测字分析,李闯王攻入北京,大明崇祯皇帝仓皇逃到煤山,光头跣足,吊死树旁。与此同时,京城处处起火。与其说这人神奇,倒不如说他拆字的本事,而且还每每说到点子上。是否杜撰?又传说崇祯就是连续做了同一个梦,梦见有人在他手上写了个“有”字,后面一大串都是牵强附会的吧。

22. 拆“鼠”外应

过去,有一个人很会拆字。有一次,他在一个地方摆摊拆字,在他的周围围着一群人看热闹。有一个人说:“请先生给我拆一拆。”先生叫他写一个字,于是那人在地上写了一个老鼠的“鼠”字。拆字先生端详了一会儿,并向周围看了看,然后胸有成竹地说:“你一生衣食无忧,不缺吃,不缺穿,对不对?”围观的人都看着他,想知道拆字先生说得对不对。只见那人点点头说:“先生所说一点不错,我是做买卖的,在××地方、××地方都开着商号……”围观的人都非常惊讶,觉得这先生真有两下子。其中偏偏有一个人不服气,他扒开人群,凑到拆字先生跟前说:“请先生也为我拆一拆。”拆字先生照例要他写一个字,这人同样写了一个老鼠的“鼠”字。围观的人看出这人是想为难拆字先生,大家静静地等待着,看看拆字先生会如何说。拆字先生仍然不慌不忙地对着“鼠”字端详了一会儿,仍然向四周打量了一番之后,对那人说:“我可以实打实地说吗?”那人说:“但说无妨。”拆字先生说:“你虽然写的字与先前先生写的字都是‘鼠’字,但你们两人的命运却大相径庭,你是个奔波劳碌之命。你的一生要为衣食操劳,而且你不能贪财,如果你太爱财,就会因财丢命。请记住我的话,不要舍命不舍财。”那人听完后,不置可否,挑起担子走了。不一会儿,只见刚才走了的那个人又气急败坏地跑回来了。大家问他为什么又跑了回来。他说:我是个做小买卖的,刚才拆字先生说得一点不错,我整日劳碌就是为了养家糊口。刚才我挑着担子走到前面小树林,遇到一伙强盗,我扔下东西才跑掉。要不是先生特别嘱咐,说不定我舍不得自己的东西,被强盗捉住,连命也保不住了。

围观的人都很奇怪,为什么两个人写的同是一个“鼠”字,竟会有如此大的区别呢?于是大家就问拆字生到底是怎么一回事。

拆字先生说,大凡我们拆字时,不但要看字本身,还要结合周围的情况——我们叫作外应。第一个人写了“鼠”字,我一看,有一个人推着一大车粮食经过。大家想一想,这么多的粮食,一只老鼠一辈子吃得完吗?至于第二个人,他写了“鼠”字,正拆时,我看见一个人担了两筐猫从此经过。大家同样可以想一想，老鼠遇见猫会是什么情况呢？

大家不约而同地“啊”了一声，原来拆字竟有这么多的学问和讲究呢！

23. 拆字解忧

那是一个夏日炎炎的夜晚，喧闹了一天的海浪仍在不屈不挠地拍打着沙滩。大海和蓝天已分不出你我，远处的渔火与天上的繁星早已融合为一体，滨海之夜散发出它特有的神秘。边上的一家高级酒店里，某人正与一位从四川来的朋友喝茶聊天。俗话说，人无远虑，必有近忧。而这位朋友却是远有喜事，近有愁事。按照事情发生的时间顺序从远到近，以喜事开说。他是房地产公司的老板，在国家对房地产市场实施调控的前夜，以较高的价格将房子都卖了出去，净利有上亿元，当然是很高兴的事。但是，近来愁事也接着来了，前段时间到医院检查时，发现得了糖尿病，医生告诉他糖尿病是终身病，以后许多人间的美味都不能吃了，尤其要告别他最喜欢而且每天必喝的白酒。自从得知患了糖尿病后，他把自己关在房子里，已有半个月不出门了，这一次是专门来看大海散心的。由于喜事在远、愁事在近，这次来，他是整日两眼无神，愁眉苦脸。几个小时的时间在谈话中不知不觉就过去了，某人对他说，我来给你算算命。我不问你的生辰八字，我出几个字你来选我来拆解。当他听说某人会拆字时，两眼发光，奇怪地笑了笑，原来这位朋友自己就擅长于拆字。某人用酒店里的铅笔和信纸写了一堆字，要他从中先选一个。他挑出了一个“观”字。某人解道，“观”字可拆为“又”、“见”。那么，乐观的人是乐又见，乐了又乐；悲观的人是悲又见，悲了又悲。这就说明了乐观的人为什么总是乐观，而悲观的人却总是悲观。做人要乐观，高兴过一天，不高兴一天也过去。不管遇到什么困难和逆境，都要以积极的心态去对待。听了某人的拆字解释，他会心地笑了一笑。他又从字堆里挑出了一个“惑”字。某人解道，“惑”字可拆成“心”上“或”这样“或”那样，心里拿不定主意，怎能不迷茫？人生的道路有千万条，条条道路通罗马。只有明白了人生的意义，认准了目标往前走，就不会被当前的困难和逆境所迷惑。他又从字堆里挑出了一个“忙”字。某人说，“忙”就是“心”的“亡”。忙的人没有时间思考，我思故我在，当一个人没有了思想也就不存在了。所以经常应该抽出一定的时间，放下工作，远离喧哗，到一个山清水秀的地方静下心来思考。他又从字堆里挑出了一个“怒”字。某人说，不要生气，“怒”字可拆为“心”中的“奴”隶，做心中的奴隶当然愤怒，只有当心中的主人，战胜自我，才有快乐。他最后挑的是“赢”字。某人说“赢”字较复杂，说明要赢不容易。“赢”字可拆成“亡”、“口”、“月”、“贝”、“凡”；“亡”要有危机意识，生于忧患；“口”要有宣传沟通能力，处理好人际关系；“月”就是月盘日清，时时总结经验教训，不断进步；“贝”要有金钱的积累，讲经济效益；

"凡"就是要有一颗平凡的心,盈亏平常事,笑看潮起潮落。夜已深了,该休息了。分别时他对某人说:"你的这种拆字法太直接了,技术含量不高。不过我明白你的用意,你看,我是不是高兴一点了? 谢谢!"

第四节　叠字奇趣

1. 结构奇特的多层叠字

叠字又叫"品"字形汉字,三叠字指由三个完全相同的字叠成"品"字形而形成的新字。以下是个三叠字的小故事,读后令人忍俊不禁! 有个学生名字叫"马驫骉"。开学点名了,班主任不知怎么念,所以每当上课点名的时候,总爱说"马又又"到了没。语文课上课了,语文老师有点文学素养,点名道:"万马奔腾到了没?"接下来是体育课,体育老师直接改用:"一群马到了没?"历史老师对这个名字很不感冒,于是点名道:"马家的五马分尸来了没有?"数学老师最直接:"马 6 到了没有?"事实上"马驫骉"的正确读音为"mǎ dú biāo"。

三叠字还包括:鑫、森、淼、垚、焱、靐、晶、卉、芔、磊、畾、厽、馫、飍、灥、厵、犇、猋、赑、贔、蟲、麤、毳、龘、驫、骉、羴、雥、鱻、矗、姦、舙、瞐、聶、品、掱、叒、惢、譶、劦、壵、众、孨、歮、飝、刕、尛、嚞、皛。

四叠字:朤、燚、叕、茻。

五叠字:𡇒。

六叠字:𣡕、孖孖孖。

八叠字:𣛧、𠈌。

上述许多字,已经从我们生活中消失,只有从故纸堆或字书里才能找到。文化就是这样,有传承,也有更新和淘汰。

2. 新奇风趣的叠字联

何淡如是清末广州的"怪才"。有一次,他到两龙墟看扒龙船,有人请他为戏棚两侧写副对联。他提笔就写:

扒、扒、扒、扒、扒、扒、扒、扒、扒,扒到龙门三级浪;

唱、唱、唱、唱、唱、唱、唱、唱、唱,唱出仙姬七姐词。

一连用了 9 个"扒"字和 9 个"唱"字,把这边越扒越有劲、那边越唱越动听的赛龙船热闹景象点画得惟妙惟肖，读起来新奇有趣。

在浙江奉化市一条公路旁，有一座凉亭，是蒋介石的生母捐资建造的，供来往行人歇脚纳凉。亭上有一副对联：

行，行，行，行行且止；坐，坐，坐，坐坐何妨。

像是建亭者在亲切招呼过往行人不要太匆忙，坐下来歇一会儿。对联既切题又通俗易懂，饶有风趣。

叠字联中又有更为奇特的对联，叠字回文联。包括：

山海关孟姜女庙联：

海水朝朝朝朝朝朝朝落；

浮云长长长长长长长消。

读为：海水潮，朝朝潮，朝潮朝落；

浮云长（zhǎng），长（cháng）长（cháng）长（zhǎng），长（cháng）长（zhǎng）长（cháng）落。

西湖联：

水水山山处处明明秀秀。

晴晴雨雨时时好好奇奇。

乾隆给北京天然居题联，纪晓岚对之：

客上天然居，居然天上客。

还有回音、回文联：

画上荷花和尚画；

书临汉字翰林书。

第七章　奥妙无穷的与人体有关的汉字

在古代，有关人体的文字，一定程度上寄托了古人对自身状况的认知，寓含了特定时代人们共同的思想、理念、风俗和习惯，反映出汉字中深邃的文化积淀。最早产生的人体文字，历史十分悠久，它们在汉字体系里一般作为汉字的部首，而记录同一人体部位的汉字有时不止一个。英国的人类科学家维柯指出："在一切文字里，大部分涉及无生命事物的表现形式，都是从人体及部分，以及人感觉和情欲那里借来的隐喻。"

第一节　"头"，首之总名

人体中"头"字的出现，始于战国时期，战国时的"蔡侯鼎"里的"头"字，本作"頭"，是个从"页"、"豆"声的形声字。《说文解字》："头，首也。"而《急就篇》卷三，颜师古注："头，首之总名也。"它在人体上是指最上的部分。汉代以后，"头"的用法逐渐多起来，并产生了"头巾"、"头目"、"头面"等双音词。由"头"构成的双音词中"头颅"、"头颡（sǎng，额）"，也是头脑的不同称呼。"头脑"两字则出现在《后汉书·酷吏传》里："碎裂头脑而不顾。"这里"头脑"两字指的就是人的脑袋。"头颅"两字，亦指脑袋。《后汉书·袁绍传》："卿头颅方行万里，何席之为！""头颡"两字，亦可指脑袋，《后汉书·翟酺（pú）传》："及其破坏，头颡堕地。"由"头"字组成的四字格成语数量很多，其中仍是从"头"字的本义出发引申。一类是表现人的面貌神态的，但"头"字仍延用它的本义"头颅"或"脑袋"。如

战国印文形体　　小篆　　楷书　　简化字

形容人打扮妖艳轻浮的“油头粉面”，形容人狡猾轻浮的“油头滑脑”，形容人呆板的“呆头呆脑”，形容人憔悴脏乱的“蓬头垢面”，形容人发落齿缺衰老之相的“头童齿豁”，形容人面目丑恶猥琐、心术不正的“獐头鼠目”。这类词语往往含有贬义。第二类是表现行为方式，或表现人的举止行踪。如“出头露面”，形容好在众人面前表现自己，也指在公开场合出现。“抛头露面”，原指妇女在公开场合出现，这在封建社会被认为是丢脸的事，后来也泛指人在公开场合。“崭露头角”，头上的角已明显突出了，比喻突出地显示出才能。或反映处理问题的方式。如“改头换面”，比喻仅仅改换形式，内容并未改变。“斩头去尾”，指整体分割，也指剩下中间的部分。“藏头露尾”，比喻说话、行事躲躲闪闪，怕露真相。“点头”是表示赞同，有一个典故叫“朱衣点头”。据明陈耀文《天中记》卷三八引《侯鲭录》，宋代欧阳修主持贡院举试，每阅试卷，觉得身后有朱衣人时复点头，凡经其点头的都是合格的文章。欧阳修开始以为他是侍吏，但等回头看时，却一无所见。后人就用“朱衣点头”、“朱衣点额”等指科举中选或被考官看中。“头”字，据其本义，有时也可以表示对人的处置。“迎头赶上”，向着最前头的赶上去并超过他。“评头论足”本指无聊的人评论妇女的容貌，也泛指在小事上对人多方挑剔。第三类是表现性质状态的，或表现人的品格状态，如“头角峥嵘”形容年轻有为，才华出众。“头角”比喻显露出来的才华。“三头两面”比喻为人谄谀狡诈。“三头六臂”原指佛的法相，后比喻人具有了不起的本领，或表现事物的情状形态。“千头万绪”形容事物复杂纷乱，头绪很多。“头头是道”本指佛法无所不在，后多形容说话、做事有条理。“头重脚轻”本指头脑发胀，脚下无力，常用以比喻轻重倒置。毛泽东同志在《改造我们的学习》一文中，用“墙上芦苇，头重脚轻根底浅；山间竹笋，嘴尖皮厚腹中空”的对联，辛辣地讽刺了那种脱离现实、脱离群众的教条主义作风。

“头”字的异称包括“首”、“天”、“元”、“页”、“颠”等，从中表达出丰富多彩的民族特色。

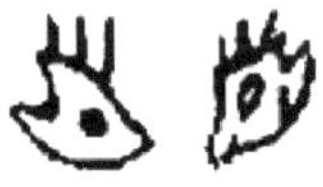

甲骨文

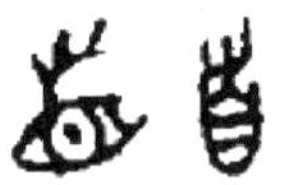

金文

小篆

甲骨文“首”字是一颗头颅的侧面的形状：有发、额、耳、眼、鼻、口，一应俱全。后来连同头发、头皮分离出去，耳、眼、鼻变成了“自”字形状。而这个头形并不大像人类的头，而更像兽类（如猿猴）的头。金文的“首”字则只用一只眼睛和头发来作为头部的象征性符号。因此，“首”字的本义是指人或其他动物的头。甲骨文“首”字像人头，有发形，突出了眼睛。金文稍变。篆文整齐化，分为二体。隶变后楷书分别写作“𦣻”、“首”、“百”。三字与“页”同为人头形。只是“𦣻”、“首”下边少了身子，上带有头发，意在强调头部；“页”则多出了身子，少了头发；“百”则是省形。如今是规范化用“首”字。《说文·首部》：“首，百同，古文百也。巛

(chuān)象发,谓之鬊,鬊即巛也。”本义为“头”。

最为有趣的是,古人用“天”字称为人头。

在甲骨文中,“天”字最早由表示人的“大”字上加一个小方框构成,表示人的头顶,“天”字就像正面站着的人形,突出了上部方框的头。金文的“天”字形体,更像人形。篆书上部的“一”仍表示“头”。《说文解字》:“天,颠也。”王国维《观堂集林·释天》:“天本谓颠顶。”“天”字的本义是头或头顶,在头上刺字也称天。《周易·睽》:“其人天且劓(yì)。”这就是说,那人在额上刺了字又割去鼻子。两眉之间,称为“天庭”。人的至高无上部分为“天”(头)。由此,又引申出以自然界的至高无上为天。

古代的“页”字也指人头。《说文解字》:“页,头也。”“页”的本义是人头。

在甲骨文中,“页”字由两个偏旁组成。上边的偏旁是首字,像一个带头发的人侧面头形,下面的偏旁是个侧面的人形,重点表示“头”的意思。“页”字旁的“颜”、“领”、“颈”、“项”都与头有关。“颜”,本义指两眉之间的部位,人的喜怒哀乐都表现在颜,为此又引申泛指脸上表情。“领”、“颈”、“项”都是指支撑头的脖子,跟“页”字的本义有关。古代这三个字的意思分得很细。“领”,指整个脖子;“颈”,用来称呼脖子前部;“项”,指脖子的后部,成语“望其项背”,其中“项”字指头脑的后脖子,“背”即后背。

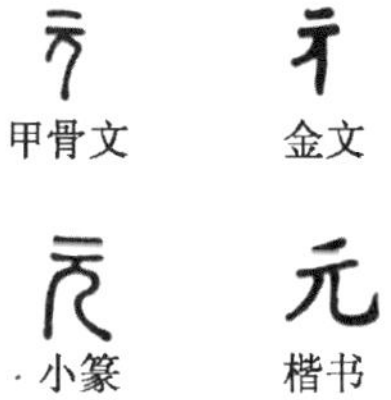

“元”字是古代“头”的异称。

《左传》记载:狄人与晋国交战,晋国大将先轸十分勇猛,亲自冲锋陷阵,结果战死后,“狄人归其元,面如生”。“归其元”,指狄人把先轸的头归还给晋国。《孟子·滕文公下》“齐景公田猎”,用有羽毛装饰的旌旗来召唤猎场管理员,管理员不去,景公准备杀他,而他并不畏惧。孔子称赞他为“勇士不忘丧其元”。以上两例中的“元”,指的均是脑袋。

第二节 “心”字与思想、精神状态

“心”,是个古老的象形字。“心”本义是“心脏”,心脏器官推动人身体内的血液循环,推动人体的新陈代谢,维持大脑的正常活动,由此决定人们的生与死的命运。《说文解字》:“人心,土臧(zāng)也。在身之中,象形。”许慎对“心”字的分析基本正确。按甲骨文、金文各期字形均为心脏的象形。古文《尚书》:“脾木也,肺火也,心土也,肝金也,肾水也。”许慎是采用《尚书》说解“心”字的。

1. 古人认为“心”是主管人的思维之处

我国古人认为心是五脏(脾、肺、肾、肝、心)之一。《孟子·告子上》:“心之官则思。”表明“心”是主管人的思维的,可引申为心思。《诗经·小雅·巧言》:“他人有心,予忖度之。”英国著名医学家哈维认为:“太阳是世界的心脏,心脏是人体的太阳。”“心”字类的字源是反映生理现象的,而在文字的演变过程中,又通过引申或比喻被赋予了新的意义。我国古代医学家说:“心为君主之官。”把心比喻成主宰全身的帝王。而古人误以为心脏是思维器官。用“心”做意符的字,大多与大脑思维相关,如“思”、“想”、“意”、“志”、“怀”、“念”、“情”、“感”、“愉”、“快”等。“心”字由原来误指思维器官,引申指思想、情感、意念等。《礼记》中有“心不在焉,视而不见,听而不闻,食而不知其味”,意思是说,思想不集中,即使是睁着眼睛也看不见东西,即使是竖起耳朵也听不见声音,即使是吃食物也不知道是什么滋味。

2. 从“心”字引出的字词

“懿”字,从“心”,指有好的品德。古代以后妃能生子为有德,如清代咸丰之妃玉兰生大阿哥(即后来的同治帝)以后,即被封为“懿贵妃”。所以后妃之德称“懿德”、“懿范”,后妃的命令称“懿旨”。后来把心字旁的“懿”字引申为一切好品德之称,如《三国志·吴志传》:“斯则前世之懿事,后王之元龟(借鉴)。”如“慕”字,也是从“心”字得义,敬也。

有个成语典故“呕心沥血”,其中“心”字亦指本义。“呕心沥血”的含义是挖出心来当纸,滴出血来写文章。这个成语典故说的是唐代著名诗人李贺的故事。李贺极有才华,七岁能写诗、写文章。但未被朝廷重用,政治上不得志,精神上抑郁苦闷,他就把全部精力和心血倾注在诗歌的创作上。而他的创作态度以十分严肃认真著称。他曾说过:“长歌破衣襟,短歌断白发。”他每次外出游览,都让书童背个袋子。他想到好的诗句,就马上记下来,带回家再加工整理。晚上李母见到后心疼地说道:“儿子真要把心呕出来才是啊!”李贺长期心头郁闷,只活了26岁,留存下来240多首诗作,正是他全部心血的结晶。成语“呕心沥血”比喻人们做事情或写文章,穷思苦索,费尽心血。

用来作为贬义的“人面兽心”中的“心”字,亦指“心”字的本义。“人面兽心”,指人的品质恶劣,外貌像人,内心狠毒如野兽一般。清代龚炜笔下记述过一个兽面人心的故事。漕运总督施世纶(lún)相貌丑陋,人称“缺不全”。施世纶上任时,有的上级官员掩嘴而笑,施世纶正颜厉色地说:“你们以为我丑陋吗? 人面兽心才是可恶的,我可是兽面人心,有何害处呢?”

由于心脏在人体中的重要作用,“心”字引出了中心或核心的含义。“心尖”两字,本指心脏的尖端,后引申指内心深处,又比喻为最喜爱的人。“心”字类的字与人们的情操、品质、意志联系起来以后,往往用来反映人们的社会生活和精神生活。以“爱”字来说,繁体字“爱”字为“愛”,含有“心”字,可见爱的基础是“心”。“心心相印”,本为佛家禅语,“不藉言语,以心印证佛法”,后来指彼此思想感情完全投合。“心”字作心思解,有“三心二意”、“心无二用”、“心猿意马”等。“心虚”,在古籍中多指谦虚不自卑。《淮南子 · 原道》:“心虚而应当。”《北堂书钞 · 谈赋》:“辞简心虚。”以上两例中心虚均有谦虚、不自满的意思。

第三节　表示人体五官的汉字琐谈

1. 表示烛照万物的“目”字

人体五官包含了目、耳、鼻、口、舌。烛照万物的镜子是“目”字。在人体的五官中,眼睛是最传神的,所以人体中的“目”字,是人面部最主要的器官。《说文解字》:“人眼也。象形。”古代,人们根据眼睛外形创造了“目”字,甲骨文、金文中写法相似。篆文中人脸变为长方形,“目”字也竖了起来,在以后篆书、隶书中,“面”字仍有“目”字的影子。《释名 · 释形体》:“目,默也,默而内识也。”这说明古人注意到了“目”的视觉作用。“目”字,作为洞察内心的窗户,能反映出人们不同的内心世界,表现人们不同的性格和情操。在古代,人们往往通过目光的正邪来区别忠奸。《孟子 · 离娄上》:“存乎人者,莫正于眸(móu)子。”意思是说,观察一个人,再没有比观察他的眼睛更好了。

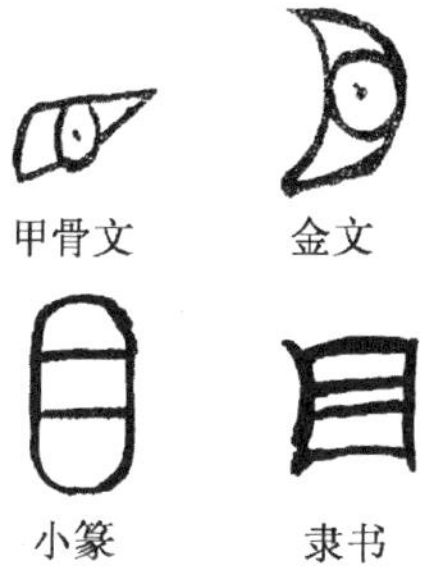

《韩非子 · 喻老》:春秋时楚国的楚庄王打算去攻打越国,扩大自己的地盘。杜子获悉后去拜见楚庄王,说道:“大王,您准备攻越吗?”楚王答道:“是的,凭寡人之实力行否?”杜子想了一会才问道:“攻越可有把握?”楚王信心十足地说:“有! 今越国内混乱,兵力羸弱,乘机攻打,战无不胜。”杜子听后不觉发笑,说道:“大王,您想错了!”他说:“臣愚患之,智如目也,能见百步之外而不能自见其睫。”楚庄王听后如大梦初醒,连连点头称赞,并认识到自己确是“目不见睫”,太缺乏自知之明了。又见《史记 · 越王勾践世家》:“齐使者曰:‘幸也,越之不亡也。吾不贵其用智之如目,见毫毛而不见其睫也。今大王知晋之失计，而不知越之过，是目论也。’”元代王逢《目耕轩》诗：“身耕劳百骸，目耕劳两瞳。身耕口体常不充，目耕奚止谷在中。”诗中悲叹读书之苦，又充满对仕途的渴望。“目耕”，表示努力读书，好比耕田一样，不因贫困而中止。

“直”字，甲骨文中指目光直射。又因为正直的人敢于正视别人，故又为正直的“直”字。“相”字本义是盲人的手杖，即起代眼睛作用的木棍，故训为“视”、“观”字，如《诗经·相鼠》：“相鼠有皮。”“省”字，古与“眚”为一字，字形是睁大眼睛而不动的样子，本义是视察、观察，故对自身行为的观察为反省。“瞿”字，《说文解字》：“鹰隼之视也。从隹、双目。”“瞿”字是指嗜血成性的鹰隼类猛禽，在攫取食物时那种左右逡巡的凶恶、贪婪的目光。

甲骨文　　全文　　小篆　　楷书

武则天以女性称皇，又篡夺了李家的天下，加之她本性残忍专断，嗜杀成性，必然会引起一批李唐旧臣和知识分子的鄙视与仇恨。作为正史的《旧唐书》蔑称其为“牝（pìn）鸡司晨”，《新唐书》亦认为武则天最大的罪名是“乱唐”。唐初著名文人骆宾王曾写了一篇《为徐敬业讨武曌檄》。骆宾王在武则天称帝后多次上疏陈奏，均遭冷落，郁郁不得志，后来参加徐敬业起兵反对武则天。檄文就是斥责武则天的罪状。武则天初读该文先是笑笑而已，但读到“一抔（póu）之土未干，六尺之孤安在”已很不高兴了。骆宾王在文中意用“目目”代替“日月”（指武则天造字“曌”取名），十分形象地告诉世人：临朝当空的，不是“日月”，而是一双凶恶、贪婪、嗜血成性的眼睛。这与檄文所写“性非和顺，豺狼成性，残害忠良，杀姊屠兄，弑君鸩母”等绝妙呼应。由此可见骆宾王改用“目目”的一番匠心！

2. 众说纷纭的“口”字

甲骨文　　小篆　　楷书

甲骨文中“口”字十分形象，极似“嘴”字。《说文解字》：“口，人所以言食也。象形。”指口有两个功能：一是言；二是食。表示说话的有：“口才”、“口传”、“口角”、“口祸”、“异口同声”等；作为食解，如“糊口”，指勉强维持生活。

与“口”密切关系的字。并列两个的“口”字，据《说文解字》：“惊呼也。”“品”字，《说文解字》：“众庶也。”据考本义以为象列星之形。卜辞中为祭名。郭沫若认为：“金文中，凡土田、氏族、国邑、臣仆、金玉皆得称品”，那么证明许慎《说文解字》的“众庶”之说是后起的引申义。

“告”是个会意字。甲骨文的形体，上部是个“牛”，下部是个“口”。在卜辞中，“告”是祭名，用牛祭神，用口祷告。周朝晚期金文（毛公鼎）的形体，与甲骨文的形体相似。小篆的形体，与甲骨文的形体相似。楷书的写法，把“牛”字的下半截去掉了，写作“告”。

甲骨文　金文　小篆　楷书

《说文解字》：“告，牛触人也。”从甲骨文、金文的形体看，“告”从“牛”，从“口”，意思是用牛祭神，用口祷告。“告”的本义就是告诉。《庄子·庚桑楚》：“吾固告汝曰。”《孟子·公孙丑上》：“子路，人告之以有过则喜。”引申为报告。《史记·绛侯周勃世家》：“越人斩吴王头以告。”又引申为告发或控告。《商君书·开塞》：“赏施于告奸。”《红楼梦·葫芦僧判断葫芦案》：“小人告了一年的状，竟无人做主。”还可引申为请求。《国语·鲁语上》：“国有饥馑，卿出告籴。”《三国演义·杨修之死》：“（曹操）佯怒夏侯惇，亦欲斩之。众官告免。”

“古”字，《说文解字》：“故也。从十口，识前言者也。”“古”从十，是指开天辟地的时代，从口表示讲述，所以“古”字是讲述开天辟地的事。“谷”字，《说文解字》：“口上阿也，从口，上象其理。”“口上阿”之“阿”，当“曲”讲，即人咧嘴笑时口上弯曲的笑纹。为此吴地方言中“噱头”，即好笑的意思。

“曰”字也从口，《说文解字》：“词也，从口。象口出气也。”甲骨文中口上加一道，表示从口中出来的气。这一道有时向上曲，表示出口中之气向外出，所以“曰”字是口中发出的声音，与今天的“说”字是有区别的。许慎《说文解字》中说“曰”是词，词即虚词，是“意内而言外”的虚词。《论语》中“子曰”，即孔子口中发出的声音。

“糊口”，旧时指勉强维持生活。《左传》中记述郑庄公与其弟共叔段发生不和，郑庄公不进行规劝和教育，有意养成其恶而加以诛除，结果共叔段因反叛失败而逃亡国外。后来，郑庄公对他人谈及共叔段，为了推卸责任，并为自己开脱说道：“寡人有弟，不能和协，而使其糊口于四方。”

3. 接受声音信号的“耳”

《说文解字》：“耳，主听也。象形。”本义就是耳朵。说明了“耳”字的基本功用是听闻。《诗经 · 大雅 · 抑》谈到了“耳提”与“面命”,即拉着耳朵当面教导。人们用耳接受声音叫“听”。《说文解字》:“听,聆也。”甲骨文、金文从耳从口,口表发声,耳表闻声,为会意字。到了小篆,变成形声字。古人用“闻”字表示听到。象形字中的“闻”字,突出了夸张了的人的大耳朵。

甲骨文,像耳朵　　商朝金文,更像耳朵的样子　　小篆,变得不太像耳朵　　楷书

最有趣的是“圣”字,它的本义不是神圣、贤圣。《说文解字》:“圣,通也。”段玉裁注:“圣从耳者,谓其耳顺。”孔子曰:“六十而耳顺。”这样听到别人的话,就可分辨真假,判明是非,这岂不就是圣贤了。

还有个“执牛耳”的典故:古代诸侯歃(shà)血为盟,盛牛耳于珠盘,由主盟人执盘,割牛耳取血,主持立持仪式,所以称主持人为“执牛耳”。后泛指某方面居于领导或领先地位。

“取”字表示右手拿一只耳朵之形。古代武士割取俘虏左耳以计战功。“声(聲)”字系右手持槌击磬之形,以口表示有声音,以耳表示能听见,故本义是“声音”。

4. “自”字是“鼻”字的初文

甲骨文　金文
小篆　楷书

在“鼻”字产生前,殷商甲骨文中以“自”字表示“鼻”字,是个象形字,是一个人的鼻子的特写。上部是鼻梁,下部是鼻孔,而中间的两横是人鼻的皱纹。到了小篆,鼻孔没了,突出的是鼻梁。所以“自”字的本义是鼻子。“鼻”字上面表形,下面表音。《说文解字》:“自,鼻也,象鼻形。”由于“自”字指鼻子,而一般人常习惯于手指鼻子自称,于是“自”字引申出“自己”的意思。“鼻祖”两字就是始祖的意思。释迦牟尼创立了佛教学说,称他为佛教鼻祖。

“鼻”字还有许多比喻义。“鼻息”两字,本指从鼻腔出入气息,比喻依赖别人。看人脸色行事,叫“仰人鼻息”,典出《后汉书 · 袁绍传》。东汉末年,董卓专权,心怀异志。渤海郡(郡治在今河北南皮县)太守袁绍,联合袁术、韩馥等,起兵共讨董卓。众人订立盟约,推举袁绍担任盟主。冀州(治所在今河北柏乡县)刺史韩馥见人心归向袁绍,便暗存戒心，不肯听从袁绍的调动。袁绍的谋士逢纪为袁绍想了一计，派高干、荀谌等人去劝说韩馥，让他将冀州地交给袁绍。粗鲁无能的韩馥表示同意。可是其部下耿武、闵纯等，一致反对归附袁绍。他们找到韩馥说："冀州虽鄙，带甲百万，谷支十年。袁绍孤客穷军，仰我鼻息，譬如婴儿在股掌之上，绝其哺，立可饿杀。奈何欲以州与之？"最后，韩馥没有听从耿武等人的劝告，终于把冀州的大印让给了袁绍。后来，人们把"仰我鼻息"改变为"仰人鼻息"，比喻自己没有办法，必须依仗别人才能生存，引申为看别人的眼色行事，不能自主的意思。

比喻对肮脏的东面十分嫌恶，有成语"嗤之以鼻"，语出《孟子·离娄下》："西子（指西施）蒙（遭受）不洁，则人皆掩鼻而过之。"

第四节 "手"、"足"演绎人生之旅

1. "手"字代表人生经历的多个侧面

殷商甲骨文、金文中的左手和右手

甲骨文　金文　小篆

殷商的甲骨文、金文中，左手和右手的写法不一样，但都只有三个手指，因为古人的观念是以三为多，三个手指就代表了五个手指。但在甲骨文中也有正面的象形字，它和人手的形状非常相像。金文、篆书中的"手"字仍有些象形，而"手"字的笔画变得平直了，表明"手"字已符号化了。辞书中属于手的动作的字词，《现代汉语词典》收录有435个，《汉语大字典》收了1379个（包括异体字）。"手"字构成了众多的词，可以反映出人们不同的社会角色。如"炮手"、"鼓手"、"枪手"、"水手"、"助手"、"一把手"、"老手"、"里手"、"黑手"等。许多四字格的成语，往往以"手"字示类，表明它的不同含义。如"上下其手"，指玩弄手法，串通作弊。典出自《左传·襄公二十六年》，春秋楚襄王二十六年，楚国出兵侵略郑国。当时楚国那么强大，弱小的郑国实在没有能力抵抗，结果，郑国遭遇到战败的厄运，连郑王颉也被楚将穿封戌俘虏了。战事结束后，楚军中有楚王弟公子围，想冒认俘获郑王颉的功劳，说郑王颉是由他俘获的，于是穿封戌和公子围二人便发生争执，彼此都不肯让步，一时没有办法解决。后来，他们便请伯州犁作公证人，判定这是谁的功劳。伯州犁的解决办法本是很公正的，他主张要知道这是谁的功劳，最好是问问被俘的郑王颉。于是命人带了郑王颉来，伯州犁便向他说明原委，接着手伸二指，用上手指代表楚王弟公子围，用下手指代表楚将穿封戌，然后问他是被谁俘获的。郑王颉因被穿封戌俘虏，很是恨

他，便指着上手指，表示是被公子围所俘虏。于是，伯州犁便判定这是公子围的功劳。今天类似的词有："要手腕"、"使手段"等。"洗手"，本指洗濯双手，亦比喻去除灰尘、改邪归正的意思。

2. 表示人生之旅舟舆的"足"字

"足"字，《说文解字》："足，人之足也。"古代又指人体下肢的总称。"足"字的本义指脚、腿。《尚书·说命上》："若跣弗视地，厥足用伤。"孔颖达注："跣必视地，足乃无害。"足，具有巧妙的结构和活动方式，除行走外，还能做出各种各样的动作。如用足拨开的"踢"、"跳"、"踩"；提起足跟的"跨"、"跷"、"踩"；表示摩、擦的"蹈"、"蹭"等。

"足下"两字，可以用来指人的脚底下、足所立之处，喻指身边。而"足大"，并非指足的尺寸，而是指值得称道。"足不出户"，亦作"足不逾户"，不出大门一步，指闭门自守的意思。"足止"，是满足的意思。一一类推，不胜枚举。"足高气扬"，见《战国策·齐策》："公孙戍趋而去。未出，至中闺，君召而返之，曰：'子教文无受象床，甚善，今何举足之高，志之扬也？'"

不少"足"字有关的成语、典故也有比喻或象征意义。如"削足适履"，比喻无原则地迁就或勉强迁就。典自《淮南子·说林训》。春秋时，有一次楚灵王亲自率领战车千乘，雄兵十万，征伐蔡国。这次出征非常顺利。楚灵王看大功告成，便派自己的弟弟弃疾留守蔡国，全权处理那里的军政要务，然后点齐十万大军继续推进，准备一举灭掉徐国。楚灵王的这个弟弟弃疾，不但品质不端，而且野心极大，不甘心仅仅充当蔡国这个小小地方的首脑，常常为此而闷闷不乐。弃疾手下有个叫朝吴的谋士，这个人非常工于心计。这一天，他试探道："现在灵王率军出征在外，国内一定空虚，你不妨在此时引兵回国，杀掉灵王的儿子，另立新君，然后由你裁决朝政，将来当上国君还成什么问题吗？"弃疾听了朝吴的话，引兵返楚国，杀死灵王的儿子，立哥哥的另一个儿子子午为国君。楚灵王在征讨途中闻知国内有变，儿子被弟弟杀死，顿时心寒，想想活在世上没有意思，就上吊自杀了。在国内的弃疾知道楚灵王死了，马上威逼子午自杀，自立为王，他就是臭名昭著的楚平王。另一个故事是：晋献公宠爱骊姬，对她言听计从。骊姬提出要将自己所生的幼子奚齐立为太子，晋献公满口答应，并将原来的太子、亲生的儿子申生杀害了。骊姬将这两件事做完了，但心中还是深感不踏实，因为晋献公还有重耳和夷吾两个儿子。此时，这两个儿子也都已经成人，骊姬觉得这对奚齐将来继承王位都是极大的威胁，便建议杀了重耳和夷吾兄弟俩，晋献公竟欣然同意。但他们的密谋破一位正直的大臣探听到，立即转告重耳和夷吾。

二人听说后，立即分头跑到国外避难去了。《淮南子》的作者评论这两件事说：听信坏人的话，使父子、兄弟自相残杀就像砍去脚指头去适应鞋的大小一样（“犹削足适履”），太不明智了。

“足”字也可以代指人的整个身体。《楚辞·天问》中所写“发足”两字，以代周武王的身体。晚清小说《二十年目睹之怪现状》中，“托足之所”，就是指托身的地方。

第五节　以人体部位命名的姓字

《百家姓》中有一些是以人体部位命名的姓字，其中头、耳、口、眼、鼻、足，甚至心、皮、胆等，都可以用作姓字。

“口”字，《广韵》上：“口，姓，今同州今陕西大荔一带有之。”《元和姓纂》：“口，今同州有此姓。”今山西太原、大同等地都有以“口”字为姓的。

以“眼”字为姓的，《姓苑》一书中有收录。今仅山西大同有这个姓。

以“牙”字为姓的，见《通志·氏族四》。

以“耳”字为姓的。一说是古代思想家老子即李耳之后人，以祖上的名字为姓字的；另一说是战国时魏国大臣魏如耳之后人的姓字。今山西长治、湖南冷水、云南泸水等地都有人以“耳”字为姓。明代洪熙中有耳元明。

以“皮”字为姓的，除唐代著名文学家皮日休外，《中国人名大辞典》里收录13人。著名的有明代皮东山，正德年间出任御史，以清廉刚正著称天下。后汉名将皮豹子，历任征西将军，沉勇笃实，一时推为名将。

第八章　妙趣横生的数字

汉字中的数字,妙趣横生,而且其中蕴含着众多的人生哲理。从古代的结绳记事开始,数字就逐步成为人类把握自然和社会脉搏的一种方式。《黄帝内经·素问》中有“天地之数,始于一,终于九”之说;西汉谶(chèn,迷信的人认为未来能应验的预言、预兆)纬之书《河图括地象》有“天有五行,地有五岳;天有七星,地有七表;天有四维(指礼、义、廉、耻),地有四渎(星宿名);天有八气(修身养性之气),地有八风(八节之风);天有九道,地有九州”的记载,试图用数字涵盖天地万物。《周易》中有“九五,飞龙在天,利(顺利)见大人”之句,后世便称帝王为“九五之尊”。以至于后来的宫殿建筑,处处与“九”和“五”两个数字相关联。古人的种种数字观念,早已内化成一种文化基因,一直影响至今。例如我们常用的祝贺人们新婚的“三星在户,五世其昌”的喜庆联语,就出自《诗经》和《左传》。

古人计数往往用几道杠表示数目,后来又用算筹来表示数目,而算筹就是一根根细长的竹条或木棍。计数的算筹有这样的传说:秦末楚汉相争,有人劝刘邦将秦以前六国的后代都找出来,重建六国,借此力量一起攻打西楚霸王。刘邦也表示同意,可是与张良一商量,张良不赞成,就借助刘邦跟前的筷子当作筹码,认为建立六国后,力量分散,攻击面扩大,反而削弱自身。这么一算,刘邦大吃一惊,放弃了建立六国的想法。张良用筷子当筹码,这正是说明了古人运用筹箸计数的妙招。进一步纵观人的一生,就会发现无不与这些神奇的数字关联契合;大千世界,也被这些平凡的数字组合得精彩纷呈。数字思维,迄今无疑已成为国人的一种文化传统习惯。近几十年来人们又赋予了很多数字以崭新的寓意,创造了具有现代特征的数字文化。

第一节　平凡数字中的不平凡

1. 甲骨文中的数字

夏、商、周三代,数字符号逐渐规范。公元前 14 至 11 世纪的殷墟甲骨文卜辞中有许多数字。其中有 13 个记数单字,它们是:

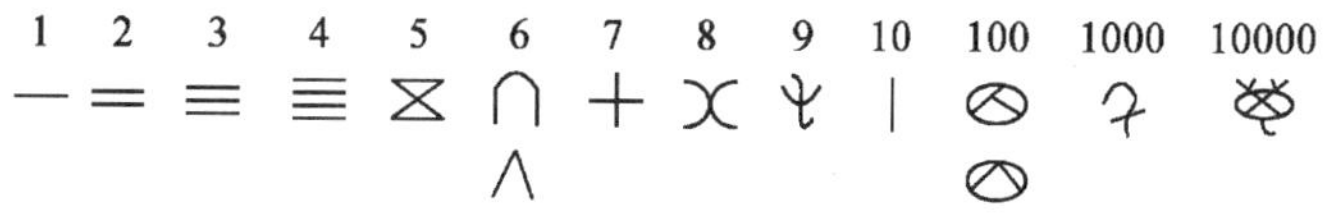

其中前 4 个是象形文字,其他几个多数人认为是假借字,如⋈是午,∩∧是入,+是切,)(是分,ᛉ是肘(一说像蛇形),ᛉ是虿,像蝎子。⊖是"一百",⊘是"一人"。

十、百、千、万的倍数用合文:

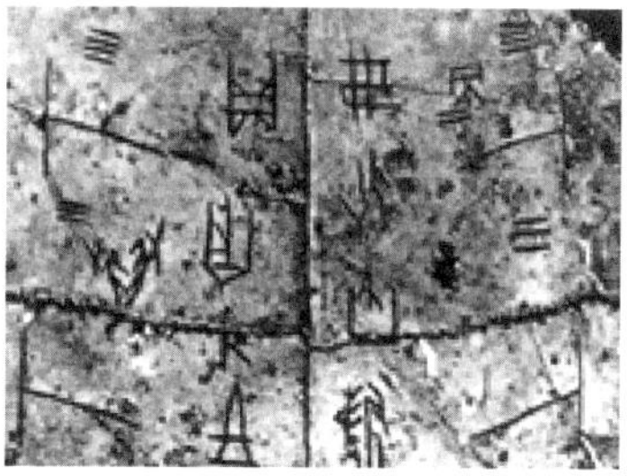
记数甲骨

分别表示:

20,30,40,50,60,70,80,200,300,400,

500,600,800,900,2000,3000,4000,5000,8000,30000。

甲骨文用 9 个数字与 4 个位置值符号,可以表示大到成万的任何自然数。甲骨文数字是十进位,已有位置值制萌芽。

甲骨文数字一到十是怎么来的? 有人认为甲骨文数字的写法,是古代货物交易时用的手势:买方希望一个好价钱,又不希望让别的买家知道价钱,所以买方和卖方在袖管里通过触摸对方的手势获得价钱信息。

甲骨文 1 至 10 的含义:

"一"字简单,东汉许慎《说文解字》解说"一"字:"惟初太始,道立于一。造分天地,化成万物。"一是宇宙之始,万物之源,大道之根。

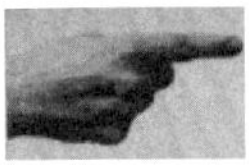
一（一）

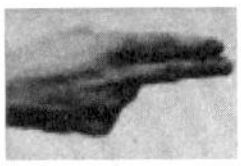
二（二）

三（三）

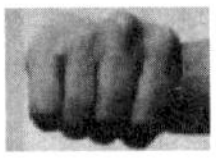
亖（四）

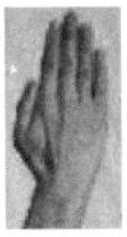
ㄨ（五）

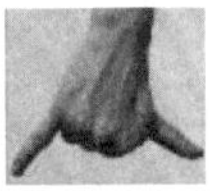
六（六）

十（七）

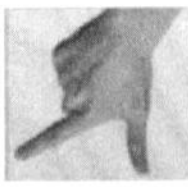
)(（八）

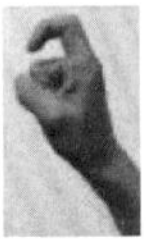
（九）

|（十）

“二”字上短下长，古代读“lì”。3000余年前商代甲骨文“丽”字是两只鹿，其后古代简化近似今“丽”字，意为“两鹿”。古代送礼品两张珍贵兽皮，谓之丽皮。“丽”即“二”也。

“三”字古代读“shēn”。篆文“参”字是三颗星，其下是声符。“参”字是古代白虎七宿中的参宿，即猎户座中的三星，冬夜可见，很亮。《诗经》的“三星在户”，就指参宿冬夜出现于正南方天空上。“参”即“三”也。古人最初只叫“三星”，后来造出“参”字，专指三星。

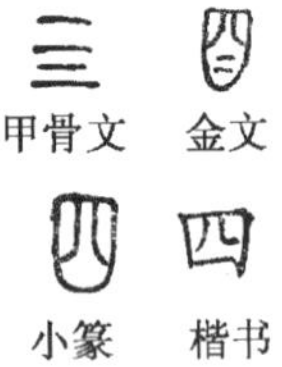

“四郊阴霭散，开户半蟾生。”这里的“四”字原为指事字。甲骨文“四”字，横画四杠。这样用了千年终觉不妥。该形体沿用到战国。允许四杠，就有五杠直到n杠，就不像文字了，于是写成了“四”。而“四”的本义是“呬”字，《尔雅释诂》：“呬，息也。”郭璞注：“呬，气息貌。”也就是说像鼻息的样子。后因读音的关系借作数目字用了，变为“从口从四”的形声字。又有一说“四”的本义遂隐。于是另造“泗”字，代表双龙出洞。《诗经·陈风·泽陂》中记载诗人荷塘遇美女，想得睡不着，“寤寐无为，涕泗滂沱”。“涕”是泪水、“泗”是鼻涕。

“花开五福”，“五”字为象形字。甲骨文中像两股绳索交错拧在一起的样子。《说文解字》：“五，五行也。从二，阴阳在天地间交午也。”“五”本义“交错”即两杠交叉，系远古巫术符号，表示有所禁止。这个符号至今仍沿用。如道路上禁止通行，池塘边禁钓等。“五”字本义为“禁止”，难怪古人迷信五月初五为恶月恶日或忤（wǔ，违反，抵触）月忤日。但当“五”字借为数字后，其本义被“午”所代替。如《仪礼·特牲馈食礼》“午割之”，就是纵横交错地割。

甲骨文“六”字，象棚屋形，原系象形字。甲骨文与金文很像房舍的侧视形，两旁有房檐突出。小篆已失去房屋之形。“六”字本义为房舍，也就是与“宀”是一个字。《诗经·小雅·信南山》：“田有庐，栅场有瓜。”“庐”指棚屋一义。田中棚屋，夏秋入住，为守瓜也。

《说文解字》：“六，从人从八”，后来“六”借为数字使用。

“七”字本为象形字。甲骨文是横切一刀、竖切一刀的样子，颇像今之“十”字，仅用于计数。《说文解字》：“七，阳之正也。”其实这并非“七”字的本义。“七”字本义为切，后人猜测应是刀割。篆文有些像横刀割庄稼，如秋收之刈禾。“七”的大写是“柒”，乃是“漆”字的异体。“七”与“漆”有关系。漆树取漆，必须用刀切割树身，开一小口，缓缓泌出液汁，滴注桶内。因为要切，所以名漆。后又假用为数字。如《庄子·应帝王》：“人皆有七窍。”古代把“七”作为一种文体，称为“七体”。

“八”字好解，就是“扒”字。《说文解字》：“八，别也。”象分别相背之形。由甲骨文“八”字联想到扒树皮，可以盖屋，但甲骨文与金文都表示一个东西被分成两半的样子。所以“八”就是“分”的意思。小篆中好像两个人背靠背的样子，所以也有“分别”之义。后来“八”当“分”的本义完全消失。同音假借当数字用，没有词义上的任何联系。“八”字是个部首字。在汉字中凡由“八”字组成的字大都与“分”有关，如“小”、“分”、“半”等字。

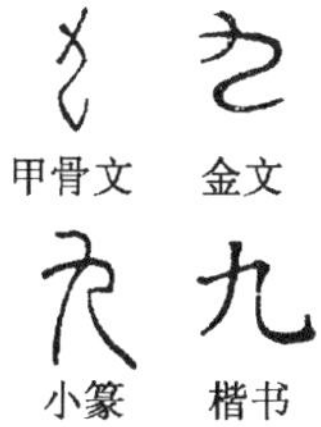

“九”这个字，原为象形字。甲骨文“九”左边就像虫头，右边像虫向上曲尾的形状。但也有人认为甲骨文“九”，可能是钓钩。金文的形体更像一条长虫上曲其尾。有人认为周代金文“九”上面是右手以三指表五指，下面弯曲者乃臂肘。诸家聚讼，各说不一。“九”大都泛指多数。屈原《离骚》：“虽九死其犹未悔。”也就是说：虽有多次的死亡，也还是不值得后悔。而《庄子·天下》“而九杂天下之川中”的“九”却与数字无关，是“鸠”的假借字。

“十”字是象形字。甲骨文中往往以一掌代表“十”，所以甲骨文中“十”也正是一掌的侧视影；金文中是掌的正视形，中间宽。《说文解字》：“十，数之具也。”这就是说：十数，是个很完备的数，又可引申为“完满具足”的意思，如“十足”、“十分”、“十全十美”等。古籍中有时也以“十”代“什”，那是杂取各种不同事物成不同样式配合成一个整体的意思。“十”又可作“什”的通假字。

公元5世纪起，印度数学家制定零的数学符号，在十进位中用一个点，后来改用圆圈，使多位运算大大简化。印度天文学家瞿昙悉达来华，唐开元六年（718）编撰《开元占经》一书，提到“九数进十，进入前位，每定位处，恒安一点”，未被中国采用。长期以来，中国用“□”表示定位。13世纪，中国开始用“0”定位。“0”的记载最早见于1247年秦九韶的《数书九章》。1978年商务印书馆出版的《现代汉语词典》把“0”归属于“难字检查表”一笔的部首，正式成为汉字的一员，并注释为“数的空位（同零），多用于数学中”。由此可以看出，它既是一个数字，也是一个现代汉字。“从0开始”、“0的突破”，现代用来说明某一事物从无到有或新的开始。近年有人根据《周易》把乾卦爻辞由文字表示转化为数字表示，成为数学二进位制。“零”与“0”字音相同，字义相似。但“零”并不等于“0”，因“0”在行文书写时，不作“零”使用。如“零件”不能写成“0件”，“零零碎碎”也不能写成“00碎碎”。

汉字中的数字“0”字，居然可以用来表示一封家书重要的内容，其中奥妙令人惊奇万分。20世纪60年代初，赵树理的儿子在晋南工作，家庭人口多，工资入不敷出，便写信给父亲要钱。赵树理收到信后，本想给儿子汇钱，可是自己的稿费和工资大多帮助文艺界有困难的友人了，一时手头也没有钱。于是他给儿子写了这样一封极为简短、却又十分幽默含蓄的回信：上款是“儿”；下款是“父”；正文是一个“0”字。儿子接到父亲的信，看后便明白了，他很了解父亲的为人，知道父亲准是又把钱拿去帮助他人了。

第二节　伟大的“一”字

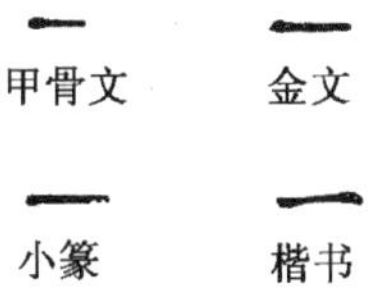

汉字是以象形字为基础的。

甲骨文、金文均作“一”，用一横画（即一根算筹状）来表示，是数字的开始，原始记数的符号。“一”的记数的本义，是很朴素简单的。

先秦时，诸子百家为宣扬各自哲学主张，都借“一”字大做文章。老子说：“道生一，一生二，二生三，三生万物。”这是说天下万物始于“一”，“一”字最重要。道、象、数、理，是一体的，人天相和，都是气之“一”的演化。《淮南子·原道篇》：“道者一立而万物生矣。”这里的“道”是指宇宙的本体，这里的“一”字是指宇宙最初形成时天地不分的混沌状态。《说文解字》的作者许慎据此这样解释“一”字，就是“惟初太极，道立于一，造分天地，化为万物”。“惟”是发语词，“初”指开始，天地未分之初。“极”，顶点。太极最初的顶点，因太极“谓天地未分之前，天气混而为一，即太初、太一”。“惟初太极”，是指天地未分的混沌时期、开天辟地之初、世界起源的意思。“道”，指道家所说主宰天地的天数、天道。“道立于一”，是指天道从一开始分化。按《周易》所说，“元气初分，气之轻清上浮而为天，气之重浊下沉而为地”，于是世界由一个混沌的充气中制造分解为天地，有了天和地就变化出万物。由此可见，一切的道理，一切的事物，都是从“一”发端起始的。所以道家《太平经》：“天数起于一终于十。”世界是从“一”（天道）开始分化的。

“一”字是个最小的自然整数符号，可当最少的整数。如“一人”、“一马”、“一枪”、

"一刀"等。李白《蜀道难》一诗中写道:"一夫当关,万夫莫开。"除表达自然数外,还可表示序数。

第三节 "二"、"两"、"贰"的区别

表示数目的"二"字,本义为数词符号,写起来简单,意思却不少。它可表示数目,一加一等于二;也可表示第二。战国李冰父子治水有功,在岷江桥上修筑著名的都江堰,所以当地人民在山上为他和他的大儿子修了"二王庙",用来纪念他们。后传说他的二儿子成了神,当地人民称二儿子为二郎神,二是指排行第二。由此"二"字引出了次一位的、副位的意思。

"二"字容易与"两"字搞错,其实,"二"、"两"字的读音、用法都不一样。"两"字读"liǎng","两"字的形体演化过程是:

（金文） （小篆） （隶字）（繁楷）（简化字）

《说文解字》中收有与"两"有关的两条字目:前者释为再也;后者为二十四铢为一。段玉裁注:"再者,一举而二也。"凡物有二,其字作前者。"两"者又作二十四铢之称也。今"两"字前者行而后者废矣。按此可知前后"两"字为古今字,其本义为数词的别称。凡计同类物二个即称两个。因此又引成双者称两。有时意思与"二"字相同,如辛弃疾的词:"七八个星天外,两三点雨山前。""两三点雨"即"二三点雨"。但是"两"字后面有量词时,只能用"两"字,而不能用"二"字。普通话口语里,"两个人"、"两头牛"、"两棵树",均不用"二"字。"两"字还可作为斤的十分之一,或表示几个,如"过两天",不一定真是两天,而是几天的意思,这都是"二"字所没有的用法。

"贰"字是"二"的繁体字,今以"贰"为"二"之大写字。"二"字笔画少易出错,由此有些场合,人们选用读音相同的"贰"字代替,如填写银行单据、邮局汇款、商业发票以及人民币上"二角"等均用"贰"字,一般不能用作数目。

古文

古旧书籍规范的写法中,它与"二"字也是有区别的。"贰"表示副职或者有二心等意思。

第四节　“三”字的两重意义

“三”字在甲骨文中是三条横杠,3000 多年来不变。它与“一”、“二”都是原始人类最简单的记数符号。《说文解字》:“数名,天地人之道也。于文一耦二为三,成数也。”段玉裁注:“数者,易数也。三兼阴阳之数言……老子曰一生二,二生三,三生万物,此释三之意。”所以“三”在古文字、古文献中总是指多数,于是“三”字有两重意思:本义为自然数与序数,它实指的数目。例如“三光”,指太阳、月亮、星星。“三军”,古代指上、中、下军;今指陆军、海军、空军。“三伏”,指初大伏、中伏、末伏。“三生有幸”,原系佛教语,今指前生、今生、来生,即过去、现金、未来三世都幸运,即说几辈子的幸运事,形容极难获得的好机遇。“三”字另一重意思是虚指,就是表示多数的略称。如:“大禹治水,三过家门而不入。”《论语》:“三人行,必有我师。”孟母“三迁”。其中“三”字,均指多的意思。此时“三”的用法与“三十六计,走为上计”中的“三十六”用法相同。《齐书·王敬则传》中记载:南北朝时,南朝齐明帝临死前,忽传大将王敬则造反的消息,朝廷震动。太子吓得准备逃跑,派人爬上屋顶眺望。突然附近征虏亭失火,下属误报王敬则打到此处,太子惊慌失措,仓皇出逃。此事传到王敬则耳中,王敬则嘲笑道:檀公三十六计,走是上计。你们父子恐只有快快逃走,才是上策。檀公,即檀道济,系南朝宋代名将,檀公三十六计,本指虚数,后人附会,又把走算作第三十六计。

甲骨文　金文　大篆　小篆　隶书　楷书

第五节　“百”字闲话

许慎《说文解字》中释为:“十十也。”又说:“百,白也。”因为古人祭祖时,一次需用一百头牛、一百头羊,要记录下来的话,古人找了一个同音的“白”字来代替。但后人没有直接用“白”字来表示百,而是用了“一白”的合文来表示“百”字。所以今天我们说“一百”时,实际上说的是“一一白”,“二百”是“二一白”。

甲骨文　金文

小篆　楷书

“百”字却大多用来虚指。《百家姓》一书，一共有472个字，就大大超过一百个姓。古代所称的“百官”，从中央到地方，大官小官加起来，就有成千上万的官员。至于人们口头常说的“百姓”，在战国以前，能称百姓的，一定要有贵族身份、有地位的才配有姓。“百姓”是战国以后才用来称呼平民的。和尚的衣服是靠串千家、走万户化缘而来的，所以称之为“百衲衣”，“衲”字是补缀的意思，零零落落的众多布片连缀起来的便是“百衲衣”。和尚穿百衲衣表示苦修行的意思。商务印书馆曾印过一套“二十四史”百衲本，所以称之为百衲本，因是商务印书馆用各种各样的善本拼凑起来的。

百寿图

当然，“百”字也有实指，指实实在在的一百。如“百子图”，画着一百个身穿各种衣着的小孩子。“百寿图”，写有一百种书体的寿字。“百五日”，是寒食节的别称，因从冬至算起，一百〇五日，叫寒食。至于“百”表示多的自然更多，如“百里挑一”、“百无一失”、“百无一是”、“百年树人”、“百年大计”、“百读不厌”、“百感交集”等。“百”字与“一”相对，更突出多的意思。

第六节　“千”千心结

甲骨文

金文

小篆

楷书

“千”字在甲骨文、金文、小篆中的写法相近。“千”字与“百”字一样，是人们记音的字，是一个“人”加上一个“一”字。人们记录着语言里“千”这个声音，和“一”字加起来表示一千。周代编定的《诗经》里，“人”和“千”两个字是在同一首诗里一起押韵的。隶书里的“千”字与原来的“一”和“人”字还较接近的。楷书里的“千”，已找不到原貌了。

“千”字常用于虚指，《千家诗》不是一千首诗，“万紫千红”、“千秋万岁”、“千丝万缕”、“千辛万苦”、“千方百计”等，均是极言其多。《战国策》里有个千金市骨的故事，“千”字却是实指。“千金市骨”的故事说：从前，有个嗜好玩马的国君，想用千金重价征求千里马。过了三年，仍无一点收获。这时，宫里一个职位低下的小侍臣，竟然自告奋勇地站出来说：“请您把这个差使交给我吧！”国君点头同意。不到三个月，这人果然找到了一匹日行千里的良马，可是当他要买马时，这匹千里马却死了。他思虑了一会儿，仍然花费

500 金，将死马的尸骨买了回来。他带着千里马的尸骨回宫向国君复命时，国君见是马的尸骨，非常生气，怒斥道：“我要的是活马，你买这死马回来有什么用？不是白费了 500 金吗！”侍臣笑道：“请国君息怒，金不是白费的。一匹死马您都愿意高价买了，这消息传开，人们都会相信您是真心实意喜爱良马的国君，而且识货，说话算话。这样，一定有人自己上门献马。”后来，不出一年，国君果真得到了三匹别人主动献来的千里马。“千”字的字义很多，《汉语大词典》中千字单项收录了 8 个。

第七节 “万”字是蝎子的象形

“万”字是几千年来计算数目的常用数字，为繁体字“萬”的简化字。如图所示，甲骨文中的“万”字，是呈蝎子形状。

甲骨文　金文　小篆　隶书　楷书

甲骨文、金文、小篆中“万”字字形略有差异，但蝎子的主要特征基本具备，均有巨首、修身、屈尾、触角前伸等。“万”字在卜辞里常用作地名，就有称“往万”、“在万”的。古人用蝎子作地名是与采用其他动物为名一样不足为奇的。《金文编》收录各种形体的“万”字多达 170 多个，而其基本形体却与甲骨文一脉相承，同是蝎子的形状。

金文中蝎子尾部都增加了笔画，并渐趋繁复，又和小篆十分接近。小篆中蝎子的触角与头部若即若离，而其尾部有了变化。

隶书中字形成了草字头中的一个田，下面有“内”了。值得人们注意的是，简化体“万”字，在战国时代已出现，古玺上的“万”字便是例证。汉魏南北朝的碑文里已常用“万”字，唐代《怀仁集王羲之圣教序》中出现了“万”字，宋代文学家苏东坡手迹中也留下了“乍寒万万自重”。

第八节 汉字谐音引起的狂热数字

1. “不三不四”的由来

成语“不三不四”的意思是形容不正派，不像样子。可是汉字数字不只“三”和“四”两个数字，为什么成语“不三不四”中偏偏选中“三”和“四”呢？史料记载，古人认为天为一，地为二，天地相加为三。“三”不仅作为一个数的概念，还作为事物整体的象征。所以宇宙中有“三才”：天、地、人；天上有“三光”：日、月、星；帝王中有“三皇”：伏羲、神农、黄帝；人中有“三曹”、“三苏”等。曹操、曹丕、曹植被称为“三曹”；苏洵、苏轼、苏辙被称为“三苏”。此外古代还有奏曲之法叫“三叠”，即古曲咏唱时将某句反复再三，著名的“阳关三叠”为我国十大古琴曲之一。在古今文学作品中亦有许多三部曲；汉字组合有三水成淼、三木成森、三日成晶等。关于“四”这个数字，古意则含有周全、称心，取谐音事事（四四）顺意之义。故有“四书”：《论语》《大学》《中庸》《孟子》；“四诗”：“齐诗”辕固、“鲁诗”申公、“韩诗”韩婴、“毛诗”毛公。此外战国有“四君”：孟尝君、信陵君、平原君、春申君；传说有四美女：西施、王昭君、貂蝉、杨玉环；元曲有四大名家：关汉卿、郑光祖、白朴、马致远；文房有四宝：纸、墨、笔、砚；文人有四艺：琴、棋、书、画。总之，古人多视“四”字为吉祥和称心如意之义。于是人们将那些不正派、不正经的言行斥为“不三不四”。

2. 神秘的“108”

在数字中的“108”，就是汉字数词的一百〇八。它和任何数字一样，都代表数目的多少，似乎没有什么特殊的地方。然而它与中国传统文化却有着十分密切的关系，含有神秘的色彩。它在古代有许多传说，并有文献记载。它代表吉祥如意，至高无上，甚至还含有可以驱除人生一切烦恼之意。佛教寺庙每年年底都要鸣钟 108 下。明代学者郎瑛在《七类稿》中解释为：“扣一百八声者，一岁之意也。盖年有十二月、二十四节气、七十二候，加起来正合此数（$12+24+72=108$）。”另有说法，唐代大智禅师怀海作《百丈清规》佛教典集，规定在昏晓二时鸣大钟 108 声，以“觉醒百八烦恼之迷梦”。所以每年年底敲响 108 记钟声，是按佛教仪轨，凡人在一年中有 108 种烦恼，只要“闻钟声”，便可“烦恼轻、智慧长、菩提增”。还有说法，108 响钟声表示一种自然现象，据此安排一年农耕；又有说法是怀念佛门 108 位长老，而佛寺寺僧的日常生活中如敲钟、念经、拨动佛珠，都是 108 遍，象征对佛的心意之诚。除夕夜敲钟 108 下，北京大钟寺、杭州南屏晚钟等都盛行。上海龙华寺，每年除夕夜敲钟 108 下，并由 108 名贵宾击打。古代建筑中如北京天坛下层拦板是 108 块，祈年殿每层石栏 108 根，沈阳东陵古墓有 108 磴，拉萨大昭寺殿廊的檐角排列着雕刻精湛的雄狮伏兽 108 个，青海塔尔寺大经堂内有直径一米的巨柱 108 根。保存北京雍和宫法轮殿内《大藏经》有 108 部；施耐庵的《水浒传》有 108 将，曹雪芹的《红楼梦》全书“情榜”人数 108 人。对此有人认为“9”是吉祥极高之意，而 9 的 12 倍是 108；再从 108 的谐音为“大家一齐发”，是个讨口彩的吉利话，难怪人们这么钟情“108”了。

第九节　数字的吉祥与忌讳

数字是人们在日常生活的言语交际中经常使用的文字。各民族在对数的运用过程中，认为数是神秘莫测的，因而也就把数字神秘化，赋予其神圣的性质。于是在人们的观念里，数字也就有了善恶之别和吉凶之分。

吉祥的数字一般是双数，结婚时忌讳选单日子，大概是怕有鳏寡之灾吧。广州春节家家必备金橘，它象征“大吉大利”，而在金橘市场上，那些标价两元八（谐“双发”）、八元八（谐“发发”）、十八元（谐“实发”，“实”在粤语中是“一定”的意思）等价格的金橘尤为抢手，正反映了人们对“八”这个数字的偏爱。特别有意思的是对电话号码和汽车牌照的关注，人们非常愿意要“八”和“六”，“八”与“发”音谐，“发”就是“发财”，多好；“六”是顺，“六”和“六”连着更好，“六六大顺”嘛！

1. 数九吉祥

“九”字是表示中国文化中吉祥的数字之一。在古代就有“尊九”之意、“尊九”之制。“尊九”指什么？因为《周易》八卦中以阳爻为“九”。古人视“九”无可匹敌，象征至高无上的帝王。故皇家重“九”尊“九”。《说文解字》释“九”：“阳之变也，象其尾曲究尽之形。”有人认为其原始意义是九头龙，其字是这种图腾物象的象形。由此“九”成了具有神秘色彩的数字。

以明清两代的城门设置来看，明永乐时建筑北京城，即置“九门”。紫禁城的房屋共计九千九百九十九间；天安门城楼，面阔九间。故宫角楼为九根梁，设柱二“九”。北海、故宫各筑九龙壁。紫禁城以及皇家园林、行宫的大门装饰用“九路灯”，每扇门的门钉纵横各九。定陵地宫的石门，也按“九”雕刻大石钉。颐和园十七孔桥，也是依“九”筑构的，那就是从中间的大石孔向两端各数去，正是“二九”，似二龙汇合。天坛的圜丘坛，更是一个含有无数个“九”的奇特建筑，连层石板、四周的石栏杆和台阶的数目，无不循“九”筑构。清乾隆年间，庆贺皇帝七十寿辰，内外王公、文武大臣、各级官员共造佛二千二百九十九个“九”，合计20691尊。清代宫廷年节大宴，包括水果、蜜饯、点心等，共计99品。清代皇帝过生日，举行大型娱乐活动，共九九八十一种节目，名曰“九九大庆会”。

“九”字与“久”谐音，往往带有吉祥的寓意。

2. 数字忌讳

从“一”开始就有忌讳，原因很简单，“一”是单数。所以在给结婚或者祝寿人家赠送礼品的时候，一定要禁止送单数，以寄予好事成双的愿望。对“三”和“四”的忌讳也很普遍，因“三”与“散”谐音。扬州人做寿也忌讳这个数，所谓男不做“三”，女不做“四”，指年龄的“三十”和“四十”。一层意思是“三十”和“四十”年岁不大，不应该做寿；另一层意思是“三”和“散”、“四”和“死”谐音，不吉利。林明峪《台湾民间禁忌》“婚嫁篇”说道，闽南语“四”与“死”同音，由“四”的语音联想到死之影响所及，迄今有的医院为顺应病家的心理忌讳，绝无第四栋楼或第四号病房；有的公共汽车没有四路，否则不就成了死路一条？游览车及旅店据说亦无四号。以上所说显然是人们对死亡的惧怕，故凡带“四”数都在禁忌之列。

“六”意味着顺顺利利，但湖北天门、沔阳一带，人们竟以为“六”是不吉祥的，做菜（特别是吃鸡蛋）、送礼物等数目绝对不可能是“六”。当地人读“六”为“禄”音，因而“六”有“满禄”，即“死”的意思，所以人们百般避讳。

年龄表示生命的长短，因此计算年龄的数字也就与生命有了瓜葛。有些数字因各种原因被历史赋予了凶祸的含义，我国民间在叙说年龄时即避免使用它们，以防危及生命。人们忌言“三十六、四十五、七十三、八十四”。人们以为“三十六、四十五、七十三、八十四”这些岁数是人的一大关口，究其原因，乃是出于对圣人和英雄人物的追念和崇拜。“三十六”是三国时期破曹操百万大军于赤壁的东吴大将周瑜的享年；“七十三”是被世代奉为“圣人”的孔子的享年；“八十四”乃是儒家另一大圣孟子的享年。因此人们认为这几个数字是人生的一大关口，连圣人都难以逃避的，一般人更不用提了，所以很忌讳这几个年龄，俗语中有“七十三、八十四，不死也是眼窝刺”、“七十三、八十四，阎王不请自己去”等说法。中原一带最普遍的岁数忌讳是四十五岁。据说这是与大清官包拯有关。《北平风俗类征·语言》引《朔纪》云：“燕人讳言四十五岁，人或问之，不曰‘去年四十四岁’，则曰‘明年四十六岁’，不知何所谓也。”而《汴梁琐记》则有解释：“汴地民间流传，老包（拯）奉命往陈州放粮，中途遇盗，乔装‘忘八’，逃出险地，幸免于难，其时正值包拯四十五这一年岁，必属厄运，因而忌言四十五岁，多改称四十四或四十六岁，以避之。”民间又忌“六十六”。民间以为六十六岁是老年人的一个“坎儿”，俗谚云：“年纪六十六，阎王要吃肉。”许多地方风俗老人六十六岁生日时，要由后辈给他包六十六个饺子（一般都尽量做得小些），如果能一次吃完，就预示这个“坎儿”能够平平安安地过去。河南等地，老人六十六岁生日时，闺女要送一块肉来，大概是为了还上阎王的债，客观上却是解了老人的馋，还了女儿的愿。关于岁数的禁忌，各地还有一些特别的说法。浙江湖州，凡年老寿终，恰遇八十一岁，便不能说出这一数字，俗谓九九八十一，财数算尽，后代有穷败之意。台湾忌讳岁数逢九，以为九岁、十九岁、二十九岁……九十九岁等为厄关，恐有病灾伤亡祸事发生。这是因为在古人的观念里，一三五七九为阳，二四六八为阴；九为阳数之极，物极必反，故认为是代表由盈而亏、由盛转衰的不吉数字。清人董含在《莼乡赘笔》里就说：“古人逢九，云是年必有灾殃。”所以民间忌讳岁数逢九。

忌讳的数字是因为人们认为它们对人有危险，不是孤独、离散、破财，就是临终、死亡，都是大不吉利的。它们的影响力至今仍十分强大，当今各大商场衣物上的标价，非“六”即“八”，反映了人们发财和长寿的良好愿望，也是人对自身本能保护的表现。但是，这类禁忌同样没有科学道理，完全是人们“心造的幻影”。

第十节　数字诗趣话

数字入诗，多种多样，其妙无穷。有咏自然景色的，也有表示相思、互答的。提到数字，人们可能会产生一种单调、乏味的感觉，但数字入诗，却别有一番情趣。

1. 司马相如和卓文君的数字情诗

数字诗犹如一枝奇葩，在我国古代诗苑中把数字诗写得最为精彩、最为感人的当推西汉大文豪司马相如的妻子卓文君。早在西汉年间，有一则脍炙人口的爱情故事。蜀郡（今四川）成都著名辞赋文人司马相如和临邛（今四川邛崃）富商卓王孙之女卓文君私奔，终于结为鸾凤大喜。

他们婚后不久，司马相如便辞别了娇妻赴长安做官。

新婚别后的卓文君，形影孤单，日夜思念，痴心地等待心爱的丈夫来信。可是一天又一天过去了，始终没有收到丈夫来信。她不禁想起了他们过去的一切……

司马相如从幼年开始，好读书，习击剑。汉景帝时出任武骑常侍（皇帝左右发布诏书的官职），但景帝不喜欢辞赋。当梁孝王和他的游说文士枚乘等来朝时，司马相如与枚乘一见如故，便称病辞官，客居在梁多年，曾写出了著名的《子虚赋》。后来梁孝王病逝，他只好回家乡四川。不料他经过临邛时，不久与卓文君一见钟情，便带了她私奔回了成都。

司马相如家境贫寒，与卓文君又回到临邛，卓文君当垆卖酒，相如穿犊鼻裤，又在市街上洗涤各种器物维持生活。卓王孙听到了这些消息，以为太没有脸面了，赶紧派了一百名僮仆，又带上了百万钱财，把相如夫妇带回临邛。

没有多久，汉武帝读到了《子虚赋》，十分赞赏，于是下诏召见司马相如，任命其为郎官。司马相如后又奉使西南，为沟通西南少数民族做了不少好事。

在家痴候的卓文君焦虑不安,这样苦苦地一直等了五年,终于收到丈夫来信。可是打开信封一看,卓文君不禁呆住了,来信写的只是数字:“一、二、三、四、五、六、七、八、九、十、百、千、万。”这些数字表明了什么意思呢?聪颖过人的卓文君当即明白信中用意,数字中就是缺个“亿”字,这不是丈夫对她已无“意”了吗?这时的卓文君悲愤至极,她含着泪水,给丈夫写了回信,让来人带去。

司马相如接到文君回信,打开一看,原来是卓文君用数字联成的一首诗:

“一别之后,两地相思。说的是三四月,却谁知是五六年。七弦琴无心弹,八行书无可传。九连环从中折断,十里长亭望眼欲穿。百般怨,千般念,万般无奈把郎怨。万语千言道不尽,百无聊赖十凭栏。重九登高看孤雁,八月中秋月圆人不圆。七月半烧香秉烛问苍天,六月伏天人人摇扇我心寒。五月榴花如火偏遇阵阵冷雨浇花端,四月枇杷黄,我心对镜心意乱。三月桃花随水流,二月风筝线儿断。噫!郎呀郎,巴不得一世你为女我为男。”

司马相如读了这封数字联诗的回信,羞愧不已。卓文君巧妙地连用的数由“一”到“万”字嵌入诗句,如泣如诉,如怨如慕,情深意切,感人肺腑,终于打动了心爱的夫君。司马相如越读越加惭愧,立即用驷马高车,亲自回乡迎接卓文君去长安。

2. 趣话数字入诗词

唐诗中以数字入诗的佳作甚多。陆龟蒙《奉和袭美暇日独处见寄》诗中写道:“三千余岁上下古,八十一家文字奇。”“八十一家”用作称赞诗文富有奇美的典故。诗中用来称誉好友皮日休的诗作富有文采。徐贵妃《进太宗》诗:“千金始一笑,一召讵能来。”杨师道《阙题》诗:“两鬓百万谁论价,一笑千金判是轻。”“千金一笑”指美人之美极为难得,又极有魅力,其中以数字一与千对比,十分鲜明。徐贵妃诗中指极难开颜一笑。杨师道诗中形容美人之笑的魅力。

宋代邵雍写过一首数字诗:“一去二三里,烟村四五家;亭台六七座,八九十支花。”这首诗巧妙地运用了“一至十”的数字,寥寥几笔便描绘出景色宜人的乡村画面。新中国成立前,有人有感于乘坐公共汽车的艰难,仿邵雍的数字诗,也写过一首数字诗:“一去二三里,抛锚四五回;上下六七次,八九十人推。”

元代有人写过一首散曲《“雁儿落”带过“得胜令”》,写的是人生凄苦,全曲用了22个一字,而不见重复,十分奇特。“一”字曲如下:“一年老一年,一日没一日,一秋又一秋,一辈催一辈,一聚一离别,一喜一伤悲,一榻一身卧,一生一梦里,寻一伙相识,他一会,咱一会,都一般相知,吹一回,唱一回。”

明代作家吴承恩有一首《咏夜景》的诗，意境十分开阔，见西游记第36回《心猿正处诸缘伏，劈破傍门见月明》，写到“师徒们玩着山景，信步行时，早不觉红轮西坠”时，吴承恩插入一首诗描写夜景：“十里长亭无客走，九重天上现星辰。八河船只皆收港，七千州县尽关门。六宫五府回官宰，四海三江罢钓纶。两座楼台钟鼓响，一轮明月满乾坤。”

清李调元的《咏月》诗写道：“十九月亮八分圆，七个才子六个颠。五更四点鸡三唱，怀抱二月一枕眠。”

清“扬州八怪”之一的郑板桥的一首咏雪诗：“瑞雪与芦花，大地真个是一片白茫茫。一片两片三四片，五六七八九十片，千片万片无数片，飞入芦花总不见。”清纪晓岚咏渔舟诗中与写道：“一篙一橹一渔舟，一个艄公一钓钩。一拍一呼一声笑，一人独占一江秋。”学识渊博的清代李调元，所作诗文，才华横溢，不假修饰，运用数字所写《咏美女》诗巧妙无比：“一名大乔二小乔，三寸金莲四寸腰。买的五六七包粉，打扮八九十分娇。”

清代沈起凤的《谐绎》中记载：扬州有个叫葛九的女子，早年沦落为妓女，不堪受辱，决定洗心革面，回家孝养父母。不久父母病逝，无力料理丧事，埋葬父母尸体。有个叫程振鹭的侠义之士，专门为葛九以“九”字作《金缕曲》，葛九把它装饰成一幅画屏。有人争相传播它，许多人为之动情捐款。《金缕曲》之一：“廿四桥头步，怪东风，等闲吹过，良宵十五($24-15=9$)。十年一度($10-1=9$)。数遍巫山峰六六，第三峰、留作行云路($6+6-3=9$)。双星照，七襄渡($2+7=9$)。”

“三三径里三生谱，倚花前，阑干六曲，三弦低诉。弹到六么花十八，一半魂销色舞。添一缕，谢娘眉抚($3+3+3=9$；$6+3=9$；$18-9=9$；眉，同媚)。卅六鸳鸯周四角，更二分明月三更鼓。且莫把，四愁赋($2+3+4=9$)。”

避“九”歌传说中，钱九公的孙女钱六姐，非常懂事，从来不在爷爷面前提起“九”字。有一天，张老九、李老九趁钱九公不在家时，找到钱六姐，让她给爷爷留下话：“张老九、李老九，相约明天九月九；炒上九盘青韭菜，九公去喝九盅酒！”然后他们偷偷地躲起来听。不久，九公回来，六姐便跟他说：“姓张姓李二七公，相约重阳喜相逢。扁葱炒上三六盘，邀爷去喝四五盅。”六姐机敏地避开了“九”字。

3. 有趣的数字联句

有数字对联如下：

上联：一叶孤舟，坐了二三个骚客，启用四桨五帆，经过六滩七湾，历尽八颠九簸，可叹十分来迟；下联：十年寒窗，进过八九家书院，抛却七情六欲，苦读五经四书，考了三番两次，今天一定要中。下联巧妙运用数字，生动地写出了旧时文人参加科举考试的苦衷。

4. 数字诗互答

据传，明朝时候，祝枝山与周文宾两大才子同去杭州，赶上元宵节，便一起上街看花灯。两人别出心裁，周文宾男扮女装，一同上了街。兵部王尚书的儿子王老虎，对周文宾这个“美人”一见钟情，将他抢到王府，强迫他与自己成亲。周文宾就是不答应，当晚被送到王老虎的妹妹王秀英的房间里歇息，没想到竟无意间促成了一段美好姻缘。在闺房里，王秀英作了一首诗：“百尺楼头花一溪，七香车过五陵西。六桥遥望三湘水，八载空惊半夜鸡。风急九秋双燕去，云开四面万山齐。子规不解愁千丈，十二时中两两啼。”

诗中用了半、一、二、两、双、三、四、五、六、七、八、九、十、百、千、万这些数字。周文宾对此诗大加称赞，也和诗一首：“百尺高楼四五溪，珠箪十六卷东西。二分明月三分恨，一夜相思半夜鸡。黄鹤高飞万丈远，红鸾新绣两双齐。春归八九愁千斛，七里山塘罢乱啼。”

诗中也嵌入了半、两、双及一至万的各个数字，可谓珠联璧合。

总之，数字文化是传统文化的一部分，大可以继承发扬。但如果一味迷信，甚至不惜走向极端，就会成为数字的奴隶，扰乱正常生活秩序，这是得不偿失的。

第九章　十字街头的文字琐话

在商品经济大潮中，十字街头的语言文字有了令人可喜的变化，充分表现出不同凡响的时代特性，透露出汉字深蕴的文化气息。但是，十字街头的广告牌、标语牌、店名招牌、楼盘名称与宣传语等，乱写错别字、滥用繁体字、胡造简体字的现象比较普遍；有些企业热衷于取洋名、洋字号，在营销活动中滥用音译词；信息技术产品中语言文字使用的混乱现象也比较突出。写正确每一个汉字，不让错别字再蔓延街头，改善我们的生活环境，也该从我做起，从我们写的每一个汉字开始。让我们行动起来，写好每一个汉字！

第一节　夺人眼目的绿色口号

随着绿化环境的改善，许多大、中城市绿化广场建成，那些形态各异、文字诱人的告示标牌夺人眼目。“芳草茵茵，踏之何忍？”这八个字分成两行排列，是手写的美术字体，一个反问句将简单的道理告诉了路人，并使路人产生了亲近感。有的草地旁还可看到那一块块修辞朴实而优美的告示牌：“绿草茵茵，踏之何忍”；“小草在生长，请勿打扰”。极具个性化语言，给小草的生命赋予了不同的色彩。有的告示牌，用的就是小草的语言：小草仿佛在微笑地告知人们，千万不要伤害它，人人保护有责！“青青的草，小心别踩着我们”；“小草微微笑，请您身边绕”这种拟人的修辞格文字用得十分贴切生动，而且具有音韵美，对保护草坪起了一定警示作用。有些直接而理性的告示牌也同样起到了保护绿化的作用：“践踏会使青草枯萎”；“善待自然环境，珍惜一草一木”；“绿色是生命之源”等。而且还有块告示牌醒目地写着“青草对践踏者说不”，语气那么坚定，文字也显得铿锵有力，不愧是干脆而英勇的宣言！

绿化与绿色紧密相关。近年来街头可以发现一批时髦新颖的绿色口号，不知从什么时候开始，绿色成了环保代言人，我们的生活被绿色重重包围。某家大型“绿色安全食品批发市场”开张营业，商场的货架上出现了“绿色食品”、“绿色环保免烫衬衫”等。房产商则大力宣传住宅的绿色含量，率先垂范，承诺给客户带来“绿色生活”。台湾木板商已向市场推出一种“绿色地板”，用起来像搭积木一样简单。旅游公司推出了“黄金周绿色休闲游”。北京市推出电话号码为“999”的“绿色生命通道”，并已开通。网络文明工程组委会制订“绿色行动计划”，将在全国创建100所“网络文明工程绿色学校”，网络文明工程“绿色电脑”也将随之诞生。有所医院推出推拿按摩各种颈椎病，不打针不吃药的“绿色疗法”，此外，甚至还有“绿色监理”、“绿色打印”等。保护绿色要让绿色名副其实，所以绿色也需要保护。但保护绿色，必须要真切地理解自然，切实地保护环境，而决不仅仅是一些诱人的商业广告。

第二节　引人注目的交通标语

上海市公交系统曾向群众广泛征集交通安全公益广告标语，这些广告语将走上了申城16条线路60辆公交车。最后入选的这三条标语是：“交通注重一分安全，生活增添一分安宁”；“无违章、无事故、5·25永远陪伴您”；“交通法规人人遵守，文明城市处处安全”。这三条标语是市民创作的，字字句句深入人心。标语文字朴实，却真诚地表达了他们的心愿。这样无形中就敦促人们更加关心交通安全问题。

交警和司机似乎存在不少矛盾。有这样一则笑话：几个跑长途的司机在一起聊天，大家对沿途交警的各种检查苦恼不已。有位司机想出了对付交警的绝招。他说：每次出车，不管装的是什么货，都封得严严实实，然后在车前头挂上一个大红标语——“向辛苦的交警同志们致敬”。想不到一句标语，短短的11个字就让交警态度发生了变化。标语中表达了对交警的问候，交警顿然感到了理解和温暖。而在公路上处处可见交警部门精心制作的告示标语：“司机同志辛苦了”；“安心驾驶，顺利到家”；“人人遵守交通规则，路路畅通家家平安”等。这些字句以交通管理部门为第一人称，以司机、行人为第二人称，不仅表现出善意规劝，强调了交通安全，而且改善了交警与司机、行人的关系，显得更为和谐亲密。

第三节　另类的饭店会所名字

如今在城市街头，大小饭店会所林林总总，数不胜数。随着市场竞争日趋激烈，有的饭店会所取名真可谓千奇百怪。

1. 哗众取宠的命名

上海体育馆下面曾有一饭店名叫“9 车间”。那里的环境就像一个大车间，车床、钳床、钻床分布在餐厅各个角落，包房一律以科室命名，比如“质检科”、“保卫科”、“材料科”、“供应科”、“销售科”，墙上标语牌有“步枪怎样打飞机”、“如何躲进防空洞”、“如何防止核辐射”等。那些装食物的器皿都是搪瓷的盆和碗。盛酒用的是搪瓷茶杯，杯上还印有“毛主席万岁”等标语式口号；吃的都是过去工厂食堂的招牌菜；食堂背景音乐大声放着“我为祖国献石油”。几年前，湖南长沙市有一家酒店新开张，挂出的大字招牌竟然是“拉登酒店”，旁边还配有飞机撞击世贸大厦的图画。据说酒店老板以拉登为店名是为了招徕顾客。舆论哗然，招来一片批评之声。无独有偶，陕西凤翔有一位青年农民开了一个蒸馍店，取名为“凤翔改改”，引起了一场轩然大波，闹到了法院。原来 20 世纪 70 年代时，有个弱智农妇名叫改改。改改不认识钱，竟认为 2 分钱比 1 分钱少。后来凤翔人就把改改当成弱智、死板的代名词。当地人骂人笨、办事死板，就会说：你笨得像改改一样。为此，用“凤翔改改”作店名，有人认为有损凤翔人的形象。好多饭馆酒店的名字起得千奇百怪，这样既能吸引客人，又容易记。但是，光名字奇怪也不行，必须好吃才能有好口碑。

2. 用课堂命名的美食会所

在北京西城区的新建胡同深处，也隐藏着这么一个跟 80 后有关的“神奇”之处。吸引顾客想来 8 号苑“上课”，这里的准入条件似乎还比较“苛刻”。晚间课堂分为三节课，每节课 90 分钟，客人被分为三拨儿，没有拖堂，也没有补课，电话预定满额之后即不再接收“学员”。课堂很小，一堂课最多容纳不到 30 人。上课前，每名学员必须拿出自己的身份证，只能是 1980 年 1 月 1 日至 1989 年 12 月 31 日之间出生的人，否则即被友好劝退。进入店内，映入眼帘的是贴满了奖状的两面墙，这都是顾客们在饱餐一顿后，给自己和朋友颁发的。店里的整体布局也是课堂的风格。收银台处是讲台和黑板，上面有校规、测验题、课程安排（营业时间），最上面还插了面小国旗；后面的黑板报花花绿绿的，大标题是“开学啦”；白墙绿漆，每个“课桌”上面都有一个课程，比如历史、化学、数学、语文；烟灰缸是变形金刚模样的，餐具是 80 后小时候的搪瓷缸、搪瓷盘等。餐桌也是课桌的模样，不过中间挖空了放电磁锅，木纹三合板的桌椅让人想起高中自习室的课桌椅，一张桌子配四把椅子，拥挤程度就像临考前一周的教室。旁边两侧的墙上，一面贴着诸如雷锋等人画像，另一面则贴着许多 80 后熟悉的动画人物，如圣斗士星矢、阿童木、一休哥、黑猫警长……

在店内一面红色的玻璃墙上，大大小小的黑色方块字点缀其间：“撒丫子”（溜走）、“瓷器”、“没六儿”（说得不靠谱，胡扯）、“拿搪”（耍大牌）……听说过的、没听说过的老北京胡同话都能在这里看见。在这里，称呼也有讲究，主管服务员是“老师”，服务员都是“大队长”、“中队长”。服务员们全是梳着时尚发型、戴着可人配饰的80后。8号苑目前只有一位店长来充当班主任的角色，而通过考试，成绩优异的食客便能当上“班干部”、“值日生”。要想办理学生证，需要做一张“考试卷”，上面有各种题目，非常简单，遇到不会的题目直接写“不会”就可以。大多数问题都是有关个人联系方式和店里发展意见的，填完交钱、拿证。学生证里面夹着中小学生守则和会员卡，班级是统一的“一年级二班”。会员卡可以用来订位、积分。

3. 用“人民公社”炒作的饭店

全国各省市冒出一批用“人民公社”来炒作的饭店或加盟店。在江苏南京市、无锡市、苏州市、太仓市，山西太原市，河北邯郸市，安徽合肥市等以此命名的饭店纷纷开业。如合肥宁国南路青年小区新开了家人民公社饭店，大红门头，旁边画着当年红卫兵的画像，上书“人是铁饭是钢，一顿不吃饿得慌”的标语，店名正上方还插着两面旗，红旗飘飘随风摇摆，远远望去煞是显眼。这家店是2013年5月份开业的，严格定义来说是家红色主题餐厅，从餐厅的外观和菜品特色来看，绝对算得上是合肥市区有特色的饭店。不过，对于拿“人民公社”来炒作的行为，网友们意见不一，有的认为很创意、很怀旧，有得则认为打着“人民公社”和伟人的旗号做噱头吸引顾客非常不妥……

“人民公社”合肥总店

餐具

进门处好大一面墙上印刷着收集到的毛主席在不同年代的签名，挺有意思。餐厅内的墙上也挂着一些“文革”年代风格的照片与宣传画。环境一般，有些陈旧，洗手间称解放区。菜名都是忆苦思甜式。餐具杯子搪瓷的占多，服务员全身打扮都是当年人民公社社员衣饰，给顾客的茶水居然用的是温白开水。

4. 起名"牛碧"的京城面馆

北京曾有家牛肉拉面馆引起不少市民关注。人们谈论的焦点并不是拉面的美味，而是该店取名叫"牛碧"，而这个"碧"字是脏话"B"的谐音。由于店名招牌特别大，因此"牛碧"两个字特别醒目。不少行人路过时都会看上一眼，并露出各种各样的神情。至于"牛碧"店名的来历，该店经理解释说："我们一直都是做牛肉面生意的，用'碧'字则是取'绿色食品'之意。况且这店名在上海用得好好的，没什么问题啊。"这家牛肉拉面馆竟然堂而皇之地把脏话变成了招揽顾客的店名。实际上，这不仅有碍于文字的规范化，而且宣扬了庸俗不堪的低级文化。根据《企业名称登记管理规定》第九条规定，企业名称不得含有可能对公众造成欺骗或者误解的文字。

第四节　怪诞的楼盘名称

高明的楼盘名称，应该融入对楼盘的地理位置、周边环境、风格品位、历史脉络、风土人情、总体规划等因素的通盘考虑，既有时代气息，又有文化品位。比如，具有典雅气息的"金谷园"，目标是广大工薪阶层的"万兆家园"，暗示闹中取静的"都市山庄"以及常见的以地段路名取名的"北园新村"、"东环新村"，地处绿城广场的"绿城花园"等。

有的房子建筑质量很糟，可楼盘的名称特吸引人。随着楼市竞争日益激烈，开发商和经销商的营销手段日益丰富起来。为了给商品房增加卖点，一些怪异的楼盘名称竞相亮相，争奇斗艳，无奇不有，不伦不类，问题多多。一是复古型。帝王崇拜性的名称："皇都花园"、"御景园"、"御墅花园"、"王子公寓"、"太子公寓"、"仙霞大郡"、"君临阁"、"君临天下花园"等。"皇都"应指帝王时代的国都，而帝王时代早已结束了一个多

怪诞的楼盘名

世纪了。"御"字也是封建社会里与帝王有关的事物。"王子"、"太子"总是与特权、威风联系在一起的。"郡"字是春秋至隋唐的地方行政域名，秦汉以后比县大，秦始皇统一全国后分全国为三十六郡。"仙霞"可能是地名，而"大郡"作为房产又作何解呢？"君临天

下花园”中“君临”，意指君主统辖其属地，《左传》中有“赫赫楚国，而君临之”之语。后来又引申为一般的统治，如曹植《责躬》诗：“受禅于汉，君临万邦。”购买“君临天下花园”的业主，有否想到其中潜在的含义呢?

另有复古兼西洋化的名称：“路易·凯旋宫”、“巴洛克宫廷”、“爵士大厦”等。宫或宫廷是指封建帝王的住所，极容易给人封建王朝内尔虞我诈、藏垢纳污，甚至有时还有刀光剑影的印象。有家房产商以“宫廷”命名的楼盘，居然打出“宫廷热线”的售楼电话呢！真令人啼笑皆非。再看“路易·凯旋宫”这个名称，“路易”两字容易让人联想到法国历史上的帝王，而“凯旋门”又是帝王用来炫耀对外侵略的战果的纪念性建筑。更令人莫名其妙的，有些楼盘的名称飘拂着朦胧的抒情气息，或不知所云的虚幻景象。例如“阳光星期八”、“艺术家城堡”、“水岸依云”、“爱琴海围城”、“中梁·天御”、“虹桥大仕馆”等。这些名称与人们居住的楼盘很难联系起来，有的是虚拟的，有的带有古旧、落后气息，有的真不知所云何义，“中梁·天御”就是个典型。“御”字与皇帝有关，又是在天上，更显得虚无缥缈。至于广取洋名的楼盘，更显不伦不类。如“欧洲花园”、“柏林春天”、“英伦美墅”、“东方剑桥”等，名称甚是洋派，似雅实俗，完全是名实难副，实际上只是运用外国地名做番号，招徕顾客而已。有些巴掌大的地方也被称作“广场”，针对社会上建筑物，特别是一些楼盘出现滥用“广场”、“花园”、“中心”、“城”等通名和一些崇洋、封建及格调低俗的名称的情况，1996年4月和7月，地名管理部门先后下发了《关于商住大楼和住宅区名称标准化的通知》和《关于加强商住大楼和住宅区名称管理并清理非标准化地名的通知》，对商住大楼和住宅区名称标准化提出十条具体意见，对命名为“大夏”、“花园”、“花园”、“城”、“中心”等名称的商住大楼和住宅区的占地面积、建筑面积、高度、绿化面积、地点等都做了规定，从源头上扼制了随意命名的现象。

第五节　商业广告中换字的庸俗倾向

近来，社会上在流行一些“错别字成语”，用谐音字和流行语来达到一种表意效果。这些不规范的商业广告用语表面上给人的感觉像一种玩笑话，可从内在意义上来说，容易让人产生误会，对于一些刚学汉字的小学生来说，影响是非常大的。另外，倘若外国人看了这些广告语，也会对中国的汉字产生误会。

1. “卖袜子”岂能写成了“卖妹子”

有个商人在一块招牌上写了3个字挂在店门口，不一会儿他就被警察抓走了，原来，他把“卖袜子”写成了“卖妹子”。虽然他再三为自己辩解，但依据法律程序，公安局仍要对他进行调查。生活中这样的例子也并不少见，不知大家留意过没有，街上贴的广告、在一些小店门前的广告板上总会有几个错别字杵在那儿。“芒果”的“芒”总会被写成“芝”，“西瓜”的“瓜”写成了“爪”。还有，快餐店的牌上，“餐”字总会写成“歺”，菜谱上，“马铃薯”有的还写作“马0焦”，让人看了半天也看不懂。文具店的“具”有的常会写少了一横。有家古玩店铺是经营古玩玉器的，挂出的招牌是“和壁”。这不仅写错了字，而且说明店主不了解“和氏璧”的典故。

2. 火红的换字广告

换字广告从前火过一阵，最近又比较多，有些店牌（包括横幅、宣传标语）是故意写错的，造成不好的社会影响。

例如，药品广告：“咳”不容缓（刻）；山地车广告：“骑”乐无穷（其）；补品广告：“鳖”来无恙（别）；眼镜广告：一“明”惊人（鸣）；钢琴广告：“琴”有独钟、一见钟“琴”（情）；空调广告：终生无“汗”（憾）；服装店广告：“衣帽”取人（以貌）；某蛋糕广告：步步“糕”升（高）；快餐店广告：“烧”胜一筹（稍）；洗衣机广告：“闲”妻良母（贤）；帽子公司广告：以“帽”取人（貌）；涂料广告：好色之“涂”（徒）；冰箱广告：制冷“鲜”锋（先）。这类谐音或换字商业广告中错别字的出现，影响了城市的声誉，反映出该城市的文化水平低下。我们要正确书写每一个汉字，不让错别字再蔓延街头，从而改善我们的生活环境。

第六节 “与国际接轨”下的语言文字弊端

1. 读不出来的数字分位

位数多的数字往往造成读数困难。需要先数清楚位数才能读得出来。于是数字分位符应运而生。汉语里数字序列是个、十、百、千、万、十万、百万、千万、亿，是万位分隔符，所以汉语数字每隔四位标一个分位符。例如 10,0000 一看就知道读作 10 万。西方人思维方式与我们不同，他们计数采用千位分隔符。英语数字序列是个、十、百、千(thousand)、十千、百千、兆(million)、十兆、百兆、千兆(billion)，没有“万”和“亿”这两个字，汉语的“万”英语念作“十千”，“亿”英语念作“百兆”，所以英语中数字每隔三位用一个分位符。例如“100,000”西方人一看就知道读作“百千”。本来是各行其道，井水不犯河水。但现在我们自发地与国际接轨，汉语的数字也按西方方式分位，将每隔四位数字打一个逗号改成每隔三位数字打一个逗号。甚至小学老师教学生也改成每隔三位数字标一个分位符，但要求学生仍按中国方式读数。这种盲目地仿效西方分位方式给 13 亿中国人制造了不必要的麻烦，我们还得先数清楚位数才能读得出来。一个国家的传统文化是很难改变的，尤其是像我国采用万位分隔符这种传统思维方式至少已有数千年的历史，根深蒂固，谁也改变不了它。其实，分位符问题很容易解决。我国应当恢复每隔四位数字打一个逗号的传统做法，仅在国内出版的西文出版物中采用西方的数字分位法就行了。

2. 没有必要将“斤”、“里”变成历史名词

市制计量单位“斤”和“里”等按规定应该在 1990 年以后废止使用，但是废而不止。这首先是因为人们日常生活中需要它们，再则是它们已和国际单位制接轨。在日常贸易中，一般说来一千克作为单位太大，所以商店里标出每 500 克多少钱；但人们说“买 500 克”、“买 250 克”很别扭，仍习惯说“买一斤”、“买半斤”。在农贸集市上更是广泛使用“斤”这一单位。美、英等国目前仍用英磅，一磅重 453.6 克；只有德国的磅重 500 克，等于我国的一斤。可见日常贸易中需要一个重 500 克左右的计量单位。同样，“里”在我国民间仍然使用。老百姓常说某地到某地有几里地，而不说有几千米地。我国许多重要历史事件和地名都与“里”字有关，例如“二万五千里长征”、“万里长城”、“三十里铺”、“十里屯”和“八里庄”等，我们没有必要将“里”字变成一个历史名词。从历史上来看，“斤”和“里”自古就有，而且是不断适应社会需要而发展的。据我国古书记载，在战国时期，一斤相当于现在的 250 克；到东汉、三国和西晋时期，一斤相当于 220 克；到南北朝的北周，一斤相当于 660 克；唐、宋、元朝基本上保持一斤相当于 600 多克的水平上；到明朝，一斤为 590 克；到清朝，一斤等于 596.8 克；到民国时期，一斤等于 500 克。新中国成立后，也是采用一斤等于 500 克，即两斤等于一公斤。据我国古书记载，周制三百步为一里。后据《正字通 · 里部》，“路程以三百六十步为一里”。据旧营造库平制一千八百尺(等于 576 米)为一里。新中国成立后，一里统一为 500 米，即两里等于一公里。足见(市)斤和(市)里已经和国际接轨。

3. 汉语新词语中竟包括“EMBA”

近些年来,汉语中使用英语缩略语已成为一种时髦。五花八门的英语缩略语不加任何注释,便理直气壮地频频出现在各类报纸杂志和电视节目中,大有泛滥成灾之势。最近一篇千字文,其中英语缩略语用了八个。一位美国教授只认识一半,并说其余的他需要回国查阅字典。许多这类缩略语,这里不妨列举一部分以飨读者。例如:“SDMA 的时代已经到来”、“尿液中 WBC 增多”、“营养素要达到 RDA 标准的三分之一”、“DIY 主义”、“DM 理论”、“DINK 家庭”、“IT 行业”、“SOHO 一族”、“男篮:中国 VS 美国”、“VIP 卡”、“三 A 革命”、“三 B 广告法则”、“3G 系统”、“4S 店”、“CBD”、“GDP”、“GNP”、“CPI”、“CBO”、“CEO”等。特别是去年媒体广泛报道有关特仑苏牛奶违法使用“OMP 添加剂”的食用安全性问题,六部委的专家们审查后认为该产品没有健康危害,但未给出“OMP”的中文译名和成分,老百姓仍是雾里看花,又怎样令老百姓完全信服这一结论?还有一个情况令人费解,教育部 2007 年发布的《中国语言生活状况报告》列出的 2006 年度 171 条“汉语新词语”中,竟然包括“EMBA”外语缩略语。笔者相信这只是国家语委专家们的一时疏忽,他们不可能将外语缩略语也视为“汉语新词语”,因为教育部对待汉语中使用外语缩略语并不赞同。教育部曾指出,全国的上星电视频道中有四成的台标书写不规范,需要修改;特别指出,央视 CCTV1 至 CCTV12 等频道完全使用英文是不规范的。教育部指出央视等台的台标不规范,是根据《国家通用语言文字法》,该法明确规定广播、电影、电视用语用字,公共场所设施、招牌、广告用字和企业事业组织名称应当以国家通用语言文字为基本的用语用字。毫无疑问,央视等台应当遵守。其实,解决的办法很简单。央视的外语台的台标用 CCTV,可考虑将汉语“中国央视”作为副标题;央视的汉语台的台标用“中国央视”,可考虑将 CCTV 作为副标题。

“VIP 卡”直接说成“贵宾卡”不是更好吗?“中国 VS 美国”直接说成“中国对美国”使人人都懂不是更好吗?其实,大部分英语缩略语都可以用汉语说。例如:“尿液中白细胞(WBC)增多”、“营养素要达到日最佳定额量(RDA)标准的三分之一”、“自己动手做(DIY)主义”、“决策(DM)理论”、“丁克(DINK,双收入、无子女)家庭”、“信息技术(IT)行业”、“在家上班(SOHO)一族”、“国内生产总值(GDP)”、“国民生产总值(GNP)”、“消费品物价指数(CPI)”、“首席执行官(CEO)”等。有人认为汉语中直接使用外语缩略语或外语词汇可以丰富祖国的语言,殊不知这样做有损汉语的纯洁性,使汉语变得不伦不类。只有将它们汉化才便于汉语吸收。一种方法是音译,例如“pump”开始译为“帮浦”,现译为“泵”,完全汉化了。另一种方法是意译,例如“laser”初译“莱塞”,后来钱学森先生将它意译为“激光”，表明是粒子受光或电的激发而发出的光，这个词也完全汉化了。

第七节　雾里看花的街头公示文字

1.“拨面馆”是什么?

街上经常可以看到有的店铺招牌上出现错别字。如一家“拨面馆”，把“拨”字写成了“拔”。所谓“拨面”，也就是将加工好的面片三到四层放为一摞，用双手持特制的双把刀，从面片的外侧，背朝里，刃朝外，呈45度角用力拨出，使之成为宽窄一致的棱形状面条。“刀拨面”乃山西一绝。拨面用的刀是特制的，长约60厘米，两端都有柄，刀刃是平的，成直线，不能带“鼓肚”。用这种刀拨出的面十分整齐，粗细一致，断面成小三棱形，条长半米有余。而“拔面”却不知所云，想是“拨”和“拔”形似而误写。比这更严重的是把“臊子面”大多写成了“稍子面”。“臊”读“sào”，指的是肉末或肉丁。臊子面是陕西关中地区的一种传统特色面食，有着悠久的历史，尤以岐山臊子面最为著名。岐山臊子面以薄、筋、光、煎、稀、汪、酸、辣、香而著名。它的特点是：面条细长，厚薄均匀，臊子鲜香，红油浮面，汤味酸辣，筋韧爽口，老幼皆宜。臊子面在关中地区有着非常重要的地位，在婚丧、逢年过节、孩子满月、老人过寿、迎接亲朋等重要场合都离不开。关中一些地方由于方言发音将“臊子面”读成“稍子面”，并由此影响到一些餐馆的名字。

以上两字如果细心，不难辨别正误，而使人难以辨别的也许是“羊蝎（xiē，木中蠹虫）子”和“羊羯（jié）子”了。都说“羊羯子”就是羊的脊椎骨，形状像我们常见的蝎子。既然像蝎子，为什么不叫“羊蝎子”，却叫“羊羯子”呢？字典上说：“羯”就是去了势的公羊，即骟过的公羊。又查“羊羯子”，却没有该词的记录。而继续查下去，却清醒地看到“羊蝎子”一词——羊蝎子，指羊的脊椎骨，因其形如蝎子而得名。于是一下子明白了：原来“羊羯子”的“羯”字实是一个天大的错别字。

2. 一批公示图片中的错别字

“骄子”与“娇子”

右边这本刊物展示的是各方面杰出人物的风采。既然如此，其封面上的“娇子”当是“骄子”之误。“骄子”本指受到宠爱的儿子，现在多比喻受到宠爱的人物。而“娇子”指的是少女，杰出的人物自然是“骄子”而非“娇子”。

疲劳“架”车?

这是一块交通指示牌。制作者的粗心实在令人惊讶不已:上一句“驾车”,到了下一句竟被误写为“架车”。原本温馨的提示,却令人捧腹。“驾”字,作动词指“驾驭、驾驶”;而“架”字,意指“支承”。

错位的“品位”

下面是某医院的广告。广告语显然说不通:“品位”是名词,“品位”健康人生,搭配不当。广告可能要表达的是“品味”健康人生,“品味”与“品位”不同,它既可作名词,也可作动词。

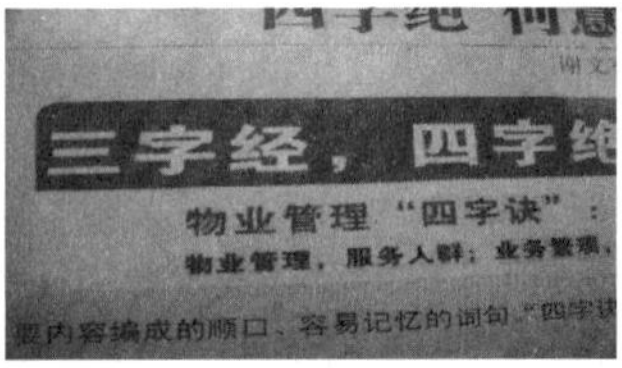

“簌”与洗有何干?

这某风景区拍摄的。“簌”字应写作“漱”才对。“漱”字的意思是含水冲洗口腔,如“漱口”、“漱手”等。“簌”字,常用作拟声词,形容风吹叶子等的声音,也可形容眼泪纷纷落下的样子。为此“簌”与洗有何干?

“四字绝”何意?

这是一栋物业大楼门口所拍的,用字非常混乱。上文红色底框,白字为“四字绝”,下面有一列小字却是“四字诀”。十分明显,“四字绝”是错误的。“诀”字的意思是口诀,指由事物主要内容编成的顺口与容易记忆的词句。“四字诀”指四个字一句的口诀。“绝”,即断绝,哪有什么“四字绝”呢?也许指绝句,而绝句又称截句、逝句、绝诗,四字一句,短小精悍。

“宁可”质疑

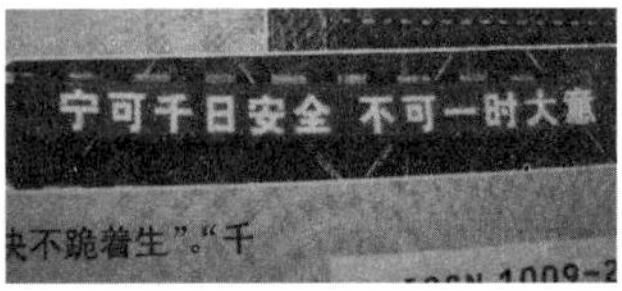

这则建筑工地宣传横幅上的“宁可”两字使用不妥。“宁可”表示比较两方面的利害得失后选取的一个方面,通常含有两害权衡取其轻的意味。由“宁可”引出的必须是可以比较的两项,并且通常是说话人都不愿意选取的,如“宁可站着死,决不跪着生”。“千日安全”与“一时大意”就无法比较,并且前者是说话人愿意选取的，不符合“宁可”的使用条件。

“阑尾”乎，“兰尾”乎？

这是某医院的户外广告。且不说手术阑尾是否属于下腹部手术；把“阑尾”误作“兰尾”，这是明显的差错。“阑尾”的“阑”字是残与尽的意思。“阑尾”因是人体内盲肠最末一小段，故名；“兰”是植物名，繁体字作“蘭”，与“阑”字形音相近，这可能误“阑”为“兰”的原因吧！值得一提，常见有人把“篮球”，误作“兰球”，也是形近而引发的。

家具店中错用的“俱”字，“俱”意思是“全，都”或偕同。而“家具”中的“具”字表示器具，音同而含义完全不同。

“混饨”中“混”应是“馄”字。“混”字指掺杂在一起。作为食品应是“馄”字。匾牌竖立在大门口，尤为引人注目，造成用字混乱。

“竖”与“坚”，形似而音义均不相同。“坚”、“竖”不分，明显是错字。达不到公益标牌宣传要求，造成极坏影响。

“守发”指什么？令人费解！“发”字应改为“法”字，“守法”，即指遵守法律。

“领”字与“邻”字音同义异，“邻里”表示邻居之间，而没有“领里”这个合成词。

“徒工”岂能变“徙工”？“徙”与“徒”字音义均异。

商业街上这家专卖糖尿病药品药店，误为专卖糖尿病，缺了“药品”二字。有谁敢上门呢？

汉字在几千年的运用中不断地向简明、丰富、规范的方向发展，用法律的形式确定普通话和规范汉字作为国家通用语言文字的地位，标志着我国的国家通用语言文字的使用全面走上法制的轨道，对于促进祖国的统一、民族团结、社会的进步具有重要意义。对于个人和单位来说，语言文字规范意识，是一种大局意识、社会责任意识，是公民综合素质的重要组成部分，十字街头文字中混杂现象，值得引起全社会的重视和关注。

第十章　汉字里探寻商业经济内涵

史宪文、史宪峰编著的《汉字里的商业秘密》写道："中国的每一个汉字都是一幅富有哲理的画"；"如一个'心'字，汉字给我们的联想和启发就深刻多了。'心'由三个点和一个勾组成，它似乎告诉我们，人要有一点'情'、一点'义'、一点'谋'，这就是三个点，这样你才能'斗'，这'斗'就是那个勾"；为此，"许多汉字能给我们十分丰富的联想，甚至文字本身就包含着十分深刻的哲理"，"把汉字资源利用起来，使之为理解、传播商业理念服务"。让我们选择一批蕴含商机的汉字试加探索，抛砖引玉，以引发大众的兴趣。

第一节　"钱"字牵涉众多经济活动

1. 析"钱"字

小篆

隶书

探讨商业秘密，可以从"钱"字开始，商业的最终目的就是一个"钱"字。企业要追求利润最大化，个人价值也习惯用"身价几何"来体现。可是，"钱"是什么呢？"钱"字左边是"金"字旁，表示黄金，右边是两个"戈"，表示两把"刀"，也就是说，要想获得"黄金"就得怀揣两把"刀"。古人对"钱"字的寓意，无非就是金钱需要依靠两把"戈"的争斗或保护。一出出残酷的争夺战和保卫战，这两把"戈"从来没有为"金"而停歇过。汉字简化之后的"钱"字真的十分微妙，双戈去掉了，换成了"戋"字，这又赋予了"钱"字新的含义：戋戋微物，淡泊金钱。但愿这世上少点拜金和铜臭，让人们不再为了钱而"同室操戈"。

金钱中这个"金"也有说道，上面一个"人"字，下面三横一竖两个点，就是说人要把三个本领竖立起来，两肋插刀地做事儿，黄金就来了。再看中国古代钱币，外面是圆的，里面是方的，“圆”代表着圆滑和尊重，“方”代表着方法和道理。中国人对外用儒家思想指导，圆滑是给别人看的，而内心修炼着老子的道学，所以儒教的“圆”和道教的“方”都具备了，才能干成大事。

金文　小篆　隶书

“金”字最早出现在金文里，由三部分组成：左边两点代表冶炼出来的铜块，右边由“今”和“王”字组成。“王”字是一种类似斧子的兵器，表示用铜块可以铸造兵器的意思，而“今”字却只是“金”字声符。“金”字的古义不是黄金而是五色金。见《说文解字》：“五色金也。”“五色金”指五种金属，白金是银，青金是铅，赤金是铜，黑金是铁，黄金才是真正的金子。由于黄金珍贵，很早作为货币流通，所以金也成了计算货币的单位。汉高祖把四万斤黄金交给陈平去施行反间计；孙叔通制定朝廷礼仪，被赏赐黄金五百斤；吕后遗诏赐诸侯各黄金千斤。

2. “钱”字由“贝”而来

甲骨文　金文　小篆

其实早在商周时代，人们就已开始使用贝壳作货币进行流通。最初是天然贝壳，为此以“贝”字为偏旁的汉字大多与“钱”字有关，如“贫”、“贱”、“财”、“货”、“贿”、“赂”等。

秦半两钱

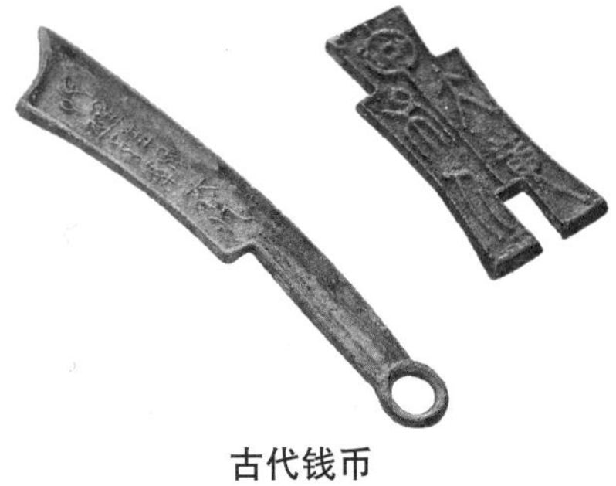

古代钱币

春秋战国时，诸侯各国铸有刀币、布币、蚁鼻钱等。秦始皇统一中国后，废除诸侯各国的货币，规定天下统一使用秦国的半两钱。半两钱，外圆中有方孔，象征天圆地方，具有“周流四方”的意义。而甲骨文、金文中早已有“贝”字，金文中“贝”字有的已经简化，有的变得富有装饰性。“贝”原是出产在南海的美丽贝壳，逐步流传到使用甲骨文的商代的人活动中心——黄河流域的中原地区。在中原地区，美丽又珍贵的贝壳，无法模仿制造，加上它体积小、重量轻、比较坚固、容易计数，又可用来充当信物、礼品，与他人交换物品，逐渐具备了货币的功能；商代人又采用象征的方法，创造了一个惟妙惟肖的“贝”字。而“贝”字又经历秦汉时期的篆、隶书体，才演变为今天的“贝”字。

3. “钱”的六大别称

“钱”自诞生以来，就成为人类生活中不可缺少的一部分。有人以为“钱”这个字眼过于粗俗、生硬、刺耳，便琢磨出很多委婉含蓄的名字来称呼它，有人甚至与它称兄道弟。于是，“钱”逐渐拥有了很多有趣的别名。

邓通

邓通是人名。据《史记·佞幸列传》记载，邓通没什么本事，因善划船，当了个掌管船舶行驶的小吏，时称“黄头郎”。有一天，汉文帝做了个怪梦，梦见自己要上天，使尽力气也上不去，有个黄头郎推他上了天。醒来后，汉文帝暗暗寻访，恰好见到邓通，认为他就是梦中人，欢喜非常。汉文帝赐他亿万财产，封他为上大夫。一次，汉文帝派人给他相面。相面者说邓通“当贫饿死”，文帝当即把四川严道铜山赐给邓通，允许他自行开矿铸钱，自此“邓氏钱”流行天下。而“邓通”也成了钱的别称。

阿堵物

南朝宋刘义庆《世说新语》记载了这样一则故事：西晋时，有个大臣叫王衍，崇尚玄学，自命清高，嫌他妻子贪财，始终不愿意说出“钱”字。但妻子偏要想办法逼着他说。一天晚上，王衍上床休息后，妻子命令婢女在床周围铺满钱币，使他无法下床行走。王衍早晨醒来，看见满地的钱币挡住去路，就叫来婢女，命令说：“举却阿堵物！”绝口不提“钱”字。“阿堵物”意为“这些阻挡的东西”。后来，“阿堵物”便成了钱的别名。

孔方兄

“孔方兄”始见于西晋鲁褒《钱神论》：“亲之如兄，字曰‘孔方’，失之则贫弱，得之则富昌。无翼而飞，无足而走。”把钱称为“孔方兄”，看作亲哥哥，此种人自然是重利轻义。南北朝时，知识分子自标风雅，认为直称“钱”俗气，便依据铜钱外形多为外圆内方，以及“钱”的字形（右边为两个“戈”，“戈”谐音“哥”），称之为“孔方兄”。此后，文人墨客纷纷沿用此称呼。北宋黄庭坚《戏呈孔毅父》诗曰：“管城子无食肉相，孔方兄有绝交书。”说明不能吃肉，是因为孔方兄与其绝交，无钱能买，戏谑中颇有情趣。

青蚨

“青蚨(fú)”是南方的一种昆虫,形状如蝉。据东晋干宝《搜神记》卷十三载:“南方有虫,名青蚨,形似蝉而稍大。味辛美,可食。生子必依草叶,大如蚕子。取其子,母即飞来,不以远近。虽潜取其子,母必知其处。以母血涂钱八十一文,以子血涂钱八十一文,每市物,或先用母钱,或先用子钱,皆复飞归,轮转无已。”当然,这是传说。后世商人以“青蚨”代称“钱”,取其循环往复、用之不竭、财运亨通之意。清光绪年间,山东商人孟洛川在北京大栅栏开办绸布店,据“青蚨”传说,取店名为“瑞蚨祥”。一些老银号和商家,春节贴对联,常用“青蚨飞入”字样,祝愿来年财源广进。晚清洛阳刺绣围腰荷包上,刺有“青蚨飞来”字样,亦取意于此。

上清童子

《博异志·岑文本》中记载了一件奇事:唐贞观年间,中书舍人岑文本,常到山中避暑。一天,有个自称“上清童子元宝”的人求见,两人谈得甚为投机。童子走时,岑文本起身相送。不料,刚走出山亭,童子忽然不见了。第二日,童子再次来访,岑文本派人暗中跟踪,童子在墙角处消失。岑文本十分诧异,当即命人掘地三尺,发现有一古墓,墓中了无余物,只有铜钱一枚。岑文本这才醒悟,原来“上清童子”是铜钱名,“元宝”乃钱。后世据此称“钱”为“上清童子”。李时珍《本草纲目》亦载:“昔有钱精,自称上清童子。”

没奈何

钱最奇怪的别名便是“没奈何”,顾名思义,其义为“无可奈何”、“没有办法”。此名来源于南宋张俊。张俊与岳飞等人屡立战功,后来他为保全富贵,投靠秦桧,还多方聚敛钱财。他担心家中招贼,将每一千两白银熔成一个大球,称之为“没奈何”,意思是谁也奈何它不得,连窃贼都没法偷窃。于是,“没奈何”也一度成为钱的别名。

钱除了上述几个别名外,还有“盘缠”、“不动尊”等其他别名。民国初年,因发行的银币上有袁世凯像,钱被称为“袁大头”;新中国成立后10元面额人民币面上印有“全国人民大团结”的图案,钱被称为“大团结”。如今,随着社会经济的发展,钱的别名仍在不断演变,例如陕西人将面值100元的钞票诙谐地称为“么洞洞”。

4. 人民币以“圆”还是“元”为单位

“圆”、“元”两字从何而来?人民币为什么以此为单位的名称?说来话长,15世纪末欧洲出现了用机器制作的圆形银币。这种货币成色划一,重量相同,形制整齐,以枚计算,很快传播到世界各地。明代万历年间,这种银币流入中国,并在台湾、福建等地小范围内流通,国人称之为洋钱、洋银、番钱等。由于是圆形,也称“银圆”。初期,人们仍根据传统使用白银习惯称分量，并不以枚计量。据资料显示，大约在乾隆初年，台湾等地开始出现以枚计量洋银，并用“圆”作为计量单位，一枚称“一圆”。清政府开始对洋银是持排斥态度的。但洋银仍在民间交易流通，鸦片战争后洋商洋货强行进入中国，洋银随之大量流入。1866 年英国殖民者在中国香港设立造币厂，铸造“香港壹圆”银币，正面是英女王头像，背面有“香港壹圆”字样，洋银的影响进一步扩大。光绪年间，两广总督张之洞力主用西方技术铸造西方形制的银币，终得朝廷认可。1889 年，银圆在广东铸造成功，深受人们欢迎。此后各省纷纷效之，银圆广泛流行起来。“圆”作为银圆的计量单位，也逐渐得到普遍的认可。1896 年北洋机器局所铸造银币的币面也铸有“壹圆”字样。1898 年，中国通商银行发行银圆票，票面印有“壹圆”、“伍圆”、“拾圆”、“伍拾圆”、“壹佰圆”字样。1910 年清政府颁布币制条例中规定：中国国币单位，定名曰“圆”，暂就银为本位。民国时期，流行最为广泛的是铸有袁世凯头像和孙中山头像的银圆，币值大多为“壹圆”，并铸于币面之上。

1935 年 11 月 3 日，国民党政府颁布币制改革方案，发行纸币法币，禁止白银流通，银圆因此退出交易市场。但法币仍用“圆”作单位名称。1948 年 12 月 1 日，中国人民银行发行第一套人民币，也采用“圆”为单位。

“元”来源于元宝。据记载，唐代开始用仰面似船、伏面似案的船形也称马蹄形银锭支付大宗商品，银锭逐渐流行开来。于是白银成为重要的流通货币。元代，朝廷用库银熔铸成重量为五十两的银锭，并名曰“元宝”，意思是大元的宝货。马蹄形的银锭，于是有了

"元宝"之称。马蹄形的银锭一枚常称一锭,也可称"一元"。清代袁枚《答秋帆制府书》:"才还山中,见案上手书及国宝四元。"句中的"国宝"即清代皇家银锭,"四元"即四枚,"元"是元宝的计算单位。清代光绪十五年(1889),广东以西洋造币法铸造的银圆,第二年铸造的铜圆,都取名"光绪元宝",并将此四字铸于币面之上。因为"元"是元宝的计量单位,"光绪元宝"一枚于是也被称作一元。"光绪元宝"铜圆上还铸有"每元当制钱十文"字样。此后银圆除了"圆"之外,也用"元"为计量单位。中国通商银行所发行银圆票中的最低票额,除了"壹圆"外也有写作"壹元"的。民国时期,孙中山像的银圆中也有"壹元"及"伍元"的。后民国的法币及新中国的人民币,均在使用"圆"的同时,也以"元"作单位名称。

5. "财"字是钱和物品的总称

甲骨文　金文　小篆　隶书　楷书

"财"字是个形声字,形旁是"贝"字,声旁是"才"字。《说文解字》:"财,人所宝也。"即"财"字指的是人们所宝贵珍视的物品,钱和物品的总称。我国古代风俗习惯娶媳妇时需用的财礼(彩礼),就是用钱或物品作礼物。史宪文教授认为:"财"字左边一个"贝"字,意思是财富;右边一个"才"字,意思是人才。这说明"贝"的外面是人才,"财"字里面还是人才——创造货币的是人才,取得货币的还是人才,财富的里里外外都是人才。财富的背后只有人才,这就是"财"字的根本含义。

6. 厉以宁谈生财的四个境界

在光华新年论坛上,经济学家厉以宁教授以一种独特的方式,对目前社会上流行的企业生财之道谈了自己的见解——挣钱、生钱、赚钱、来钱是生财的四个境界。挣钱是最辛苦的方法,"挣"字就是摊开一双手,只有参与到社会竞争中去,通过辛勤劳动才能有所得。生钱则不同,"生"字是一个平台上的一头牛,牛市牛市,意思是要上市。赚钱又上了个层次。把"赚"字拆开来,左旁"贝"就是钱,"兼"意味着兼并,就是说只有兼并才能做大,才能有钱。来钱是最高境界,"来"字的繁体字中间是个十字架,表明企业要有一定基础才能扎实,另有三个"人"字,表明能把人才罗网到一起自然就来钱。厉以宁教授巧妙地把"挣"、"生"、"赚"、"来"四个字拆而释之,阐明了自己对企业生财之道四种境界的理解。

第二节 “信”为商业经营立身之本

“信”字，左边为“人”字旁，右边为“言”字，意为言而有信。《诗经·卫风·氓》中写道：“信誓旦旦，不思其反。”“旦旦”两字，表示诚信忠实的样子。

金文　小篆　隶书　楷书

《论语》中孔子论述“诚信”的名言甚多。如：“吾日三省吾身。”“与朋友交而不信乎？”意思是与朋友交往是否诚实呢？又：“子贡问君子。孔子曰：‘先行其言而后从之。’”意思是说，对于您要说的话，先实行了，再说出来就可说是个君子了。《论语·公冶长》中，孔子曰：“始吾于人也，听其言而信其行。”意思是说，开始我对于别人，听到他的话，却要考察他的行为。古人特别重视“诚信”两字。有一次，子贡问及孔子政治，孔子说：“有足够的粮食，有足够的军队，老百姓信任国君，就可以了。”子贡说：“如果万不得已，要去掉一项，先去掉哪一项呢？”孔子说：“去掉军队。”子贡说：“再不得已，要去掉一项，先去掉哪一项呢？”孔子说：“去掉粮食，自古以来，人总有一死，但是没有老百姓的信任，国家就不能成立。”

《吕氏春秋》中说过：“天行不信，不能成岁；地行不信，草木不大。”意思是说：上天的运行如果不准时，那么年岁的计算无法进行；大地的运行如果不按期，那么地上的草木就不能顺利生长。《吕氏春秋·似顺论》中有则“吴起立信”的故事：吴起治理西河时，想向百姓表明自己守信，就派人在南门外竖一根木柱，对全城老百姓说：“明天如果有谁能把南门外的木柱扳到，就让他做长大夫（爵位、官阶称号）。”直到第二天天黑，也没有人去扳倒木柱。人们纷纷议论说：这话不一定是真的。终有一个人说：“我去把木柱扳倒试试，最多得不到赏赐罢了，有什么妨碍呢？”他就跑去扳倒了木柱，并报告吴起。吴起亲自接见他，并任命他为长大夫。从此之后，百姓相信了吴起的赏罚。这真是“言必信，行必果”的实例，这对人们包括一切从事经营商业者来说，应有很大的启发。任何许诺必须兑现，否则必然失信于民。

由此类推，商业经营中更需要以“诚信”两字为本，才能受到广大消费者青睐。《瞭望》2006 年 48 期中有篇评论文章指出：“当前应大力关注诚信。”今天社会交往和经济生活中诚信缺失现象，令人深为忧虑。应戒除不诚信行为，社会才有希望。

第三节 “贿”、“贪”乃败身之源

1. “贿”字本指个人财物

小篆　　隶书

最早出现在小篆中的“贿”字，左边的“贝”字是形旁，表示这个字的意思是与财物有关；右边的“有”字是声旁，系古代读音。《尔雅》《说文解字》中，“贿”字都解释为“财也”。“贿”字本指个人私有财产。太平天国总理政事的干王洪仁玕（gān）的《资政新篇》里用了“贿”字。他规定太平天国官员，除了额定的俸禄外，凡是私自取求“民贿一文”的，依法严处。“民贿”，指的就是老百姓用来行贿的财物。“行贿”，就是用财、物企图换取对方掌握的权力来为私谋利，从而害国、害民、害集体。

据史书记载，我国历史上公开行贿事件不胜枚举。如：春秋时期，晋国派大夫将宝马、玉璧送给虞国，请求虞国允许晋国的军队在虞国境内通过，以便于去攻打虢（guó）国。虞国国君贪图财物，接受了财物，答应了晋国的请求；还主动出兵相助，一起攻陷虢国首都下阳（今山西平陆县东北）。

2. “贪”字表现出人的非理智本性

“贪”是个形声字，上面一个“今”字，表示今天，下面的“贝”字是形旁，表示这个字的意思与财物有关。所以“贪”字的意思是“把本当日后获得的钱财，现在一下子就全揽入怀中了”。其实，按照“贪”的汉字含义，所有的人都可能发生“贪”的行为。比如，一个工人为了多挣钱，结果却劳累过度，病倒了，一周不能上班，这种情况就属于“贪”。

小篆　　隶书

在《诗经·大雅·桑柔》中，“民之贪乱，宁为荼毒”，意思是说，人们被迫来作乱，宁愿逃出那毒祸。其中“贪”字，指贪心。《说文解字》：“贪，欲物也。”这是指对财物的欲望过大，超出了常理，当然是“贪”了。《吕氏春秋·慎大览》：“桀为无道，暴戾顽贪。”汉代学者高诱的解释是：

“求无餍足为贪。”《战国策》记有一个讲“贪”的故事“冯谖客孟尝君”，迄今对人们仍颇有启发。齐国有位名叫冯谖的人，生活贫困，养活不了自己，他让人转告孟尝君，说愿意到孟尝君门下做食客。孟尝君问：“冯谖有何爱好？”回答说：“没有什么爱好。”又问：“他有何才干？”回答说：“没什么才能。”孟尝君笑了笑，说道：“好吧。”就收留了冯谖。那些手下的人因为孟尝君看不起冯谖，所以只给他粗茶淡饭。过了没多久，冯谖靠着柱子，用手指弹着他的佩剑唱道：“长铗啊，咱们还是回去吧，这儿没有鱼吃啊！”手下的人把这事告诉了孟尝君。孟尝君说：“就照一般食客那样给他吃吧。”又过了没多久，冯谖又靠着柱子，弹着剑唱道：“长铗啊，咱们还是回去吧，这儿出门连车也没有！”左右的人都笑他，又把这话告诉了孟尝君。孟尝君说：“照别的门客那样给他备车吧。”于是冯谖坐着车子，举起宝剑去拜访他的朋友，并且说道：“孟尝君把我当客人一样哩！”后来又过了些时，冯谖又弹起他的剑唱道：“长铗啊，咱们还是回去吧，在这儿无法养家。”左右的人都很讨厌他，认为这人贪心不足。后来孟尝君还是满足了他的要求。事实上，冯谖在后来表现出了卓越的政治识见和才能，此为后话。而“贪”字在商业领域中无疑是企业发展的瓶颈，值得人们引起足够的重视。

第四节　商业应用汉字趣话

1. 商业广告中的古体与今体字

商业广告的文字变动，包括文字书体、字体形状、字体色彩等变化，精彩纷呈，引人入胜。

汉字演变过程中所产生的各种形体，由于历史的原因和文化的积淀，它们在商业广告中具有特定的表现功能和审美情趣。

有家酿造厂生产了一种名为“西汉美酒”的新产品。其广告词为：“本酒使用2000多年前马王堆西汉古墓出土的古典配方，运用现代科学技术精工酿造，风格古朴，历史悠久，口感纯正，奇香四溢，是不可多得的宴客佳品。”广告的标题“西汉美酒”使用了颇具金文意味的字形，以显示出其悠久的历史和文化价值。

某地药厂生产的“中风回春丸”、“华佗再造丸”、“古汉养生精”等名称均用隶书书写，顿然给人们感到其字体温厚敦仁、中庸平和、诚实可信。隶书从字形上看，字体扁平，笔画平

直方折，具有波势。从审美情趣上看，隶书显得成熟、丰满、稳妥，大方之中又带有一种温柔、平和的韵致。广告标题、商店名称、商品品牌经常使用隶书字体，这与我们汉民族的传统审美价值取向是分不开的。

楷书及其印刷变体是现代广告中使用频率极高的字体，除了正楷以外，楷书的印刷变体有宋体、仿宋体、黑体等多种，并具有不同的美学风格。某地三大商业百货公司，为了促进母亲节的销售制作广告，由于各自的广告受众目标不同，三幅广告的标题各自选择了不同字体。第一家采用长仿宋体："妈妈，请接受我真诚的祝福！"由于采用长仿宋体，显得清秀端庄，俏丽洒脱。第二家广告的标题是："妈妈，我爱你！"用的是稚气十足的手写体。这是以儿童以及他们的母亲为受众的，特定的鼓动对象，决定了字体的选择。第三家的广告标题是："累了吧，孩子！"广告选择了隶书，显得丰满、圆润，体现了一种成熟、温柔的韵致。

2. 商业广告中的繁体与简体字

当人们看到繁体字时，十分容易和传统、儒雅、古色古香等文化意蕴联系起来。某地出产的陆公酒，其广告标题使用的就是繁体的"陆公酒"三个字，再加上广告画面上印有南宋爱国诗人陆游歌颂与前妻爱情生活的《钗头凤》一词的手稿，更显得古典儒雅而富有温情。

但广告中滥用繁体字的现象值得注意，作为广告文字，应严格遵守国家的语言文字法规定，严肃认真地使用经济、高效、规范的简化字，有限制地使用繁体字。

3. 商业广告中的手写体与美术字

手写体与美术体也是汉字形体的两种表现形式。手写体包括行、草、隶、楷、篆等书法体式以及名人手写的各种字体。美术字体则是为了表达某种特定情绪、内容，达到特定的交际目的而对文字的点画进行各种艺术加工处理后形成的字体。

手写体在广告中常用来表达一些信息层次比较高的广告内容，如广告标题、口号、商标的名称、广告内容的重点特征语言等，并十分讲究富有个性特性的笔法、笔势和笔意，为此往往能取得较好的广告宣传效果。上海大众汽车公司，为宣传桑塔纳新型轿车，曾制作和发布过一幅构思独特、创意新颖的大型平面广告。除了占据较少面积的汽车照片、商标和附文之外，整个广告就是一个特大的“趣”字。这是请书法家程十发书写的行书字。

“趣”字笔力圆活，结构灵巧，让人看后容易产生特有的艺术趣味。它既是这幅广告的标题，又是这幅广告的主题，突出了这样的信息：人们购买和乘坐这种新型的轿车，会产生一种奇妙的意趣。而美术字体的广告语言中，既有直接的表达功能，又带有极强的装饰性。

同一幅广告中，字体形状的选择，应按具体情况而定。字体不宜单调呆板，又不应变化太多。某市广告事务所，成功地以汉字字形变化为手段，创作了一幅内涵深邃的爱心助学的公益广告作品。广告以木版印刷的古书《百家姓》与在校贫困生的照片为材料，其《百家姓》中姓氏的名称全用楷书字体印出，而《百家姓》书中部由两个巨大的字——“中国”照盖。这表达出“百姓本自一姓，百心同系一心”的深邃、含蓄的内涵。广告中部的“中国”两字，表达了在校贫困生是中国人的后代，我们民族的未来和希望。我们应解囊助学，人人献爱心。

4. 商业广告中汉字字形的变化

汉字字形的变化，即商业广告中在文字的笔画及形体上变化，改变其形状，让人意会到其中的内涵；可以变为与表达事物相像的图符之类，从而使广告的文字呈现出新异突出的形式，以表达出广告作品所要表现的主题和诉求的内容，给读者留下深刻的印象。某市广告公司宣传有抗癌作用和增强人体免疫功能的饮料——中华杏茶。其广告标题“中华杏茶”四字，除“杏”字以外其他三字是用黑色仿宋体排印，显得庄重、大方。“杏”字不仅改变了颜色，而且形体变成了古象形字。上面的“木”字呈绿色，似杏叶；下面的“口”是红色，如杏子，也是将汉字字形、笔画结构异化的实例。“杏”字变化之后，广告中透露出这样的信息：中华杏茶是属于具有中医中药的性质、富有古老传统中华医药疗效的绿色食品，具有良好的医疗保健作用。为此，这种字形变化的表现手段比一般的用字方式，在增加信息量和提高表现效果方面显著不同。

此外，广告文字笔画的增减、字体的凸现等变化，都具有独特的效果。

5. 字谜走进商业场所

早在宋元时，商人就已经开始用字谜来包装商品，吸引顾客。当时流行的一种镜子，

如钟样或杏叶样，镜背有三句字谜：“一生有十口，前牛无角，后牛走口。”宋代姚宽《西溪丛语》卷上亦写道：“近见一镜，如钟样，鼻有大环，有隶书云：‘一生有十口，前牛无角，后牛走口’十三字，下有一虎。其恐‘甲’字也。”宋代周密《云烟过眼录》卷四，亦加证实这个有趣的字谜：“赵德润藏，杏叶样，背有大铁环，乃挂镜也。上有铭云：‘人有一口，前牛无八角，牛口走’殊不可晓。下有一牛转头，前有草一丛，下篆‘辟祟驱邪’，两边亦有字。细考之，乃‘丙午造’三字。其下牛与草，必寓年号耳。”

近年湖南出土一件类似上述的铜镜，桃子形，镜背内一双线长方框，框内上方有楷书三行：“人有十口，前牛无角，后牛有口走。”三行下有个小方框内有一牛吃草。最下面篆文“避祸去邪”，双侧篆书各一行：“轩辕维法造丹药，百炼成功德者昌。”谜底说法有二：一是人有十口，指“甲”字，前牛有口，即“午”字，后牛有口走，即“造”字。即“甲午造”的字谜。另一说分别把第一、二、三句解释为“古人”、“手”、“造”，即“古人手造”。

1940年广西桂林开了一家川菜馆，店主人特地请文坛老作家端木蕻良精心制作了一幅字谜，放在灯笼罩上，高悬在店堂内：“文”字旁附诗一首：“未到巫山已有情，空留文字想虚名；可怜一夜潇湘雨，洒上芙蓉便是卿。”以字谜做广告，招徕顾客，店主在菜馆门口张贴了一张大红纸，上面写道：“本主人字谜候教，猜中奉送川菜一桌。”可是许多人都未猜中，后被有个叫陈开端的人猜了出来。谜底是“晴雯”，“情”谐“晴”，是“无雨”，“雯”字去“雨”，便是“文”字。以上均属字谜中的离合、谐音法。此类字谜看似一种娱乐形式，实际上无非是增加一点商业的吸引力而已。

第十一章　姓名文字撷趣

中国人的姓名是用汉字记录的，人们常常利用汉字的特点，给自己的姓名增加艺术品位与趣味。

第一节　中国姓名文字溯源

唐代刘𫗧《隋唐嘉话·补遗》中有这样的记载：左史东方虬（qiú）经常说："二百年后，乞与西门豹作对。"这位东方虬为自己的名字，能与战国时代政绩卓著的政治家西门豹的名字恰好构成一副对联而自豪。南朝宋裴松之注《三国志·董卓传》引《英雄记》曰："时有谣言曰：'千里草，何青青。十日卜，犹不生。'"这是当时民间利用董卓名字做文章，向董卓发出的诅咒。"董"字拆为"千里草"，"卓"字拆为"十日卜"。姓名在汉字中可运用拆字或组字等各种方法，表现出中国姓名文化独具的特色。它具有长期积淀起来的博大精深的文化底蕴，应是中华民族文化重要组成部分。

1."姓"、"氏"的融合

"姓"、"氏"两字，在上古时期所含的概念是不同的。"姓"表示一个人的血统，指血统的来源；而"氏"则是姓的分支与发展，亦即子孙的血统来源。到了春秋末年以后，由于礼崩乐坏和战乱的影响，"姓"与"氏"之界线逐渐变得模糊不清。

公元前1046年，周武王推翻了殷商统治，建立了西周王朝，我国姓名习俗也随之出现了新的变化。"姓"成为家族的标记，而"氏"就是姓的分支；"姓"仅用为家族的族号，"氏"则开始和人名连称。例如春秋时期的单氏单名：孔丘、冉求、伍员；单氏双名：仲子崔、伯州犁；复氏单名：公冶长、少正卯；复氏双名：司马穰苴（ráng jū）、仲孙何忌。

孔子像

战国以后，姓氏合一、姓名连称成为全社会的习惯，因此我国古代是先有姓氏，而后有名、字和别号的。秦朝统一天下后，虽“公族亦无议贵（官僚贵族）之律，匹夫编户，知有氏不知有姓久矣”。此后的人们有时称姓，有时称氏，有时姓氏并称，开始姓氏合二为一了。

最早的“姓”字出现在商代卜辞里，已有由“女”、“生”两部分组成的形声兼会意字。从形声字来看，女旁显然是表示它与女性有关，“生”字则有繁殖之义。从会意字来看，显然是在说女之所生即“姓”。“姓”字从“生”，在上古时期姓写作“甡”或“生”、“眚”（shěng）字。“姓”写成“甡”字，主要见于商周时期。至春秋战国时又被简化为“生”字。“生”字，《说文解字》：“象草木生出土上。”《尚书 · 舜典》孔颖达注疏中解释说：“生，姓也。别其姓族，分其类，使相从。”此后，“姓”字又由“生”字演化为“眚”字。而“眚”字由“生”和“自”两字组成。“生”就是姓，“自”则是“鼻”字的本字，古代有初、始之意。把“生”和“自”合为一字，共同表示的“姓”字的含义，与“女”、“生”二字组成的“姓”字含义完全相同。人类在远古的原始时代，是母系氏族制。在古代母系氏族社会里，“未有三纲六纪，民人但知其母，不知其父”。《说文解字》作者许慎曾这样说过：“姓，人所生也。古之神圣，母感天而生子。”孩子生下后跟母亲生活，而不知道谁是生身父亲，当然姓也就从“女”字了。例如，“姜”、“姬”、“嬴”、“姚”等姓字，都离不开“女”字。如“姜”字，《说文解字》段玉裁注文中引述了《帝王世纪》：“炎帝神农姜姓，母女登游华阳，感神而生炎帝，长于姜水。”“姬”字，段玉裁注：“黄帝母居姬水，因以为姓。”“姚”字，段玉裁注：“舜母居姚墟，因以为姓。”其他还有“嬴”、“姞”、“妘”等，随母而姓进一步表明姓氏起源于母系氏族社会。

上古时期的“姓”字，表示一个人的血统来源，“氏”字是姓的分支和发展。春秋战国和秦汉之际的姓氏由分立走向统一，每个宗族有了固定的姓氏，各自形成了一脉相传的家族。

2. 来自甲骨文的最早姓氏文字

我国最早见于文字记载的姓氏，一般认为来自商代的甲骨文。从已发现的甲骨文字看，除“姓”字外，有“帚秦”、“帚楚”、“帚周”、“帚庞”等字，其中“帚”字即后来的“妇”。

“帚秦”，即“妇秦”，指来自秦部落的妇人。上述“秦”、“楚”、“周”等字，无疑都是我国最早的姓氏中的族姓。

图形文字中的“帚”

但是进入奴隶社会后，奴隶只有名而无姓的资格了。如弈秋，就是名叫秋的棋手，无姓，“弈”字指下棋；庖丁，就是厨帅，无姓。古代著名工匠鲁班，不是姓鲁，而是鲁国人，名班，这是名字前加上国名，借以示与他人的区别。战国以后，逐步向封建社会过渡，许多贱民和奴隶提高了社会地位，“姓”才开始为一般平民所使用。但每个姓氏都有它的来源和发展，不同姓氏有不同的源流：上述母系氏族社会因上古时代神农氏的母亲叫女登，其族人都取女旁的字为姓。奴隶社会的奴隶只有名而无姓，以国籍、居住地代姓外，还有的以祖先的族号或谥号为姓。如唐尧的后裔姓唐；周文王、周武王均是谥号，后裔中有姓文、武的。此外还有以爵位、官衔、职业为姓氏的，以祖辈的字为姓的，以兄弟民族的姓氏译音为姓的。尤为有趣的是，龙姓源于传说舜时有个纳言（喉舌之官），是天上神龙的后代，其子孙便以“龙”字为姓。汉武帝时田千秋为丞相，因年老特许乘车出入朝廷，时人称其“车丞相”，其后人有姓“车”的。明代燕王朱棣攻破南京，推翻建文帝当了皇帝称明成祖，号称“靖难”。而太监马三保因“靖难之变”有功，而被赐姓郑，后来他又改名郑和。另有以数字、动植物名称为姓的，如“陆”、“伍”、“万”、“马”、“熊”、“鱼”、“虎”、“骆”等，不胜枚举。宋代郑樵编撰《通志氏·族略》，根据各种姓氏来源，分为32类，表明我国姓氏繁多，姓氏的文字是十分丰富多彩的。

第二节　千变万化的姓氏文字

1. “名”与“实”

古代圣人尹文子说过：“名以检形，形以定名。名以定事，事以检名。”这就是说，观察辨别事物、人物，必先定名而后才可以成事，而事物的成败得失，又可以验其名。真所谓“有其名必有其实，名为实之宾（归顺）也”。在古代，姓名常因事而得。

姓氏“窦”，本义是指洞、孔的意思。传说夏禹儿子启夺权建立夏朝，传到孙子相时，有诸侯谋反，杀害了相。怀孕在身的相妻，情急之中从狗洞爬出逃命，不久生下男孩少康，后由少康打败叛敌，恢复了夏王朝。少康子予接位后，纪念祖母从洞穴逃命，保护了父亲少康，便改姓为“窦”。

相传“李”姓是远古部落首领颛顼（zhuān xū）高阳氏后代。那时“李”字是道理的

“理”字。因为颛顼后代中有个叫皋陶的人，在尧帝时担任理官，负责处理部落之间的纠纷。由于皋陶秉公执法，很受人尊敬，他的后人也一直担任此职，于是按照当时习俗，就以“理”字为姓。商末，理真担任了这个官职，得罪了商纣王，遭到杀害。理真夫人带了儿子逃到伊侯之城，母子两人艰苦度日，理夫人用李树果实养大了儿子。后来商纣王被推翻，理夫人和儿子重见天日，为了纪念李树的救命之恩，就把姓“理”字改为“李”字，后“李”姓得到发展，成为《百家姓》中大姓之一。

淝水之战中前秦统帅苻(fú)坚，本姓蒲，因出生时背上隐约可见“草字头”与“付”的字样，而这两者相组合为“苻”字，“苻”字与“蒲”字音相似，家人认为这是神赐的姓字，是吉祥的征兆，于是改姓“蒲”为“苻”字。

《说文解字》：“名自命也。”可见自古以来，人们十分讲究起名取字。每个人的名字是人们在社会生活、社会活动中的工具。名字虽只是一种符号，取之便于相互称谓，但这个符号是一个人的一生代称，具有约定俗成的专一性、占有性与永久性，因此不可马虎。《尹文子·大道下》，记载了这样一个故事：大街旁住着一个为人十分忠厚的老汉，非常好客。他买了一个家仆，取名“善搏”，又找来一条看门的狗，取名“善噬(shì)”。谁知从此以后，所有客人都不再上他家门了。整整三年，门庭冷落，杂草丛生。这位忠厚的老汉十分奇怪，就拄着拐杖去询问好友。友人告诉他：“您起的名字，又是‘善搏’，又是‘善噬’，客人进了你家门，就要挨打，被恶狗咬，谁还敢来！”老汉一听，回去把这两个吓人的名字改掉，于是老汉家里又宾客盈门，十分热闹了。这个故事告诉人们：一个人的姓氏名字包括字义、字形、字音，应考虑到给他人带来的感觉，是有着十分重要意义的。

我国原外交部部长杨洁篪(chí)的名字充满书香气，这是他的亲属中一位粗通古汉语的老先生郑重其事地取的。杨洁篪先生出生于虎年，篪在中国是一种像笛子那样的竹管吹奏乐器，状如笛子，有八孔，双手水平横握吹奏。字体里的“虎”字成了虎年出生的杨洁篪的一个终身的“符号”。这八孔的古代乐器“篪”，预示着杨洁篪以后要向世界各国发出奇妙的声音，为我国外交事业做出新的贡献。

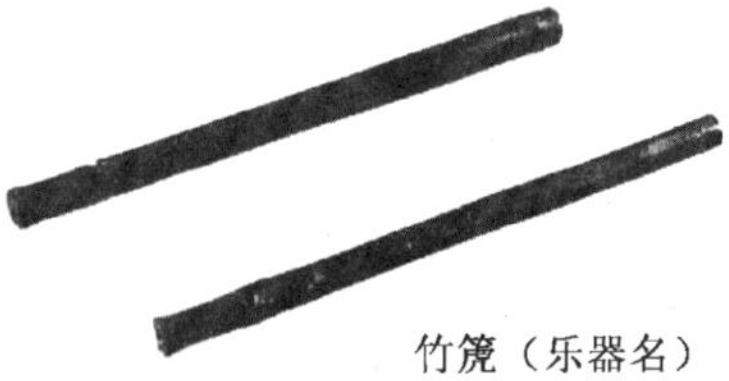

竹篪（乐器名）

文人的笔名取字也十分注意名与实的关系。当代女诗人王尔碑本名王婉容，笔名是她哥哥代取的，意思是父亲的纪念碑。而她哥哥为自己所取的笔名是王尔塔。无非是以王家一双儿女能在文坛取得成就而自豪。作家叶兆言所取笔名更加有趣，由于女儿出生时经济拮据，故所取笔名总与钱沾亲带故，如梅元(美元)、刘克(马克)、萧菲(小费)等。

据姓取名是指将名与姓在字义上联系起来，使之变为一个寓意深刻、生动有趣的名字。《五代史·伶官传》里有镜新磨;《辽史·伶官传》里有罗衣轻;《唐书·魏征传》里有云朝霞;元代有个戏曲家叫马致远。清初顾炎武《日知录》一书里谈到这样取名的人物:如陈王道——陈:陈述;王道:指好的统治。张四维——张:伸张;四维:指礼、义、廉、耻。古语:“四维不张,国乃灭亡。”吕调阳——吕:古代音乐将大吕、中吕、南吕等称为六吕,又称阴律,是用来调配黄钟等阳律的。其他有清代小学家江永、江声,同治年间苏州著名评弹艺人马如飞等,比比皆是。当代著名画家程十发,依《说文解字》:“十发为程”,以取其名。“程”字在古代是一种长度单位,“十发为程,十程为分,十分为寸”。“十发”,正好是对“程”字古义的注解。近代音乐家、国歌作曲者聂耳,原名聂守信,他的听觉尤为灵敏,又姓聂,人称他耳多,就借此以聂耳为笔名,名振全国。1934 年聂耳在日本海滨游泳,不幸溺水而亡,日本友人在他遇难处特地修建了一座呈耳形的巨大纪念碑。这样,聂耳名字的寓意更为深远了。著名豫剧演员牛得草,原名牛俊国。老艺人李春芳给他取艺名时说:“姓侯的,有叫侯得山的,猴子得了山,可以攀登,占山为王;姓鱼的,有叫鱼得水的,鱼儿得了水,可以自由畅游;姓朱的,有叫朱得康的,猪得了糠,可以腰肥体壮。你姓牛,何不叫牛得草呢? 牛儿得了草,负重劲行,辛勤耕作,力大无穷。还替你取个字叫料足,号叫饮水。牛得草,牛料足,牛饮水。草、料、水均全,小牛的前途无量。”

聂耳纪念碑

2. 重吉取名,因名惹祸

自古以来,人们十分看重选择吉字取名,认为这与命运的好坏,甚至与他人、家庭、国家的命运联系在一起。为此,科举制度中注重人名,“吉祥得福”的故事亦屡见不鲜。据《万历野获编》记载:弘治丙辰科,试卷呈进,明孝宗阅朱希周卷,便对宰相徐文靖说:“此人同国姓。”徐文靖进而说:“其名希周,周家卜年八百。”“周家”两字,指周王朝,其共历三十四王,八百多年天下。徐文靖所说的意思是:朱希周的名字于国祚大吉。明孝宗十分迷信,听了宰相徐文靖的话,明白其意,即将朱希周钦定第一,于是朱希周状元及第,荣华终身。清光绪二十九年科试,王寿朋喜中状元。据说这里面也有吉名的恩遇。当年正值慈禧七十寿节,“王寿朋”三个字寓有“王寿硕大无朋”之意,正是吉名兆祥,慈禧一乐,王寿朋状元及第。清光绪三十年恩科试毕。原拟定由朱汝珍领榜,刘春霖为榜眼。报入廷内,慈禧认为刘春霖(字润琴)的名字有“春风化雨,甘霖普降”之祥,而当年又值大旱,举国上下祈雨,遂改刘春霖为领榜。

清代著名政治家林则徐，其名字的字面上不见吉祥字，也不见吉祥物名，然内蕴吉祥，又寄寓了父辈的愿望。林则徐是在其父三十七岁时所生的，其兄早夭，全家寄希望于他，期望他学业出众，光宗耀祖。据说林则徐出生那天，适逢新任福建巡抚徐嗣曾上门相贺：“此子日后名位当在我之上。”林则徐父闻此言，欣喜异常，随即为子取名“则徐”，“则”字是效法的意思，“则徐”两字就是希望孩子长大成人后，像徐嗣曾那样做一个清正廉洁、为民办事、成就一番事业的好官。字“元抚”中的“元”字，是开始的意思，“抚”字是指巡抚徐嗣曾，“元抚”则意为儿子将发端于巡抚。这名和字中选取的文字寄托了父亲对儿子美好的期望。

《儒林外史》的作者吴敬梓是清中期著名小说家，字敏轩、文木，号粒民。吴敬梓的名字，是他的启蒙老师为他取的。“梓”字指一种珍贵的落叶乔木，木质轻而细密，是制作琴瑟等乐器的优质材料，有“木中之王”的誉称。取“敬梓”两字为名，希望他将来成为梓木一样的优异之才。“文木”也是一种优质的木材，木质细密无理，色如水牛角，古代人们把它比喻为优秀人才。《庄子·人间世》中有“若将比予于文木邪”。

因名惹祸、缘名失福，同样俯拾即是。宋高宗赵构迁都钱塘（今杭州市），改钱塘为临安，企图偏安。一日赵丞相举荐人才，其人名钱塘林。宋高宗嫌其名，认为其名“兆其国运休止”，拒绝不用。明代举子孙曰恭、徐鍇，虽才学出众，当登榜首，却因姓名遭人指控。指者认为：“曰恭”二字合起来是个“暴”字；“金”与“今”字谐音。“暴”者、“害今”者，岂能荣登榜首、状元及第？宋仁宗时，有宋郊、宋祁弟兄俩，以才学名闻天下，号为“二宋”。宋仁宗欲重用宋郊。有个叫李淑的嫉恨宋郊升擢，就图谋中伤，声称“宋郊的姓与大宋国号相同，名郊，又与祭天仪式的名称相同，而且郊者，交也，交又是替代之名，为此宋交，其言不祥”。宋仁宗并未听信李淑的谗言，但也觉得宋郊其姓名两字均不祥，遂命改之。宋郊无可奈何，只得改名为庠，字公序，后任中书省、枢密院长官二十多年。而李淑却也并未受重用。为此，宋代文学家欧阳修在《归田录》中曾对此评述：“可以为小人之戒也。”

第三节 《百家姓》趣话

成书于北宋初的《百家姓》，是以“赵钱孙李”开头的。传说苏州一带有个教书先生。有一次，他正因姓李的有钱人生气，恰巧有个学生要求他讲一讲“赵钱孙李”是什么意思？他讲道：“这个‘赵’字，是苏州话中说的‘精赵’（‘尽剿’的谐音），意思是放肆。‘钱’就是铜钱的‘钱’字。‘孙’就是小猢狲的‘狲’字。‘李’就是‘张三李四’中的‘李’字。把‘赵钱孙李’四个字连起来讲就是：‘姓李的小猢狲，有了几个臭铜钱就放肆起来了。’”

《水浒传》中有108将，共有77个姓氏，说明了农民起义的广泛性。而梁山好汉中为什么没有“赵”、“高”两姓呢？因梁山泊农民起义军的对立面就是姓赵的皇帝赵佶徽宗和姓高的太尉高俅。当时的姓氏是家族的标志，必然反映出农民起义军与封建统治者不可调和的矛盾。另一方面，《水浒传》中用“宋”、“晁”两姓的谐音合称“宋朝”，表示复兴天下的决心。

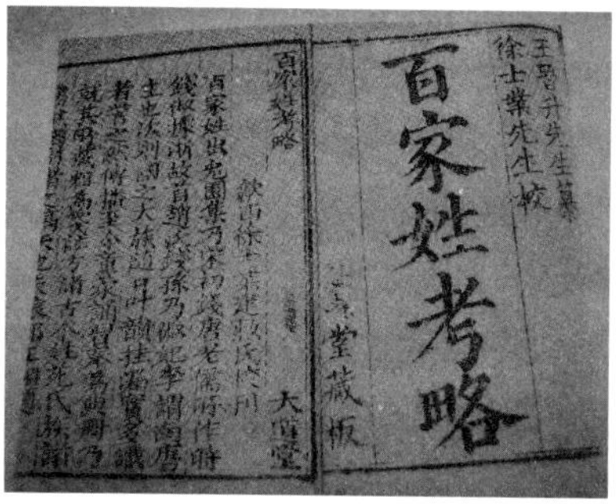

《百家姓考略》

《百家姓》中的“赵”字，因宋帝赵姓，当列首位。而“钱”字名列次位，是因为钱塘一带有个钱姓的人建立了割据王朝。当地除了推奉赵姓皇帝外，还要接受钱姓王朝的领导。至于钱姓以下诸姓字，均是皇族有关后裔。

《百家姓》立体雕塑墙

《百家姓》未加收录的“虎”姓一字有着不寻常的来历。四川肖南部县五灵乡岐山坝村第八组，共有24户、86人，均为汉族，他们的姓氏为《百家姓》未见收录的“虎”姓一字，而且当地人把“虎”字读作“猫”字的发音，让人为之称奇不已。该村的村主任也姓虎，名叫虎占安。他曾向人们诉说道：“我很想知道我们虎姓人的祖籍在哪里，为什么姓‘虎’却读作‘猫’音？但是村里没有人知道它的缘由，县志里也查不到有关的记载。”这个“虎”姓却因实为罕见，其来源迄今仍然是个疑问。

第四节　姓名趣话

1. 寓意深刻的姓名

李白

相传李白到七岁尚无正式的名字，因他在周岁抓周时，抓了《诗经》一书。这就难坏了他的父亲：如果儿子长大成了诗人，没有一个叫得响的名字岂不遗憾；想取诗人的名字，却一时又拿不定主意，拖了多年。有一年春天，李白在家院中游玩，他父亲想作一首《春日》的七绝诗，并有意借此考考儿子。他先咏了两句：“春风送暖百花开，迎春绽金它先来。”要李白母子续上。李母先接了一句：“火烧杏林红霞落。”李白随即手指李树，脱口而出：“李花怒放一树白。”父亲听后连声叫好。想到该句诗第一个字“李”字，正好是姓，最后一个“白”字，写出了李花的圣洁高雅，当即决定，为儿子取名“李白”。

清代著名画家郑板桥本名燮，字克柔。这是他以教书为生的父亲郑之本取的。“燮”字是和顺的意思。“柔”字是柔顺的意思。《尚书·洪范》：“燮友柔克。”意思是和顺时用柔就能治之。父亲为郑板桥选取名与字，期望儿子一生和顺，以柔顺处世。但儿子一生却并不柔顺，不愿与权贵为伍，又孤高傲世，一生坎坷不顺。

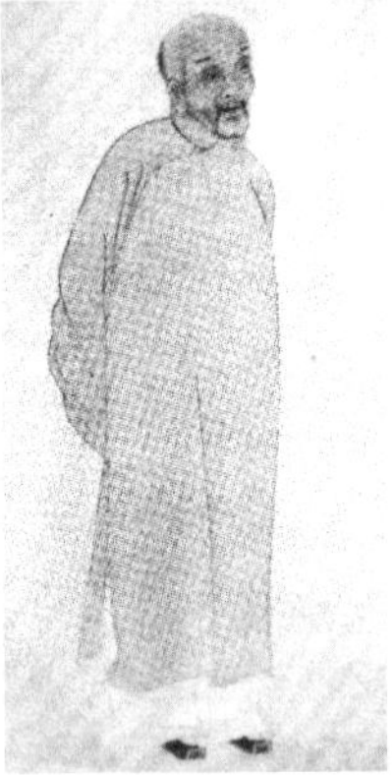
郑板桥

鲁迅

鲁迅有两个具有深意的笔名。其一，“褚冠”，“褚”，纸也。《说文解字》：“谷也。”晋陆机《诗疏》：“江南人绩其皮以为布，又捣以为纸。”1926 年有狂飙社中人赐鲁迅以“纸糊的假冠”，故名。另一笔名为“桃椎”两字。《典术》：“桃，五木之精，仙木也。”《左传·昭公四年》：“桃弧棘矢，以除其灾。”《后汉书·礼仪志》：“为桃印施门户以止恶气。”均含有除敌之意。

以屈原自勉的朱自清，名节高亢，刚直不阿，一生不向国民党反动派低头，在 1948 年病重逝世前，还嘱咐家人，宁可饿死也不领美国救济面粉。毛泽东曾赞扬他“有不食嗟来之食”的气节。朱自清的名字“自清”两字，出自屈原《楚辞·卜居》：“宁廉洁正直以自清乎？”以勉励自己在困境中不丧志，不同流合污，保持清白。朱自清以屈原名言为名自勉，确实做到了一生清白，一生以“自清”两字自律。

朱自清

2. 以父母长辈的意愿取名

父母往往把自己的热切期望和祝愿放在子女的名字之中，从中体现自己的愿望。据杨延端《画史》记载：元代大画家黄公望，其父九十岁始得子，为之取名“公望”，字“子久”，名与字中的文字含义正好符合其父的愿望。清代袁枚老年得子，嫌得子太迟，便取名为

"迟"字。邓演达1895年生于广东惠阳,父亲为他起名演达,字择生,给他哥哥起名演存,字竞生。兄弟两人的名字,均从《天演论》中"物竞天择,适者生存"中选取。这兄弟两人的名字既表达了邓演达父亲对当时新学和进化论的信仰和向往,也表示了父亲希望两个儿子参与社会竞争、拼搏而有所作为的愿望,字义十分深刻。而将军粟裕的儿子粟戎生生于江苏扬州外祖父家里。外祖父钦佩女婿粟裕的戎马生涯,希望将来能子承父业,为外孙取名"戎生"两字。

3. 以出生地取名

孩子出生地的范围有大小之分,常以出生的家庭、医院、村庄,或以出生的县、市、省份,借以取名字的。如"京生"、"沪生"等。还有的以父母原籍或祖籍所在地的简称取名,用来寄托对家乡、亲人的思念。清末甲午之战失败,当日军进占台湾时,爱国诗人丘逢甲奋起领导独立运动,惜受挫于暴力而惨败,挥泪退出宝岛台湾。丘逢甲回到大陆后,妻子生下孩子,取名"念台",表示永远不会忘记乡土。上海市有所中学的地理老师是台湾籍人,名叫"同安"。他曾告诉他人:"我生在台湾,祖辈生活在福建同安,即今厦门,所以父亲为我取名'同安'两字。"

郭沫若取"二水"为名,以示不忘家园。郭沫若是四川乐山沙湾镇人,1919年,他去日本留学后取名沫若。原来"沫"和"若"两字,即他家乡的两条河流——沫水与若水。郭沫若以"二水"两字为笔名,表示他身在异邦,不忘家园,充分表现出他强烈的爱国主义情感。

4. 以梦兆取名选字

张大千

春秋战国时郑庄公的妾燕姞梦见天使给她一朵桑兰花,不久生下穆公,又以兰有王者之香,便取名为"兰"。

南宋名将文天祥出生在庐陵(今江西吉安)的一个书香门第。在他出生前夕,其祖父文时用做了一个梦,梦见孙儿腾紫云而上,醒来大喜,待孙儿出生即给他起名"云孙"两字。云孙长大后改名"天祥",而"天祥"两字正是"云孙"意趣的引申,同属吉名,"天祥"呈"祥","云孙"蕴"吉"。文天祥二十岁首次应试即状元及第,声振朝野。宋理宗接见他时赞誉其名字说道:"此天之祥,乃宋之瑞也。"于是人们又称文天祥为"宋瑞"。

宋代爱国名将岳飞的母亲梦见翱飞天际的大鹏后,生下了岳飞,所以取名"飞"字,字

"鹏举"。

著名国画大师张大千,又名张爰(yuán)。相传在光绪戊戌年,张大千的母亲曾做了一千离奇的梦,只见明月当空,有位鹤发童颜的老翁带着一只小猿,从空中飘然来到房中。张母见小猿机灵可爱,十分喜欢。老翁把小猿送给张母。小猿向张母腋下钻去,张母从此怀孕,第二年生下张大千。"猿"字可写为"猨"字,为异体字,张母为儿子取名"爰"字。

5. 隐藏真实姓名、身份的奇字

沈雁冰(茅盾)

茅盾原名沈雁冰,1927 年大革命失败后,他从武汉回到上海,一时无以为生,听从友人劝告,花了四个星期写成长篇小说《幻灭》,准备发表在叶圣陶主编的《小说月报》。但当时的沈雁冰被蒋介石国民党政府通缉。如果使用真名,《小说月报》的出版发行单位商务印书馆怕受牵连,不允许发表。他考虑再三,随手选用了"矛盾"两字作为发表《幻灭》的笔名。叶圣陶得知后,认为"矛盾"两字一看就知道是假名,仍然会招来麻烦,于是便在"矛"字上加了个草字头。从此以后,沈雁冰就一直沿用"茅盾"这个笔名。沈雁冰还用过"玄珠"、"郎损"、"佩韦"、"方璧"、"东方未明"等 90 多个笔名。这是说明有的作者在特定历史环境下,从事某种活动,不便于显露作者的真实姓名和身份,转而采用笔名。

6. 不同说法的笔名字义

巴金(李尧棠)

有的作家笔名反映了经历了某一事件,该事件给自己留下了深刻的印象或教育,因人或事取笔名而纪念。巴金是闻名中外的作家,原名李尧棠,1926 年发表他的处女作小说《灭亡》时,起用笔名"巴金",后来一般认为他是为了纪念"安娜其"主义者(无政府主义者)巴枯宁和克鲁泡特金而取名为"巴金"两字的。对于这种说法,巴金自己做了否定。他说:在法国时,因身体不好,到沙多吉里小城去休养。那时认识一位北方同学,叫巴恩波,跟他相处不到一个月,巴金就回巴黎了。第二年听说巴恩波投水自杀,这消息使巴金痛苦万分。笔名中的“巴”字是纪念这个自杀的北方同学联想起来的。至于“金”字，是一位学哲学的中国安徽同学要找一个容易记的字，巴金便半开玩笑地说出了“金”字。巴金笔名有120多个，而只有“巴金”这个笔名，成了他常用的名字。

7. 改变字形取名

清人李汝珍的《镜花缘》第86回里描述：

紫芝道：“都已饮了，说笑话罢，设或是个老的，罚你一杯。”玉儿道：“就从我的姓上说罢。有一家姓王，弟兄八个，求人替起名字，并求替起绰号，所起名字，还要形象不离本姓。一日，有人替他起名道：‘第一个名唤王主，绰号叫作硬出头的王大（王字加一点成主字，所以叫硬出头）。第二个唤作王玉，绰号叫作偷酒壶的王二（王字旁加一点成玉字，所以叫偷酒壶）。第三个名唤王三，绰号叫作没良心的王三（王字中间抽去一竖成三字，所以叫作没良心）。第四个名唤作王丰，绰号叫作扛铁枪的王四（王字上下加一短竖成丰字，所以叫作扛铁枪）。第五个唤作王五，绰号叫作硬拐弯的王五（王字旁加拐成五字，所以叫作硬拐弯）。第六个名唤王壬，绰号叫作歪脑袋的王六（王字上改一撇成壬字，所以叫作歪脑袋）。第七个名唤作王毛，绰号叫作弯尾巴的王七（王字加一钩成毛字，所以叫作弯尾巴）。第八个名唤作王全，绰号叫作不成人的王八（王字加人字似人，同时王八不是人，所以叫作不成人的王八）。’”

一个“王”字化成了八个字，均不离本姓“王”字；又从本姓“王”字化成八个绰号，字形变化奇诡，讽刺畅快淋漓，真是令人叫绝。

8. 拆成两半的名字

老舍

老舍先生原名舒庆春，是父母所起，因为他生在阴历腊月二十三日，离春节只差七天，图吉利，取名“庆春”，是庆贺春天到来的意思。到他上师范的时候，他为自己起了一个别名，叫“舒舍予”。这个字取得很巧妙，是把自己的姓拆成两半，成为“舍”、“予”二字。这两字又有“舍我”——放弃私心和个人利益——的意思，也有奉献自己的含义。老舍儿子舒乙谈到他父亲的名字时写道：“他愿以舍予作为自己的人生指南，把自己无私地献给这个多难的世界，愿它变得更美好一些，更合人意一些。”以后他又取“舍予”中的头一字，前边加上一个“老”字，当作自己的笔名。他正式署名“老舍”是1929年发表长篇小说《老张的哲学》。老舍的笔名又正好符合其作品特有的平民风格。

当代青年作家叶兆言谈及自己的名字时说道：我的名字只不过是爱情的产物。我的母亲姓姚，“姚”字的一半里面有个“兆”字；父亲名至诚，繁体字“诚”字有个“言”字旁，父母拿自己的名字开刀动手术，一人给了半个字，便有了如今的“叶兆言”。

9. 阴阳颠倒取名换字

自古以来，男人和女人的名字，在字音和字义的选择上具有明显差别。我国古代就有男起女名的怪俗。一般来说，男起女名，是由于家庭缺女，而以小名名之。如《史记·荆轲传》对“徐夫人匕首”注：“徐姓，名夫人，男也。”再如《左传》中的鲁隐公，取名息姑；《汉书·祀郊志》中有个“丁夫人”。韦昭注曰：“丁姓，夫人名，男也。”

在古代女起男名更多一些。女人用男人名字，主要反映了广大妇女不甘于较低的社会地位，希望与男人平等的心理。当然也包括取男性阳刚之美以补女性不足的因素。黄帝娶的西陵之女名“嫘(léi)祖”。三国吴孙权的长女名“鲁班”，小女儿名“小虎”。南北朝宋代武帝女儿会稽公主名“兴弟”，豫康公主名“次男”，山阴公主名“荣男”。孝武帝母亲路太后名“惠男”。

10. 标新立异的姓名

唐代武则天(624—705)是中国历史上的奇女子。她14岁选为唐太宗才人，后为昭仪。公元655年立为皇后，掌握国政。691年自称圣神皇帝，把国号改为周，前后执政长达40多年。武则天称帝后，取字“曌”。这个字是武则天自己造的，她非常欣赏这个字，就用它作为自己的名字。作为历史上第一个女皇，她特地选择了“曌”字为名，有着特殊的用意。日为阳，月为阴；男为阳，女为阴。有史以来，统治者都是男性，奴隶社会与封建社会都是男尊女卑。武则天把“日”、“月”并列的用意就十分清楚了。她为此得意万分。同时，“曌”也表示自己政治清明、天下太平，犹如明空一般。

武则天

过去有的文人名士喜欢用怪僻的字给自己和孩子取名，往往使人认不得、读不出、写不准，更无法理解其含义，其结果往往是麻烦不断，笑话百出。清末小说家、晚清四大谴责小说之一《二十年目睹之怪现状》的作者吴趼人，名字中的“趼”

字，常被人们误读误解，闹出不少笑话。1891 年他在上海创作、发表小说时，开始使用笔名“茧人”两字，取“作茧自缚”之意。但此笔名常被他人写错。有人误写为“茧仁”，含义为“僵蚕”，于是他改为“趼人”两字，取“百金重而趼不敢息”之意。“茧”与“趼”同音。但“趼”字是个生僻字，所以仍有人将其读错或写错，将“趼”字读写成“妍”或“研”字。他曾幽默地为此写过一首打油诗：“姓名从来自有真，不曾顽石证前生。古端经手无多日，底事频呼作研人？”又云：“偷向妆台揽镜照，阿侬原不是妍人。”

国学大师章太炎有三个女儿。他喜用怪字，给三个女儿各起了一个古怪的名字：大女儿叫“章㸚（lǐ）”，二女儿叫“章叕（zhuó）”，三女儿叫“章㠭（zhǎn）”。这三个字部件的个数一样，结构相同，非常古怪，一般字典是查不到的，只有《说文解字》《康熙字典》才有。原来“㸚”是草多的意思，“叕”是连或联的意思，“㠭”是古文的“展”字。

章太炎

章太炎三个女儿一天天长大成人，而且都长得很美丽，可是别人念不出这三个名字的读音，不敢向他家求婚。后来章太炎终于弄清了原因，就设宴招待宾客，借这个机会向大家讲解三个女儿名字的读音和意义。这样三个女儿的婚事才得以解决。

我国改革开放后，取名习俗又有了新的变化，起洋名的增多。有人别出心裁，又取了四五个字的怪名，如“天水一方”、“东方破晓”、“温柔一刀”等。河南郑州市有个喜欢新事物的父亲，为儿子取名叫“@”，谐音“爱他”。这可使当地上户口的派生出所十分为难，报户口的民警告诉这位喜欢新事物的父亲说：想给儿子起个好名字是可以理解的，但千万不能离谱。按照户籍管理的相关规定，名字中的英文字母符号必须翻译成中文才可以上户口，“@”属英文字母符号，所以不能入户；名字中出现数字，或者孩子不跟从父母任何一方姓氏的也不能入户。

第五节　姓名艺术化
——“字名人”

“晨”字的“日字头”被画成一张大嘴，表现了姚晨“大嘴天后”的特点；“鲁”字中间的“田”被刻意写得很大，和鲁豫的大脑袋还真有些相似……作者“王左中右”学经济学出身，却对汉字着迷，他给自己的作品取名“字名人”，他觉得很多明星都有自

己的特色，用字表达出来更有意思。

“娜”字的女字偏旁被写成了“男”，表现谢娜像男孩一样的性格；“复”字最上面被画成了一顶博士帽，说明李开复学历高；“韩”字右边“韦”的那一竖被画成一支笔，“寒”字最下面的两点被画成了两个赛车轮胎，表现韩寒既是作家又是车手的双重身份……

“王左中右”写的这些特色姓名一经发布便引来网友的大量转发，不少网友感慨汉字的艺术魅力确实强大，看似和人本身没有任何关系的名字居然也能被写出个人的色彩！除了拆分重组汉字和双关，“象形”是他们的另一个玩法。2012 年 11 月 25 日，中国首艘航母“辽宁舰”成功起降歼-15 舰载机，下达起飞指令的动作“航母 style”掀起网络模仿热，汉字也来凑热闹：“走你”的字形跟“航母 style”完全吻合。意思也妥帖，“走你”源于北京话，大意为“走一个”。该帖有近 7000 的转发量。他用玩文字的方式表达新闻，他拆解汉字，百般变化，内涵无限。有段时间，“王左中右”几乎每天晚上都会用这种拆分、解构汉字（甚至英文）的方式，解释当天最热门的新闻。比如，张国荣忌日，他让“哥哥”两字拼成了一个像极了窗户的“噩”字。为了继续把作品做下去，他自己给这种图文并茂的漫画形式赋予了一个全新的概念——字新闻。

第十二章　独特的民俗文字

第一节　吉祥的“福”字

人们热爱、崇拜的吉祥文字。先讲两个小故事。据宋代洪迈《夷坚志补·傅道人》所记，有个客人来到一家酒店喝酒，拿笔写了“利市和合”四字，嘱咐说道：“贴于铺壁，获息当百倍。”后来店主才获知此人原是仙翁吕洞宾，把这四个字贴于铺壁，就可生意兴隆，获利丰厚。

又有清代无名氏《燕台口号一百首》所记：“黑豆喂来料未匀，兽医治病药方新。‘平安’两字当槽贴，烧买烧刀献马神。”马槽上贴了“平安”两字，就可保马匹的安宁。以上所说，无非都是人们把美好的愿望寄托在吉祥的文字上而已。

“福”字，甲骨文、金文中的字形都是两手捧示于前，反映商周先民对求福的祈望。

周代金铭文中出现了众多求神降福的文字。如“多福无疆”、“永令多福”、“以降大福”、“天赐之福”等。“福”字的含义，《尚书·洪范》中说得更加具体：“所谓五福：一曰寿，二曰富，三曰康宁，四曰攸（yōu，遵行）好德，五曰考终命（年老善终）。”

五福图

这里所说的“五福”，无论“福寿安康”，还是“福寿康宁”，讲的都是平安、安宁的意思。后来汉代桓（huán）谭写过一篇《新论》，对“五福”做了局部修正，他认为“五福”是：“寿、富、贵、安乐、子孙众多。”“贵”

五福寿为先

字是指地位和声望。“子孙众多”，因为古代农业社会里，主要依靠劳力，依靠小辈来侍奉和安养。

“福海寿山”，即福如东海，寿比南山。《说文解字》：“福，备也。备者，百顺之名也，无所不顺者谓之备。”“福”字的含义在于事事顺利，心想事成，为此福如东海长流之水。寿比南山，《诗经·小雅·天保》：“如南山之寿，不骞（亏，损）不崩。”南山指终南山。相传明朝嘉靖年间，湖南衡山府管家周全嗜书法，写得一手龙飞凤舞的好字。有一次，周全在南山峰顶崖壁上，狂挥巨笔，写了一个硕大的“寿”字，全字高达7.5米，宽3.7米，后人将其凿刻在崖壁上。古代的压岁钱上面，往往铸有“驱邪降福”等吉祥语。

“寿”字石刻

值得注意的，1954年在四川巴县冬笋坝，巴人墓地中出土了许多战国后期到西汉初的刻有吉利语的印玺，印文有“富贵”、“万岁”、“福”字等。

宋代开始，“福”字更多地出现在平民的生活用具上。浙江金华铁店窑遗址，出土三件宋代三足鼓钉洗，装饰兽头和兽足，内外施满釉。有一件内底有图记戳印，在同心圆两圈内有一阴文“福”字。这种戳印是可以大量复制的，所以当时肯定生产了不少“福”字器皿。故宫博物院藏的元代八思巴印中有不少吉祥语印，其中就有“福”字印，它钤于信函，对收信人表示祝福。

福寿康宁葫芦瓶

明初朱元璋得天下，建都南京，一次在上元节晚出微行。当时流行隐语，相互出题解答以为戏乐。有一个谜是一张画，画一个女子赤脚抱了个大西瓜，看的人都哈哈大笑，引起了朱元璋的注意，一问说是嘲笑淮西妇女好大脚。朱元璋的马皇后正是淮西人，明白这是在讥讽自己。朱元璋让手下在那些安分的人家门上贴个“福”字，嘲笑马皇后的人家不贴。第二天，将门上未贴“福”字的人家一个个抓捕起来。于是人们在门上贴“福”相沿成为习俗。由此可见，明代民间贴“福”字已非常流行。

清代虽是满族人当了皇帝，但不排斥汉人的喜尚，而且发扬光大。皇帝书写“福”字始于康熙。康熙将用来书“福”字的笔奉为吉祥法物，笔端镌刻楷填金字“赐福苍生”，而且此笔代代相传，历代的皇帝每年都用这支笔写第一个“福”字。皇帝所书“福”字，一是在宫殿、园囿各处张贴；一是赐予大臣们。皇帝还赏赐“福”字给皇后、嫔妃、阿哥、公主等人。雍正帝就此发表过一通言论：“朕何以福赐诸臣？不但朕也，即上天亦岂能以福赐诸臣哉？”“朕之每年颁赐‘福’字者，盖欲诸臣触目惊心，时时存获福之心，行可以获福之事。”

钱塘人王际华，乾隆乙丑一甲第三人及第，每年除夕得恩赐“福”字一幅，共积二十四幅，后来重新装潢，全部悬挂起来，满满一堂，称为“二十四福堂”。他的儿子担心说：“此后拜赐，何以置之？”王际华说：“别置一轩，名为余福。”幸亏次年春天他死了，否则真要另找房放“福”字了。

倒贴“福”字的习俗又是从何而来的呢？有一年春节，清代恭王府大管家叫手下仆人到王府大门和库房等处大贴“福”字，偏是那个往王府大门上贴“福”字的人是个文盲，他无意中把“福”字贴倒了。大管家未发现，却被恭亲王见到。恭亲王大怒。大管家十分恐慌，跪地向恭亲王道：奴才常听别人说起，你老爷福大寿大、财大命大，如今真的大福到（倒）了，这是天大的吉庆！恭亲王心想：怪不得路上那些过往行人，都说恭亲王府的福到（倒）了。于是转怒为喜，从此人们便纷纷效仿恭亲王府倒贴福字，其后竟然蔓延，一发而不可收了。

倒“福”字

“福无双至”是个典故，见汉代刘向《说苑·权谋》。韩昭侯府第正在建造高大的门。屈宜斥曰：“昭侯不会走出此门。”韩昭侯问道：“什么原因？”屈宜答道：“今年发生旱灾，你不在这个时候体恤老百姓的困难，反而只顾自己，生活更加奢侈。这就是所说的福不重至、祸必重来者也。”昭侯在自家的大门建成后就死去了。这就是俗语所说，“福无双至，祸不单行”。

福杏

苏州市三元坊文庙内现尚存一碑，是清咸丰二年（1852）十二月所立，下面落款“臣彭蕴章”，中间顶天立地行楷书“福杏”两字，另有福、寿二石。

彭蕴章为江苏长洲(今苏州市)人，道光进士，官至工部尚书、武英殿大学士，著有诗文集。1851年在军机大臣上行走，估计这就是他此时写的两个字，后来摹刻上石。

“福水”是酒的别名。而这个别名有它出典。《晋书·地理志》载：“甘肃省有个福禄县(今甘肃酒泉市)，属酒泉郡。《水经注》所谓福禄水，由是县出也。俗呼酒为福水，当因乎此。”

第二节 欢庆的“喜”字

甲骨文 金文 小篆 隶书

“喜”字在甲骨文中上面部分像一只鼓，下半部分是个口，整个字像笑得合不拢嘴的人以击鼓方式表达心中的喜悦。“喜，乐也。”这是汉代许慎《说文解字》中对“喜”字的释义。“乐”，就是快乐、喜悦的意思。成语中有“喜出望外”、“喜不自禁”、“喜闻乐见”、“喜上眉梢”等。“喜”字常指喜庆的事，往往与婚姻、生育有关。如办喜事，专指举行婚礼。喜酒，专指结婚时招待宾客的酒席。而冲喜，则是旧式婚姻中的陋俗。

据《南史·齐本纪下》载：萧昭业心怀叵测，装腔作势，父死后立为皇太孙。到了祖父武帝患病时，他很早就准备接位，命令女巫杨氏日夜祈祷，让武帝早死。他还给妻子何氏在一张纸上写了一个大的“喜”字，“喜”字四周环绕写了三十六个“喜”字。他写了这么多的“喜”字，用来表达不久即将接位的喜悦兴奋心情。虽然这个写“喜”字的南郡王即位不久即死于非命，但却是单独用“喜”字表示喜庆的史载第一人。

据《文物》1974年第10期载，广东汕头市郊金砂乡出土了明代沉船遗物，有五件大明成化年制的青花碗，碗的外腹写了三个“喜”字，下面绘了一支花卉衬托。北京定陵出土中有许多装饰“喜”字的陪葬品。如织锦缎丝八团龙龙袍的地纹有正楷的“喜”字。由此可见，人们常把一些美好吉祥的愿望寄托于某些事物之上，正如人们常说出门见到喜鹊能给人们带来好运。

第三节 无疆的“寿”字

寿，《说文解字》云：“久也。”“寿”即指年寿，年寿长久。但“寿”字并非只释为人生长寿，还包含着物道永恒之意。据传说，“寿”字早在伏羲氏时代已产生。当时人们用“龙书”的字体来书写，“寿”字像两条龙在腾云驾雾。在新石器时代初期，“寿”字又被写成像一缕缕稻穗，这种文字称“万穗书”。大概当时人认为稻穗与人的寿命有密切关系。传说

“寿”字

中创造鸟迹文字的仓颉，写的字就像小鸟飞翔一样；他的“寿”字上面是个老人的形象，下面是一只飞鸟。

周代“叔液鼎”铭文：“惟五月庚申，叔液自作馈鼎，用祈眉寿万年无疆，永寿用之。”这段铭文中有两个“寿”字，前一个“寿”字，释为人生长寿万年，亦可释为鼎器永存万年；后一个“寿”字，只能释为鼎器永久用之，或永保用之。“寿”字不单释为人的生命年限、器物的永存，还可以用于国家。《吕氏春秋·求人》云：“有能益人之寿者，则人莫不愿之，今寿国有道，而君人者而不求，过矣。”该句中“寿国有道”释为有治理国家、延长国命的方略，也可引申为道义或政治主张。

“寿”字的本义是吉祥美好，所以在汉字中使用频率极高。“寿”字有百余种书体，如龙文、混沌文、蝌蚪文、鸟虫篆、叠篆等，不胜枚举。它占用汉字的偏旁部首多达60多个，如“老”、“士”、“土”、“口”、“寸”、“功”、“四”、“主”、“王”、“古”、“日”、“田”、“百”、“千”等，都可用来与之组合，加之书写者用笔、结字的随意变化，而今已发展到1万多个“寿”字。

在先秦的钟鼎铭文中，“寿”字出现率是非常高的。如“寿考万年”、“眉寿无疆”、“眉寿万年”、“永寿”等都有长久永恒的意思，这说明长寿是古人，包括皇帝，梦寐以求的事情。

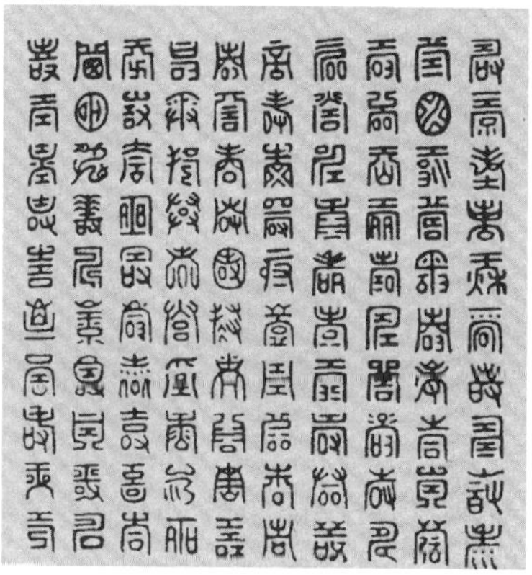

“寿”字各种文体

晋人干宝在《搜神记》里记载了一个寿星管寿的故事，并在民间广泛流传。故事中有个叫颜超的十九岁的青年。有一天，他在路上遇到被称为“神算”的管辂(lù)。管辂对颜超说：“这么年轻，可惜明天中午就要死了。”颜超叩头乞求救命。管辂说：“你回去赶快告诉你的父母，准备好一盒鹿脯，一壶清酒，卯日那天中午由你送到你家麦地南头大桑树下，见到两个下棋的人，你只管把酒肉送上，不管什么情况，都不要说话，只管叩头就是，有人可以救你。”第二天卯日，颜超按管辂所说照办。两个在下棋的人只顾专心下棋，也不管是谁送来的酒肉，拿起来就往嘴里送。几盘棋后，坐在北边的人忽然发现站在旁边的颜超，大声呵斥，颜超只顾叩头。坐在南边的人说：“吃了人家的酒肉，怎么好这样绝情呢？”坐在北边的人却说：“文书都已写明了，不好更换。”坐在南边的人说：“那把你的文书给我看一看。”他拿过文书看后，取笔一勾，把“十九”改成了“九十”。颜超拜谢而回。回到家里，管辂对颜超说：“你的运气太好了。那两人是南极星和北斗星。南极注生、北斗注死，你可以活到九十高龄了。”天上的“寿星”也贪吃，而且吃了也会嘴软、开大恩的啊！

把《寿星图》里寿星认作“南极仙翁”老子的传说更为离奇。据说老子的母亲在生他之前已怀孕七十二年，剖开左边的腋窝才生下他来。刚生下来，就是一个白头发、白胡子的小老头，所以人称他为“老子”。老子是在一棵李树下生下来的，老子就指着李树向母亲说：“就拿这棵树的名字来称我的姓吧。”为此老子就姓了李。据《史记·老子韩非列传》记载：老子本是历史上实有的著名人物。“老子者，楚苦县厉乡曲仁里人也，姓李，名耳，字聃，周守藏室之史也”，“盖老子百有六十余岁，或言二百余岁，以其修道而养寿也”。故历代以来，老子就被看作寿星、吉祥人物，因而受到顶礼膜拜。正因为老子有着深邃的智慧和思想，古人把他神化了，才有了种种神话传说。但人们从中寄托了自己的追求和理想。

寿星图

宋代“寿”字已成为祈求长命的象征。中国最早的一幅《百寿图》是南宋理宗绍定二年(1229)，时任永宁知县的史谓，在自己寿庆之日挥笔写下一个大“寿”字，并邀请县内长寿百名老人各献一小“寿”字，他将小“寿”字写入大“寿”字的笔画内，然而雇请名工巧匠镌刻在岩内石壁上而成的。自此之后，世人临摹、书写“寿”图成风。明代用“寿”字装饰成风，大多用于服饰。《金瓶梅》第十回说到西门庆送给潘金莲一对“寿”字簪，“番石青填地、金玲珑寿字簪儿，乃御前所制，宫里出来的”。清代俞樾在《茶香室丛钞》中专记有“雪蓑(suō)道人大寿字”一事。据述：这个雪蓑道人不知何许人，能写大字，直径一丈，小的字直径也有二三尺。青州衡王过生日，雪蓑道人在南山磨崖写了一个大“寿”字，刻成，横画间可卧一人，至今不知用何物书写。俞樾认为：“大字石刻，余多见之。传为万历时人，或以为仙。”经清代康、乾两帝以至慈禧的钟爱和提倡后，“寿”字作品洋洋大观，河南开封相国寺有300多个“寿”字横幅寿屏，北京白云观有近400字的“寿”字经幡。

“寿”字的变化是汉字中最多的，它有上万个异体。字形长的叫长寿，长生不老；字形圆的叫圆寿，也叫团寿，象征无疾而终。早在明代已有用各种书体组成《百寿图》。内蒙古巴林右旗博物馆藏有一只清代《百寿图》的玉碗，中部细刻108个篆书“寿”字，分三行排列,每行36字。内壁口沿处刻有48个“福”字。据说此件《百寿图》玉碗可能是固伦淑惠公主从清宫中带出来的。此公主是清太宗皇太极的第五个女儿,顺治五年(1648)下嫁巴林右旗扎萨克辅国公色布腾。康熙二十四年(1685)回京探母病。公主死后,康熙诔祭文,把她的遗体送归巴林右旗安葬。近二百年来,公主的不少遗物流入民间。这只玉碗可能就是其中之一。《万寿图》中“万寿”意为寿之永久,是长寿祝福之词。自从明初洪武年间制定万寿节庆典后,直到清代,贡品名目繁多,单是象征寿的就有松、鹤、桃、《九老图》《群仙祝寿图》等,还有“寿”字组成的图案。故宫珍藏清代“洋彩万福万寿玲珑香筒”就是在镂空部位金彩写一百个“寿”字。这个为康熙寿辰特意烧制的青花瓶满满地写了一百个“寿”字,而且这些“寿”字纵横成列,随瓶体的凸凹有大小长短的变化,每个“寿”字形体各异。古代有个“花寿”字,这种“寿”字的写法,是一个大型的“寿”字中间画上各种风情独具的花卉、人物、器皿等图案,并以牡丹、松柏、八仙人物或鹤、鹿、鸟等配置,含有祝吉祈祥的寓意。

花寿

清代《六通书》载有《二百八十九字寿图》。近代《民俗通书》也载有《百寿全图》,每字均注有出处。这为当代《百寿图》的创作传播提供了依据。千百年来,中国“寿”字书法浩如烟海,《百寿图》《千寿图》《万寿图》也不断出现。目前保留下来的《百寿图》真迹,较为著名的有广西永福县夫子岩的摩崖石刻《百寿图》。

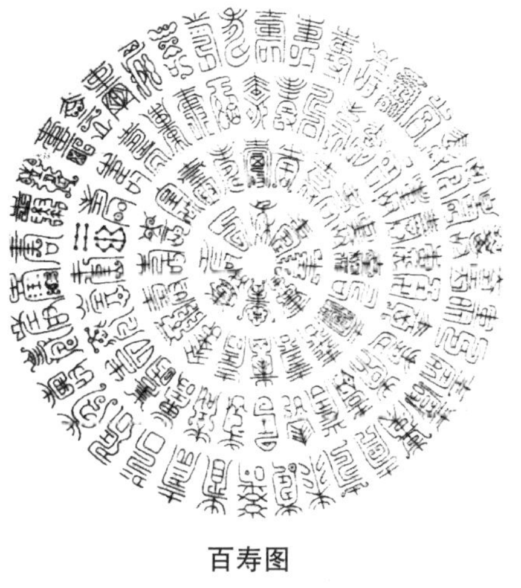

百寿图

当代民间书法家王保华在30年中精心收集“寿”字的18000种写法,汇成了“寿”字书法大观。王保华在12岁那年,正值“文化大革命”期间,当时随处可见“万寿无疆”的标语、口号,王保华由此萌发了寻找一万个“寿”字的想法。19岁那年,王保华参军后到了乌鲁木齐,才开始追寻儿时的梦想。部队领导也十分支持他。每次有外地出差机会,都派他去。他访遍名山大川、名胜古迹,寻找“寿”字,长达30余年。王保华说:“‘寿’字的变化,代表着中华民族文化的发展历史。”

古城苏州著名古典园林拙政园净深亭(石馆)内有幅大理石屏联:“遐龄八百,介尔眉寿。”译意为:“高龄八百岁,祝您长寿。”遐龄,指高寿、长寿。传说古代彭祖长寿,活到了八百岁。眉寿亦指长寿。我国习俗称六十为“花甲”(自甲子到癸亥的天干地支顺序),七十为“古稀”,八十、九十为“耄耋”,百岁为“期颐”;还有人把七十七岁称“喜寿”,八十八岁称“米寿”,九十九岁称“白寿”呢!

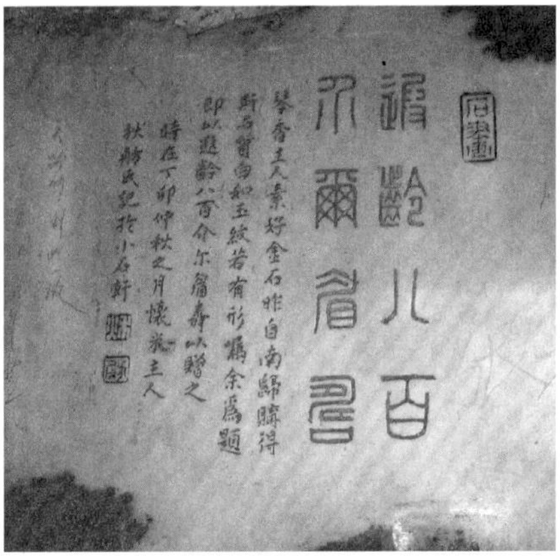

第十三章　耐人寻味的文字游戏

第一节　最开心的幽默王
——变幻无穷的谜中文字

1. 字谜源远流长

汉字字谜丰富多彩，它以独特巧妙的一面向我们展示了中国汉字的优美。字谜是由一字一词组成，它内蕴无穷奥妙，需要我们不断地去探索研究。从中，我们可领悟到汉字不仅是世界上使用人数最多的一种文字，而且也是古老又深含寓意的文字之一。

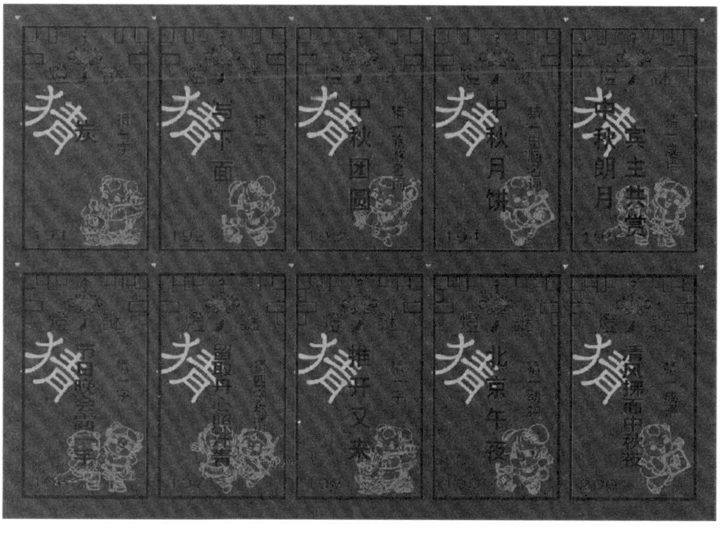

字谜的渊源

谜语在我国起源很早，在古代称之为“叟辞”。字谜由简单的形体分析发展到字形开合等复杂形式。例如：“一口吃掉牛尾巴”，谜底“告”，而“告”字的字谜形象生动地向我们展示了汉字构造的象形法。

字谜的名称，最早出现在南朝梁代刘勰《文心雕龙·谐隐》：“自魏代以来，颇非俳优，而君子嘲隐，化为谜语。谜也者，回互其辞，使昏迷也。或体目文字，或图像品物，纤巧以弄思，浅察以炫辞，义欲婉而正，辞欲隐而显。”这段文字告诉人们：字谜产生于魏代；字谜原先是文人的创作，由嘲讽式的隐语变化而成；字谜使用“回互其辞”，或颇含寓意的描写，产生了“辞欲隐而显”的艺术特点。早期的字谜是隐喻和寓意的，传说春秋时孔子的弟子颜渊说给路妇猜的字谜——“田野无量，绵羊无数，牧人长角”谜底分别是“天空、星星、月亮”。“四十件衣，全无扣子”谜底是卷心菜、白菜。

字谜的流传

南朝刘义庆《世说新语》中记有以下关于字谜的故事：

曹操当了丞相后，派人修建丞相府第，始构府第榱（cuī，古代指椽子）桷（jué，方形的椽子）时，曹操嫌该府的门框太大，看了一眼，命人拿来笔砚，提笔在门上写了一个“活”字，转身便走。修建曹操府第的匠工和主管修建的官员看到门上的“活”字，左思右想，不解丞相的用意，便请杨修来拿主意。杨修自幼聪敏，担任曹操的主簿，而且是个猜谜能手。他看过曹操题字后，立即下令把已建的府第大门框架拆除重建，又吩咐把门框改窄。大家奇怪杨修为什么要这样做。杨修告诉大家，曹操在门上写了“活”字，是给大家出了个字谜：“门”字和“活”字合起来是“阔”字。丞相是嫌门太阔啊！杨修从字谜猜出了曹操的心意。相国府完工后，曹操看到大门已改建，十分满意，就问是谁猜出了我的意思，左右答道：“是主簿杨修。”

不久，有人又送给曹操一杯酪酒。曹操只喝了一小口，在安放酪酒的杯盖上，写了一个“合”字给部下去看，而众多部下都不懂何意。第二天，众多部下去询问杨修，杨修一声不吭，就喝了一口酪酒，告诉众人说：“盖上的‘合’字，可拆为‘人’与‘一’、‘口’三字，曹公教人啖一口也，复何疑！”

南朝宋鲍照写过十分有趣的字谜诗三首：

第一首：“二形一体，四支八头，四八一八，飞泉仰流。”

北宋著名文学家苏轼认为是“井”字。1988 年第 6 期《中国语文天地》方彦《关于鲍照一首字谜诗的解释》中提出：“四支八头”，是说这个字只有四画，但有八处出头。“四八一八”是算术题，四加一等于五，五乘八等于四十，所以四个十合成“井”字。“飞泉仰流”，泉水只会下流,仰流,是指此水由下向上汲取,这是对“井”的特点描写。

第二首:“干之一九,只立无偶,坤之二六,宛然双宿。”

苏轼认为是“桑”字。方彦在上文中认为干阳坤阴,上两句谓阳文,阳爻即“一”字。下面两句谓阴文,二阴即二,则中为“十”字,合而为“土”字。

第三首:“头如刀,尾如钩,中央横广,四角六抽,右面负两刃,左边双属牛。”

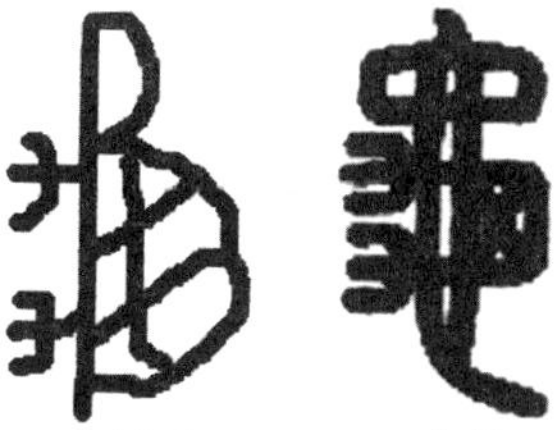

甲骨文　小篆

“龟”字

方彦又在上文中认为全诗描写“龜(龟)”字的字形。

唐代的字谜大多在文人的作品中,虽不是独立的文学作品,却以独特巧妙的内容引人入胜,不同于上述早期的字谜。

唐玄宗登基后,励精图治,使唐代的经济文化有了较快的发展,史称“开元之治”。唐玄宗爱好文字游戏。三朝元老、秘书监(典司图书官职)贺知章告老还乡,玄宗专门为他在宫中设宴饯行,并询问他有何要求。贺知章道:“家有小男儿尚未取名,恳求皇上赐名,还乡后也是荣事。”玄宗说:“为道之要,莫若信,孚者信也,履信思乎顺,卿子必信顺之人也,宜名之曰‘孚’。”贺知章高兴地拜谢而去。不久贺知章猛然醒悟,皇上岂非与我开玩笑?老家越州永兴(今浙江萧山),吴中人称“孚”为爪下子,为儿取名“孚”,这莫不是我成了爪子吗?

“李白题诗起名”,原载唐代袁郊《甘泽谣·许云封》。许云封的外祖父李谟听到外孙许云封出生,非常高兴,就抱了外孙去请求大诗人李白起名。这时李白刚好坐在旗亭里,大声喊叫上酒。酒店当家贺兰氏已九旬高龄,邀请李白去酒店楼上饮酒。李谟赶紧向李白送上好酒。李白握住笔醉在许云封的胸前写道:“树下人不语,不语真我好。语若及日中,烟霏谢陈宝。”李谟说:“本想请求起名,不懂您所写的诗句。”李白说:“所起的名就在其中啊!”原来树下人是木子,木子,“李”字也;不语是莫言,是“谟”字也。“好”是女子,女之子外孙也;语及日中是言午,言午许也,烟霏谢陈宝,是云出封中,乃云封也。“云出封中”是指汉光帝谢宝鼎至泰山封禅时天象祥兆。为此,李谟的外孙名为“许云封”,后来许云封成了有名的笛子演奏家。

唐代张读《宣室志》卷五有个比较有名的字谜,裴度征吴元济的故事,字谜的谜底似在有无之中。唐代元和年间丞相裴度命令封人(当地司徒属官)掌筑城之官,为攻破坚城,深挖护城河的地底,得到了一块石头,石上有“雕虫文字”刻凿的铭文。封人将它献给裴度,裴度见到石上铭文是:“井底一竿竹,竹色深绿绿。鸡未肥,酒未熟,障车儿郎且须缩。”裴度将此给部属传阅,下令要求分辨石上铭文的含义,但没有人能辨析。裴度对此反复推敲，不久有个士兵从行伍中站出来向裴度贺道：“淮西吴元济违拗皇上的旨意，带领一批狂徒谋反。依靠皇上和丞相的德行，应当即日擒拿叛贼。特此敬贺丞相成功。”裴度听后惊奇万分，进一步发问。那个士兵答道：“封人得石铭，是一种预兆啊。而且铭文‘井底一竿竹，竹色深绿绿’是个字谜，以否定词‘未’字点明离合字用减法。‘井底一竿竹，竹色深绿绿’者，言吴无济由普通一卒，成为带兵十万，喻其荣也。‘鸡未肥’，言无肉，以‘肥’去‘肉’，‘肥’字成‘己’字；‘酒未熟’，言无水，以酒去水，‘酒’字成‘酉’字；‘障车儿郎’，谓兵革之士。‘且须缩’，谓宜退守其所。”而“己酉”之日，即指引兵征讨吴元济的日期。

北宋初年的陶穀是个博物家、文学家，编著奇书《清异录》，与他有关的俗字典故甚多。据明代郎瑛《七修类稿》记载，“宋陶穀出使南唐国，书写了十二个字在馆舍墙壁间。这十二个字却是含典的字谜：‘西川狗，百姓眼，马包儿，御厨饭。’宋齐丘解之，十二字包四字：‘独眠孤馆’。”“西川”是“蜀”，加“犬”成“独”的繁体字；“百姓”是“民”，“眼”是“目”，合起来是“眠”；“马”字草写近似“子”，“包儿”是“瓜”字，结合起来是“孤”字；“御厨饭”当在光禄寺所属的某馆做就。“独眠孤馆”四字表达他的孤独情绪。

1931 年“九一八”事变后，南京有位有识之士，别具匠心，撰写了一副上下联仅各有一字的对联。上联为：“死!”下联为：“生?”该联分别带有感叹号和问号，表示宁愿站着死，也不能倒下生。当年南京和北京街头都曾张贴过此联，轰动一时。1949 年 4 月 1 日南京大专院校反饥饿、反内战、要求和平的游行示威学生遭到镇压，当时广大学生在中央大学礼堂为死难者举行追悼大会，会上挽联无数，而有一副不见一字的挽联特别引人注目：上联 6 个问号，表达了谴责和人们的愤慨；下联的 6 个感叹号，表示了誓不妥协的意思。一副对联 12 个标点符号，抵得上一篇檄文。

2. 变幻莫测的字谜

字谜是利用汉字的义、形、音的各种变化而使面底相扣，这种相扣既不是单纯的词汇注释，也不是一般的知识问答，而是一种别解。字谜同样应遵守底面不能相犯的规则，即谜面上的字，不能出于谜底。为此，字谜变幻无穷，引人入胜。别解字谜方法众多，常用的有拆字、析义、离合、谐音、隐喻等法。拆字法如杨修释“阔”字、唐玄宗取名、李白题名；析义的有方彦析“井”字等。

巧用隐喻与谐音

隐喻中探听虚实

唐代朱余庆《呈张籍》诗：“同房昨夜停红烛，待晓堂前拜舅姑；妆罢低声问夫婿，画眉深浅入时无?”张籍回诗：“越女新妆出镜心，自知明艳更沉吟；齐纨未足时人贵，一曲菱歌敌万金。”此非爱情诗，而是朱余庆在考试前向张籍探问虚实，张籍回诗示意是：“你很好，不必担心。”用隐喻方法来表达。

鲁班设谜试徒

鲁班是著名的能工巧匠，有许多门徒。有一天，他把门徒叫来说：明天我要考考你们，你们一清早就上我家来吧。第二天徒弟们一早就赶到鲁班家，但见师父家门关得紧紧，门上写着五个大字：“今日可不见。”工匠们议论纷纷，正准备离去，其中一个年纪最小的徒弟说道：“我们到河边去看看，师父可能在那里。”大家怀疑地问他：“你怎么知道师父在河边呢？”小徒弟说：“门上这五个字，‘可’就是‘河’字的右边；‘不见’两个字合在一起是‘觅’字，不是分明暗示我们今天到河边去寻找吗？”大家听了认为有一定的道理，于是大家一齐到了河边，果然鲁班坐在那里等着他们呢！鲁班见到众徒弟，心里很高兴。接着，他手指着身旁的一堆梓木说：“你们用这梓板，做三天，要做得精。这就是考你们的题目。”说完后，鲁班就转身离开了。三天后，徒弟们各自拿着自己精雕的梓板，带给师父鲁班。徒弟们的作品各具特色，生动形象的飞禽走兽，鲜艳夺目的花卉草木，十分引人注目。但鲁班看了没有一个满意的。这时他最小的徒弟走进来，手里捧着一个镶嵌得十分精巧的小书架，书架的梓木正好构成了一个“晶”字。当他恭恭敬敬送给师父时，鲁班哈哈大笑，赞赏地点点头，并对其他徒弟说道：“这才是我要求你们做的，一个工匠不仅要有精巧的手艺，还要有机灵的头脑。你们回去想想，为什么都做错了？”鲁班离开后，众徒弟向小徒弟询问原因，小徒弟说：“师父不是说用梓做三日，做得精吗？‘梓’是‘字’的谐音，‘精’是‘晶’的谐音，三个‘日’就是一个‘晶’字。”这时，众徒弟才恍然大悟。

“髻”、“计”谐音

宋徽宗宣和年间，童贯带兵去收复燕京，打了败仗逃回来。有一天宫中演剧，出场的三个女仆，梳的发式都不相同。第一个梳鬏（jiū）儿在前面，说是蔡京太师家里的。第二个梳的鬏儿在旁边，说是郑太宰家里的。第三个满头都是鬏儿，说是童大王家里的。问她们为什么梳不同发式，蔡家的说：“我家太师天天朝见皇上，我这个鬏儿叫作朝天鬏。”郑家的说：“我家太宰已告老，我这个鬏儿叫作懒梳鬏。”童家的说：“我家大王正在用兵打仗，我这个鬏儿是三十六髻。”这是用“髻”字谐“计”字，即指“三十六计”——走为上。

神奇的离合字谜

南宋高宗皇帝赵构昏庸无能，奸相秦桧弄权，谗害忠良，鱼肉人民，百姓敢怒而不敢言。有一年元宵节日，赵构为了粉饰太平，直把杭州作汴州，下令临安（今杭州）南宋国都放灯。老百姓只得忍气吞声，制作各式彩灯献给皇上。在形形色色的彩灯中，有一盏蟹灯特别引人注目，只见它大钳怒张，八足齐伸，活灵活现，尤其特别的是，八只蟹脚尖爪上各粘贴一字，连起来是：“春来秋往，压日无光。”赵构看了不懂其含义。这时有个善于拆字离合的侍臣谢石，已看懂了它的含义，便对赵构说：“皇上，这盏蟹灯制作得如此奇妙，观其字义，献灯之人似乎是要皇上转送给丞相。”赵构沉吟半晌，便命太监将蟹灯送给秦桧。

原来，谢石先前因为拆“春”字为“秦头太重，压日无光”触怒过秦桧，秦桧心中为此十分不满。而这盏灯上“春”、“压日”隐“耒”，“秋”、“无光”隐“禾”，合起来又是“秦”字，是暗指秦桧如螃蟹横行不法，所以谢石向皇上出了这个主意。秦桧收到蟹灯，弄清了灯上八个字含义后，更加恼羞成怒，因无法找到献灯的老百姓，就借故把谢石杀掉了。

清代乾隆年间，兴化城东外厂住着一个名叫皮三的土财主，此人原是个赖皮，潦倒不堪，靠打柴卖草谋生，后因一宗不义之财发迹，买田置产，自称“员外”。但因为富不仁，人们又深知他的底细，都看不起他。皮三为之十分苦恼。有一天，他心血来潮，附庸风雅，想请寓居兴化的著名书画家郑板桥为他书写一幅中堂，悬挂客堂，借以抬高身价。于是，皮三择日备了厚礼，亲往板桥寓所求字。板桥见是皮三，心中很不高兴，但被皮三纠缠不止，实难推托，随手挥书“蘭波”两字。皮三喜获郑板桥亲笔，裱后大摆筵席，邀请亲朋观赏。亲朋好友对郑板桥的书法赞不绝口，可是对郑板桥所写两字，却不解其用意，问及皮三，也是莫名其妙。其间有个来客忽然大笑道：“‘蘭波’拆开来，不就是东门扛草的赖皮皮三吗？”众亲朋不禁哑然失笑，皮三觉得无地自容。

郑板桥以“林”字气昏扬州盐商，同样也是巧用了拆字法。扬州城内有一姓林的盐商，拥有万贯家财，又梦想做官。那天正逢姓林的盐商花甲寿辰，大摆筵席，邀请官绅名士，郑板桥也在必请之列。而郑板桥对胸无点墨、为富不仁的盐商根本看不入眼，但出于情面无法回绝。酒席间，畅行酒令，郑板桥便说：“今是林府寿筵大喜，行酒令何不以‘林’字为头？”众人称赞妙极。郑板桥举杯便说：“‘林’字拆开成两木，西边木升官，东边木发才（财）。”林盐商听后十分高兴，喜形于声地连连说道：“依金口，依金口！”可是当他事后弄清楚郑板桥说的却是个含蓄的拆字字谜，谜底是“棺材”二字后，气得昏了过去。

字中有字

汉献帝建安二十三年（218）七月，刘备领兵攻取汉中，曹操起兵四十万亲征，兵出潼关，望见前面一片葱郁浓密的树林，问是何处？旁人说此为蓝田，蔡邕之女蔡琰（文姬）与夫婿董祀居此。原来曹操与蔡邕十分友好。蔡琰才气横溢，作《胡笳十八拍》著称于世，曾被匈奴掳去为左贤王妻，曹操惜爱其才，用重金赎回。曹操至此，蔡琰赶忙出迎。曹操见到壁

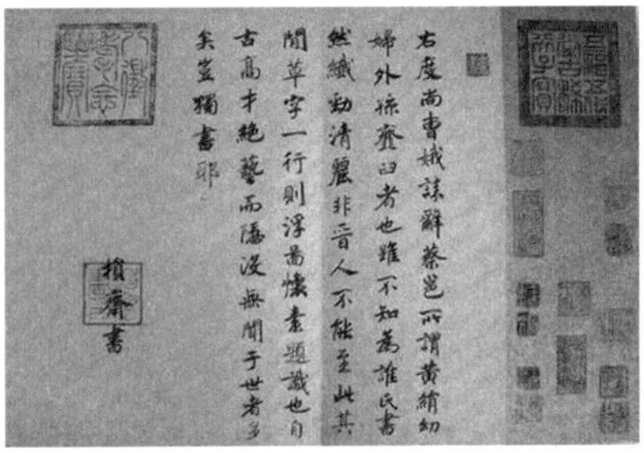

曹娥碑文

上挂着一幅碑文图轴，观后不得其解而问蔡琰。蔡琰告知此乃《曹娥碑》。蔡琰又说：此碑文妾父前往观看时，天已黑，暗中用手摸文读记。读记后索笔大书：黄绢幼妇，外孙齑臼。后人刻于《曹娥碑》后。曹操不解，蔡琰也说先人遗笔，不解其意。曹操又问旁人，众皆不解。其时有一人出来说："吾解其意。"曹操一看是主簿杨修，就不让他说，表示"容吾思之"，随即辞别蔡琰离去。曹操上马行了三里，才问及杨修。杨修告知此为隐语："黄绢"是有颜色的丝，色旁加丝，是个"绝"字；幼妇是少女，女旁加少是个"妙"字；外孙是女子之儿，女旁加子是个"好"字；齑(jī)臼(捣辛菜或粉末的石器)，乃受五辛[葱、薤(xiè)、菹(zū)、蒜、蕖]之器，姜蒜辛辣所以说"受辛"，"受辛"合起来是个"辞"字。连起来就是"绝妙好辞"四个字，曹操亦十分惊奇，表示此解"正合吾意"。由此亦可悟汉字之拆字之妙，真是字中有字。

明朝大学士焦芳的脸黝黑而狭长，很像驴脸。当他未出任官职时，有一天跟他的同事李东阳说：您擅长相面，请您给我看看相。李东阳看了半天，说道：您的脸，左边一半像马尚书，右边一半像卢侍郎，将来也会做到他们一样的大官。焦芳仔细一想："马左卢右"，乃是"驴"字。

清代有一个名叫平恕的人，官至侍郎，过去曾任江苏学政，贪污腐败，名声很坏。有人编了一出戏，名叫《干如》。戏的开场白道："忘八，丧心，下官干如是也。"观众都大笑不止。因"干"字是"平"字去掉"八"，"如"是"恕"字去掉"心"。

设想新奇的神智体

神智体是拆字的一个分支，是近乎谜语的诗体，亦称"形意诗"、"谜象诗"，是"以意境作画写字，悟人悟己的一种修养学问"。特征是字形的变化。靠字形大小、粗细、长短、排列疏密，笔画增损，位置高低、正反、颠倒、欹(qī)侧、反书、拆借，偏旁的粗细等文字变形的方法形成异常外观，来显示诗的奇巧设计，是"以形见义"表意功能异化与延伸。最早神智体诗是苏轼的《晚眺》。宋代桑世昌《回文类聚》载："宋神宗熙宁间，辽使至，以能诗自夸。帝命苏轼为馆伴，辽使以诗诘轼，轼曰：'赋诗易事也，观诗难事耳！'遂作《晚眺》诗以示之。……辽使观之，惶惑不知所云，自是不复言诗。"神智体诗后广为流行，苏轼《晚眺》第一句中"亭"字写得很长，"景"字又写得极短，"画"(繁体)字写成了图中的样子，表示内中无人。这句念成"长亭短景无人

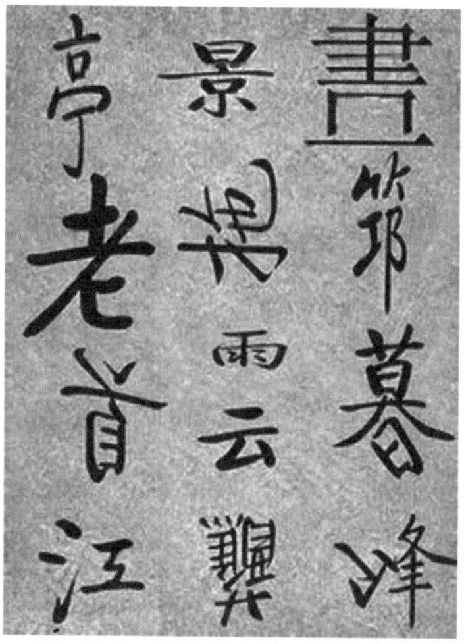

《晚眺》

画”。第二句“老”字写得特别大，“拖”字横写，“筇”的竹头写得极瘦，这句念作“老大横拖瘦竹筇”。第三句“首”字反着写，“云”（繁体）字中间写断了，“暮”中间之“日”字倾斜了，这句念作：“回首断云斜日暮”。第四句，“江”字中的“工”字曲写，“蘸”字倒写，“峰”字左边的“山”字侧写，这句便念作“曲江倒蘸侧山峰”。整体便成为一首《晚眺》诗：

长亭短景无人画，老大横拖瘦竹筇（qióng）。

回首断云斜日暮，曲江倒蘸侧山峰。

万县的诗谜碑

重庆市《万县志》中记有诗谜碑一事，《万县志》记载：“竹岩亭记，不审何在，据旧本录入，八字横作两列，正书，无题者姓名。文曰：‘竹岩亭开，夜事有来。’嘉靖癸亥孟秋书。”“竹”字非常小，“岩”字横卧，“亭”字中间缺了两横，“开”字只有一半，“夜”字拖了长垂，“事”字少了一横，“有”字斜写，“来”字少写一撇一捺。这八个字是谜面，谜底是：小竹栽横岩，空亭门半开。长夜无一事，偏有一人来。

第二节　回文诗与盘中诗

回文，也写作“回纹”、“回环”。它是汉语特有的一种使用词序回环往复的修辞方法，文体上称之为“回文体”。“回文体”充分展示并利用了汉语以单音节语素为主和以语序为重要语法手段这两大特点，读来回环往复，绵延无尽，给人以荡气回肠、意兴盎然的美感。回文的形式在晋代以后就很盛行，而且在多种文体中被采用。人们用这种手法造句、写诗、填词、度曲，便分别称为回文诗、回文词和回文曲。虽然不乏游戏之作，却也颇见遣词造句的功力。“巧用回文说新闻”的故事颇具趣味。1948 年美驻中国特使马歇尔奉调回国，被派到南京接替马歇尔职务的是华来士。当时南京某大报以“马歇尔歇马，华来士来华”做标题报道了这条新闻。这上下联均用回文手法，正读反读一样，回环往复，趣味盎然。联中又将人名中的“马歇”与“华来”分别颠倒过来，由虚而

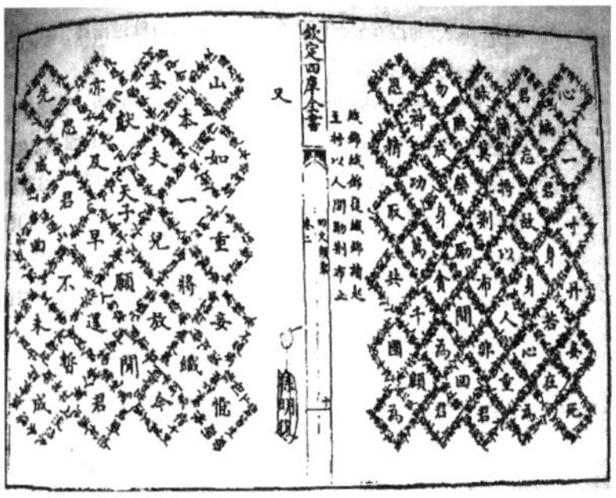

锦回文诗图

实,别出心裁。上下句自然而然形成了对偶,韵律齐整,结构缜密。

1. 循环往复,别有趣味

回文诗是一种按一定法则将字词排列成文,回环往复都能诵读的诗。这种诗的形式变化无穷,非常活泼。能上下颠倒读,能顺读倒读,能斜读,能交互读。只要循着规律读,都能读成优美的诗篇。回文诗是我国古典诗歌中一种较为独特的体裁。据说早在东晋、南北朝期间就已盛行。据《文心雕龙·明诗》记载,“回文为宋贺道原所始”;《诗人玉屑》说,晋代傅咸、温峤始作回文诗。但其诗皆不传。后世仿作者甚多,亦多佳作。从历代诗作来看,回文诗的形式和读法不同于一般诗作。回文诗的格式有二:一是全诗可倒读为另一首诗,一般只写出顺读的一首,倒读的那首由读者去体会;二是诗的后一联诗句为前一联诗句的倒读,或每联的对句均为出句的倒读。回文诗在创作手法上,突出地继承了诗反复咏叹的艺术特色,来达到其“言志述事”的目的,产生强烈的回环叠咏的艺术效果。有人曾把回文诗当成一种文字游戏,实际上,这是对回文诗的误解。刘坡公《学诗百法》言:“回文诗反复成章,钩心斗角,不得以小道而轻之。”

南朝梁元帝有《后园作回文诗》。正读:“斜峰绕径曲,耸石带山连。花余拂戏鸟,树密隐鸣蝉。”倒读:“蝉鸣隐密树,鸟戏拂余花。连山带石耸,曲径绕峰斜。”

明代唐寅所写《十字回文诗》“悠云白雁过南楼半色秋”,可以读成:“悠云白雁过南楼,雁过南楼半色秋。秋色半楼南过雁,楼南过雁白云悠。”

唐末徐寅作《福州回文诗》:“轻帆数点千峰碧,水接云山四望遥。晴日海霞红霭霭,晓天江树绿迢迢。清波石眼泉当槛,小径松门寺对桥。明月钓舟渔浦远,倾山雪浪暗随潮。”

这首诗反着读就是:“潮随暗浪雪山倾,远浦渔舟钓月明。桥对寺门松径小,槛当泉眼石波清。迢迢绿树江天晓,霭霭红霞海日晴。遥望四山云接水,碧峰千点数帆轻。”该诗正读反读都是很优美的风景诗歌。

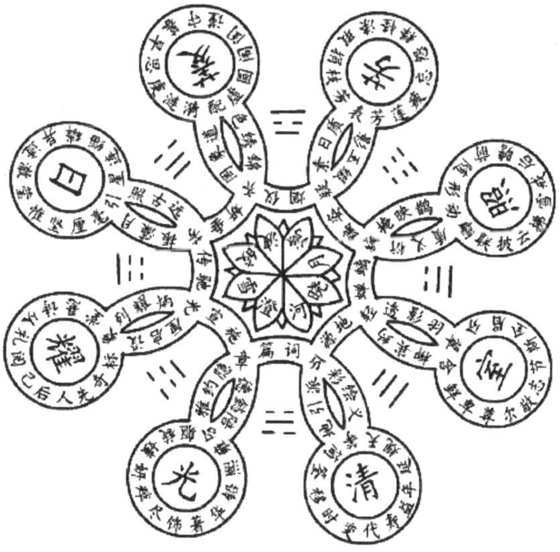

转轮钩枝八花盘鉴图

明代文学家冯梦龙《古今小说》里搜集了一首南淳熙年间熊元素所写的一

首回文诗，描写了景色优美的江南之春。诗中每句诗可以颠倒，而且全诗首尾倒转。该诗流传时间长、范围又广。全诗如下：“融融日暖乍晴天，骏马雕鞍绣辔联。风细落花红衬地，雨微垂柳绿拖烟。茸铺草色春江曲，雪剪花梢玉砌前。同恨此时良会罕，空飞巧燕舞翩翩。”倒读：“翩翩舞燕巧飞空，罕会良时此恨同。前砌玉梢花剪雪，曲江春色草铺茸。烟拖绿柳垂微雨，地衬红花落细风。联辔绣鞍雕马骏，天晴乍暖日融融。”

2. 写之盘中，屈曲成文

现在可见到的回文诗，以苏伯玉妻《盘中诗》为最早。自西晋以来，历代诗家争相仿效，在回文诗的创作上各擅胜场，名领风骚。如庾信、白居易、王安石、苏轼、黄庭坚、秦观、高启、汤显祖等，均有回文诗传世。经过历代诗人的开发与创新，回文诗出现了千姿百态的形式：有连环回文体、藏头拆字体、叠字回文体、借字回文体、诗词双回文体等。《璇玑回文图》不只是倒读、顺读，还有诗中文字纵横读、斜正读、环绕读等。

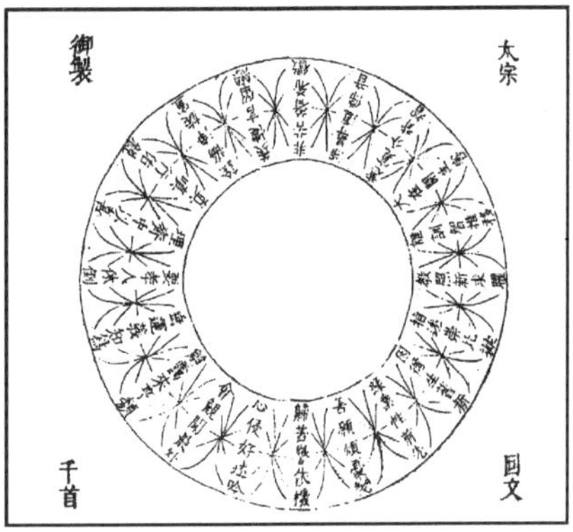

回文诗

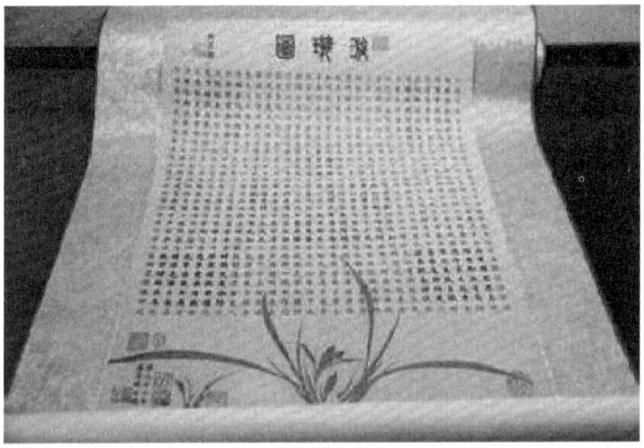

《璇玑回文图》

《盘中诗》写之盘中，屈曲成文。如诗末尾所写当从中央周四角，文字从中心起，层层向外排列。

《盘中诗》最早见于南朝陈徐陵《玉台新咏》卷九，是我国古代诗歌中很有名的一首诗，但诗的作者是谁，是什么朝代人，历代却颇多争议。一说作者为汉时苏伯玉妻。宋代严羽《沧浪诗话·诗体》记载：苏伯玉妻《盘中诗》，相传西晋苏伯玉妻所作。苏伯玉出使四川，久无音讯。苏伯玉妻子独居长安，日夜思念，便在一个盘子里写了一首长诗，寄给苏伯玉。苏伯玉看后十分感动，立即启程回家。《玉台新咏》吴兆宜注云：“伯玉被使在蜀，久之而不归，其妻居长安，思念之，因作此诗。”该诗情真意切，语言诙谐，人称千古绝唱。全诗为：“山树高，鸟鸣愁。泉水深，鲤鱼肥。空仓雀，常苦饥。吏人妇，会人稀。出门望，见白衣。谓当是,而更非。还入门,中心悲。北上堂,西入阶。急机绞,杼声催。长叹息,当语谁。君有行,妾念之。出有日,还无期。结巾带,长相思。君忘妾,未知之。妻忘君,罪当治。妾有行,宜知之。黄者金,白者玉。高者山,下者谷。姓为苏,字伯玉。作人才多智谋足,家居长安身在蜀。何惜马啼归不数,羊肉千斤酒百斛。令君马肥麦与粟,今时人,知四足。与其书,不能读,当从中央周四角。"

《盘中诗》

列入我国文学史上第一位回文诗作者,大家比较公认的是苏慧。她是前秦时期秦州刺史窦滔之妻,以 841 个字排列成为 29 个字的方图,回环反复地读,可得诗二百余首。她因丈夫断其音讯,送去此图。窦滔看了大受感动,把她接到任上去,夫妻和好如初。

第三节　怪异的藏头诗

藏头诗,一名"藏头格",属怪异诗一种。藏头诗是一种特殊形式的诗体,它以每句诗的头一个字依次嵌入所要表达的内容中。诗写成后,每句中的头一个字便组成了一个完整的人名、地名或一句祝福,千古年来为文人骚客所钟爱,又因兼具娱乐性而深受平民喜欢。从古至今,藏头诗多在民间流传,或散见于古典戏曲、小说。这种诗有三种形式:一是首联与中二联六句皆言所寓之景,而不点破题意,直到结联才点出主题;二是将每个句子的头一个字暗藏于别处;三是将所说之事分藏于诗句之首。这种诗常常都包含着一个有趣的故事。

1. "智多星"吴用巧作卦歌

读过《水浒传》的人都知道,卢俊义乃河北俊杰,他不仅急公好义,乐善好施,济人危困,而且武艺高强,名闻四海,人称"河北玉麒麟"。梁山泊义军头领宋江久慕他的威名,一心想招卢俊义上山坐第一把交椅,共图大业,替天行道。偏偏这个卢俊义有钱有势,有名有位,吃不愁,穿不愁,而且满脑袋的忠君思想,要他上山造反谈何容易,宋江常常为此苦恼。军师吴用,人称"智多星",为人机敏,善于谋略,凡事一经他策划,没有办不成的道理。所以，当宋江与他议起此事时，便生出一段“吴用智赚玉麒麟”的故事来。当时吴用扮成一个算命先生，悄悄来到卢俊义庄上，利用卢俊义正为躲避“血光之灾”的惶恐心理，口占四句卦歌，并让他端书在家宅的墙壁上。这四句卦歌是：“芦花丛中一扁舟，俊杰俄从此地游。义士若能知此理，反躬难逃可无忧。”

吴用在这四句卦歌里，巧妙地把“卢俊义反”四个字暗藏于四句之首，而一心躲避“血光之灾”的卢俊义哪里有心细察这其中的隐秘呢。果然，这四句诗写出后，被官府拿到了证据，大兴问罪之师，到处捉拿卢俊义，终于把他逼上梁山。

2. “画老乌龟”诗

从前有个财主，请画工为他画了幅像。为他画像的那个画工手艺很好，把老财主画得白发乌巾，神采奕奕。老财主看了得意非常，便硬拉一位本乡秀才为他的画像题字。老财主平日吝啬刻薄，甚为乡里所不齿，读书人更不愿与他交往。这位秀才在无奈之中被拉到财主家，心中很不快活。他想，乡邻们都恨这个老财主，我今天何不借这个机会骂一骂这个老乌龟呢。秀才一进门，老财主忙吩咐捧上笔墨。秀才也不搭话，接过笔来，唰唰唰一挥而就，题了一首四言诗：“画工真采，老貌堂皇。乌巾白发，龟雀呈祥。”

3. “早迎无双”

庐剧《无双缘》，写的是合肥知县刘震有一女名叫无双，自小与表兄王仙客青梅竹马，两小无猜，相亲相爱。以后两人长大，刘震便为他们订下了婚约。

一年，王仙客赴京赶考，科场得意，万岁钦点头名状元，封授翰林学士，并赐宫花金印回庐州完婚。王仙客一路吹吹打打，好不威风。不想，人马行至双峰山下，被绿林好汉古氏兄妹夺去行囊，失落文书金印，变成一名乞丐来到刘家。刘震问明前后情况，即刻变脸赖婚，把女儿无双另许豪门公子曹进。王仙客与舅舅刘震论理，刘震也觉得理亏，便把责任推到女儿无双身上。无双知道爹爹势利无赖，非常气愤，但苦于见不到表兄王仙客，只得写诗一首，速派丫鬟把诗送给王仙客：“早妆未罢暗凝眉，迎户愁看紫燕飞。无力回天春已老，双栖画栋不如归。”让他早日迎娶自己。

4. “烧火老”死得好！

新中国成立前，四川某地有个军阀，依仗手中的枪杆子，在当地横行霸道。他妻妾成群，生活糜烂。他的老子更是禽兽不如，连他儿子的妻妾也大多成了他手中的玩物。父子两人的丑恶行径早已成为笑柄，人们蔑称这样的老头子为“烧火老”。老头子因为酒色过度，上了西天。这个军阀在置办老子丧事期间，家中冠盖如云，宾客络绎不绝。那些土豪劣绅和阿谀奉承之辈一个个竞相献媚讨好。当地有个前清翰林，才学满腹，秉性刚直，乃一大名流。他对军阀父子的恶行劣迹早已深恶痛绝。听说老头子一命呜呼，老翰林如出一口恶气，不禁自言自语道："这'烧火老'死得好！"老翰林正在家中高兴，忽听门人禀报军阀家里专人来访。老翰林心里寻思道："我与这班恶人素无来往，今日何事访我？"原来这位军阀是想请老翰林写首挽诗，为其死去的老子涂脂抹粉，装潢门面。老翰林同来人稍事寒暄，即知军阀派人来访的真意，心中暗想：为"烧火老"歌功颂德，这是小人之行，那么——他心里略加沉思之后，便马上爽快地表示应允。来人一见，真是喜出望外，马上展纸磨墨，满脸媚笑道："难得您老赏光，您老请。"老翰林饱蘸浓墨，一首五言挽诗一挥而就："烧酒奠灵前，火纸化青烟。老人今何在，死去不复还。得失古今有，好名天下传。"

5. 一首"预言"诗牵出一网站

在各大论坛上曾出现标题为"古诗中居然就预言了'合肥论坛'"的讨论帖，"惹事"的是一首"合是荣时不得荣，肥遁谁谐此志同。论似人情鼎鼐浓，坛场宫馆尽蒿蓬"的诗，每句诗首字连起来居然是现在人才懂的"合肥论坛"。这种藏头诗到底是从哪冒出来的呢？经过一番"人肉大搜索"，很快，就有探索者贴出了一个能自动生成藏头诗的网站的链接，惹事的那首诗就是来自于此。打开这个网站，惊讶地发现"请输入关键字"这六个字居然也被做成了"藏头诗"——"请看石上藤萝月，输将虚白堂前鹊。入驿从容见落晖，关山迢递不可越。键闭诸蛮屏帝都，字人心苦达神明"。接着便是介绍操作方法——"请输入十二个以内汉字，系统程序调用唐诗宋词佳句自动生成的藏头诗，意境不符处难免，仅供娱乐消遣之用，如遇牛头不对马嘴者，请修改后再行使用，以免误人子弟"。看这话说得，倒还有几分自知之明。以唐伯虎的"我为秋香"为例，程序自动生成了这一首精妙藏头诗："我言秋日胜春朝，为有云屏无限娇。秋原骑马菊花高，香碧红泥透蜀椒。"倘若唐伯虎幸存于当世，也当大笑吧。

经过测试，正如该网站所介绍的，网友们只要输入十二个以内的任意汉字，系统将自动为您做出藏头诗，而且每次刷新后都会生成一首新的诗。虽然这些诗多有牛头不对马嘴处，但对网友来说，娱乐消遣却足够了。由于好玩有趣，网友们纷纷利用该程序生成各种意义的藏头诗广泛传播，向那些不知所以的朋友们尽情展现自己的文学天赋。眼下，无论是在论坛还是在QQ群，每天都有网友贴出大量以网名为内容的藏头诗。很多以前有需求做藏头诗的网友再也不用发帖求助，在线等好心的高手来帮忙了。上上"藏头诗"网站，再修改修改，基本上能自己搞定。而一场尽显娱乐本色的网络赛诗会也就此拉开序幕。

除了娱乐，这些藏头诗甚至还成了许多网友的秘密武器。不知是不是受了近几年国

学热的影响，继迷上了研究古体汉字后，网友们又开始拿藏头诗大做文章。在网上搜索藏头诗，可以发现许多网友四处寻找高人代做藏头诗，有位有女网友留言：“老公出差不在家，我很是想念。他特别喜欢舞文弄墨，但我又知之甚少，偶然听朋友们说有网站可以自动生成藏头诗便特来试试。于是我给老公发了这个短信：老去何妨从笑傲，公望数承黄纸诏。老去亦知难重到，公私蹙促颜不开。我为分行近翠翘，想得俗流应大笑，你我何分彼与此。这句藏头诗的首字为‘老公老公我想你’，老公看了后特别高兴。”还有人也利用这个软件追起了自己喜欢的明星，用明星的姓名做藏头诗，例如：（崔永元）“崔巍泰岳众山小，永芳流颂圣贤表。元知本善宜淳教，‘实话实说’循益导。”（章子怡）“章篇难以喻其秀，子虚若似天上有。怡神销魂两相馐，疑是仙女红尘游。”

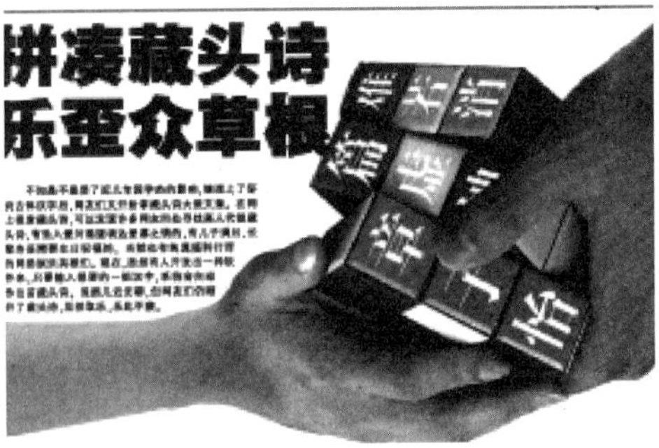

电影《神秘的大佛》快结束时，主人公把两块大石碑拼在一起，上面的字正凑成一首五言诗：“坐观世邪正，佛眼界限中。后人若怀古，山上看青松。”这首诗既藏头，又藏尾。把每句的头尾各一字，分别摘出，连接起来八个字：“坐佛后山，正中古松”。通过这个线索，主人公找到了那笔巨额佛财。

第四节　奇特的宝塔诗

1. 唐·白居易的宝塔“诗”诗

诗

绮美，瑰奇。

明月夜，落花时。

能助欢笑，亦伤别离。

调清金石怨，吟苦鬼神悲。

天下只应我爱，世间唯有君知。

自从都尉别苏句，便到司空送白辞。

2. 唐·韦式的“竹”诗

竹

临池，似玉。

裛露静，和烟绿。

抱节宁改，贞心自束。

渭曲偏种多，王家看不足。

仙杖正惊龙化，美实当随凤熟。

唯愁吹作别离声，回首驾骖舞阵速。

3. 唐·范尧佐的“书”诗

书

凭雁，寄鱼。

出王屋，入匡庐。

文生益智，道著清虚。

葛洪一万卷，惠子五车余。

银钩屈曲索靖，题挢司马相如。

4. 唐·元稹的“茶”诗

茶

香叶，嫩芽。

慕诗客，爱僧家。

碾雕白玉，罗织红纱。

铫煎黄蕊色，椀转曲尘花。

夜后邀陪明月，晨前命对朝霞。

洗尽古今人不倦，将知醉后岂堪夸。

第十四章 错别字闹出的笑话与风波

汉字是表意文字,每个汉字都是形、音、义的结合体。错字是指写得不成字的字;把甲字写成乙字的叫别字。形成错别字的主要原因是没有准确掌握汉字的形、音、义;加之写字和识字不认真、粗枝大叶。字形不准往往是因为笔画增减不当、字形分辨不清、偏旁同化误用、部位错位颠倒等造成的。字音,除了误读,还有同音多义、多音多义等分辨不清。字义,主要是没有弄懂每个字的本义或原义、引申义以及一字(词)多义等。从字源和结构方式分析,可弄懂汉字的意义;从汉字的字形、字音、字义入手,必要时联系字源,以避免错别字。此外,还有一些不规范的字,都会形成错别字。而错别字,自古以来屡见不鲜,而且闹出不少笑话,引起许多风波。清代许兆椿当漕督官时,到了湖广一带。善化县令(已升任武冈州牧),安排仪仗队隆重接待许兆椿。可把仪仗队中官衔牌上"漕"字误写成"糟"字了。漕,是粮运;糟,是酒曲。许兆椿见了,作讽刺诗一首:"平生不作醉乡侯,况复星驰速置邮。岂有尚书兼曲部,漫劳明府读糟邱。读书字要分鱼豕,过客风原异马牛。闻说头衔已升转,武冈可是五缸州?"

第一节 添一分则肥,减一分则瘦

——形体相似、相同的变异

汉字形体变化,往往于细微的局部,十分容易疏忽致误。有些形似字,声符相同,形符却不同。如"搏"、"博"、"膊"三字,"搏"字形符是"手",用手作形符;"博"字形旁是"十",本是数字,引申为多、广的意思;"膊"字形旁是"肉(月)",一般与身体有关,引申指身体上肢靠肩处。而有的形似字,却不是形声字,更要抓住特点辨析。由此可见,若有一个字错认、错写、漏写、颠倒或读音误差等,都可能造成很大谬误,甚至遭他人讥笑,以致带来不必要的损失。因此一字之差，祸福攸关。有例为证。

1. 知县官误喊“亲爹”

古代有个知县，官职是花钱买来的，不学无术，识字不多，常读错字闹笑话。有一次升堂审案。原告叫郁工来，被告叫齐卞丢，证人叫新釜。县官审案开始，先喊原告名字：“都上来！”结果原告、被告、证人一齐上堂。县官一见，怒气冲冲地拍案训斥：“本县只叫原告一人上堂，你们为何都一起上堂？”在旁的师爷知道县官念错了字，赶忙出来打圆场说道：“禀告老爷，原告的名字有另外的念法，叫‘郁工来’，不叫‘都上来’。”县官又叫被告的名字，喊“齐下去”，结果原告、被告、证人一齐下堂。这样，县官更加生气，厉声问道：“本县叫被告听审，你们为何一起退堂？”这时师爷又赶忙禀告说：“老爷，被告的名字也有另外的念法，叫‘齐卞丢’，不叫‘齐下去’。”县官听后心里很不高兴，反问师爷说：“既然这样，那么证人的名字又该念什么呢？”师爷恭恭敬敬地回答说：“禀告老爷，证人名字叫‘新釜’。”县官听后，突然大笑起来，对师爷说：“我就估摸另有念法。你不说，我就要叫他‘亲爹’了。”看来纯属笑话，但认清字形是十分重要的。

2. 错一字断官迷

传说李鸿章有一个远房亲戚，平日游手好闲，胸无点墨，却想通过科举，捞个官做。这年又值开科(指科举考试)，于是报名参加考试了。进了考场，拿到试卷，头上的虚汗就冒出来了。他连题目都看不懂，写了半天连自己也不知道到底是什么意思。后来他想自己是李中堂大人的亲戚，把这个关系告诉监考官，他敢不录取？于是他在卷子上写了一行小字“我是李中堂大人的亲妻”。他错把“戚”写成了“妻”字。监考官看到这份狗屁不通的卷子正要扔到一边去，忽见上边还附有一行小字。为人正直的监考官不禁哑然失笑，就在该小字下边批道：“因为你是李中堂大人的亲妻，所以不敢娶(取)。”

3. 错一字丢官印

清末，左宗棠任两江总督时，有一个原湘军中的下级军官，姓武，性情憨直，作战勇敢，左宗棠举荐他任华亭(今上海松江)县令。武某行伍出身，不通文墨。有一次逢县考，上级发下试题，他为了保密，将之藏在自己的靴筒里。临考当天，却忘记试题藏在哪里了，到处寻找不着。他手下人说，请老爷回忆一下，或许能想起试题内容来。他想了想说：“我只记得有一个‘马’字。”由于当时考试内容都以《四书》为准，手下人就翻遍《四书》，找出了“至于犬马”、“百姓闻王车马之声”等几条，他说不对，“马”字是最前头一个字，于是又翻到“马不进也”，他又说字数不够。后来有一差役说，请老爷在自己身上找一找，他才猛然想起藏在靴筒里了，忙找出来，众人一看，是“焉知来者之不如今也”。大家也不敢笑。后来此事反映到总督府，左宗棠觉得自己用人不当，就写了一首打油诗：“焉作马时马当焉，恰似当年跨马前。冲锋陷阵猛于虎，何必荐其弄笔尖。”于是罢了他的县令，将之又调回军中去了。

4. 错一字“叔”坐牢

民国时期，山东省主席韩复榘，集军政大权于一身，声势煊赫。他有一个堂叔，前清秀才出身，在家无业，到济南找到他，想谋个差事养家糊口。韩复榘满口答应，立即写手令，连同他叔叔的登记表装入封袋，命人送交秘书长速办。秘书长拆封一看，大吃一惊，立即派人将老头抓捕关押在军法处。一个多月后，韩复榘召开军政会议，坐在主席台上东张西望，问秘书长：“××老太爷怎么没来参加会议？”秘书长说：“老太爷关押在军法处还没放出来哩。”“混蛋！”韩复榘大发雷霆，“谁把老太爷抓起来的？”秘书长随即取出韩复榘的手令，韩复榘一看写的是“抓军法处”，便理直气壮地说：“我这不明明写的‘派军法处’，让他当秘书的吗？你们为什么抓他？”秘书长小声说：“‘派’字是三点水旁，您这写的是提手旁，写成‘抓’了。”韩复榘眼一瞪说：“干什么事不要用‘手’呀！快去请老太爷来开会！”韩老头被放出来后闻知此事，一肚子鸟气，一句话不说，提笔写了一首诗：“一纸公文‘派’作‘抓’，小爷无故坐军法。若教留在济南府，‘手令’来时定吓煞。”写好后往韩复榘桌上“啪”地一放，袍袖一甩，回老家去了。

5. 一笔错全军惨败

1930年5月，冯玉祥的几十万军队奉命进军泌阳。他们日夜兼程，火速奔赴目的地。实际上，冯玉祥所决定的这次军事行动的目的地，并不是泌阳，而应该是沁阳。谁知冯玉祥的部下，一名作战参谋在拟写命令时不慎写错一笔，最后导致全军惨败。“沁”是一水名，叫沁河，所以沁从三点水，心声。沁河流经河南西北。沁阳城就在沁河河边，所以叫沁阳。“泌”也是一水名，叫泌河，所以泌从三点水，必声。泌河流经河南南部。泌阳城就在泌河河边，所以叫泌阳。“沁”、“泌”两字，一笔之错，读音、用法、地点均不相同，一在河南南部，一在河南西北。冯玉祥的军队弄错了方向，难怪惨遭全军溃败。

6. 一点(画)错食苦果

有个叫陈水良的人，家贫如洗，不得已将祖上遗产住房三间卖给财主，文契是请他人执笔的。契约中对房屋地址写得分明，在“上连椽瓦，下连地基”一句中落笔时有意在“下”字左边带了一撇。写好后读给买房的财主听，还故意让财主看。原来这个财主识字不多，听时也没有多加注意，也就含糊过去了。过了三年，陈水良还是非常穷困，到了节日更是难熬，又去向财主借钱。帮他执笔拟写契约的人告诉他说：如若财主不肯借钱，你就说当年卖给他的房屋，地基不在此内，要财主拆屋还基。财主找人拿出契约一看，果然写着“上连椽瓦，不连地基”，契约上所写的，如“下”非“下”，如“不”非“不”，没法分清究竟是“下”还是“不”，财主只能自食苦果。

“鸟”、“乌”之别，仅差一点，却带来经济损失。新疆乌鲁木齐市有一家挂面厂。原来这个厂生产的“三星”牌挂面深受广大消费者欢迎，厂家为了求得更高的销售额，决定改进产品的包装。于是厂里筹集了一笔资金，购买了大量的优质包装袋，又拿出十六万元的印刷费，专请日本一个大型印刷厂印制商标。谁知设计人员一时粗心，把“乌鲁木齐”的“乌”字多写一点。由于这一点之差，自治区的首府竟成了“鸟鲁木齐”！由于这一点之差，优质包装袋、设计费都白白地报废了。

而多一撇，少一撇，同样不行。北京原宣武区法院于2000年年底受理了一起诉讼案，被告人名字中有一个“彪”字。法官在打印判决书时，因文字处理机中没有这个字，便改用手写，匆忙中右面的三撇写成了两撇。这个错误在判决书中总共出现了十次。该法院有个规定，凡司法文书中出现错字，每错一个罚款50元。当年2月6日，法院在全院大会上宣布写错字的法官被罚款500元。

“一字赔万元”，听起来似乎耸人听闻，可是误写了“信”字却惨遭损失，这是发生在1995年6月湖南衡阳415医院的真实故事。该医院生活科办公室被盗，室干部刘信社的办公桌内被盗走活期存款一万元。刘信社得知情况后，立即赶到存款开户所衡阳市郊区信用社新民村储蓄所挂失，但被储蓄所告知，该笔存款已于当日上午被人取走。经查，窃贼冒领时所填户名为刘仪社，而非刘信社。为此，刘信社多次找储蓄所论理，要求赔偿损失。但该信用社认为，刘信社的活期存折是在挂失前被冒领的，而取款凭条和底卡账、存折三者相符。因此信用社不负任何赔偿责任，刘信社索赔不成，就提起诉讼。后经法院受理，查明事实认定："仪"字不是"信"的简化字，被告误将"仪"字当作"信"字，造成原告刘信社的存折上存款被冒领，应负全部赔偿责任。法院判决被告赔偿原告刘信社存款一万元。

7. 相差一字假冒酒

真假泸州老窖大对比，两者仅仅一字之差。(左为真泸州老窖)

湖南郴州市工商局行政管理局执法人员对集贸市场进行专项整治时，在五岭大市场南苑6栋一酒水批发部内查获一批假冒"泸州老窖"白酒。执法人员在对五岭大市场南苑6栋113门面检查时发现，柜台上摆放的"泸洲老窖"酒包装粗糙，有别于市场上销售的"泸州老窖"白酒。在仔细甄别后发现，该店销售的"泸洲老窖"白酒"洲"字与真正的"泸州老窖"的"州"字存在区别，且生产厂家也不同。这些"泸洲老窖"包装与真的"泸州老窖"极为相似，消费者比较难辨认，属于高度仿真的假冒酒。

令人咋舌的是，这些仿冒酒虽仅有一字之差，价格却有天壤之别！据店主何某介绍，当初从长沙进货也是图便宜，这批"泸洲老窖"进价才每件(6瓶/件)30多元。

第二节　字音引起的纠纷

形声字的声符虽然大部分表音不准确，但一般在读音上是有关系的，所以必须注意声符变化。误读、错读字音，笑话百出，可是在日常生活中屡见不鲜，应引起重视。如一部长达30集的电视连续剧字幕上有60余个错字、别字。将"斗智斗勇"的"智"改成了"志"字，"三思而行"的"思"写成了"四"字。

1. 古人误说笑话

"警"告读者

古代有个不学无术的教书先生，经常冒充饱学之士。有一天，有个朋友从京城回乡探亲，顺便来学馆看望他。两人刚坐下不久，正好有个学生向教书先生问道：晋文公的"晋"字怎么读？教书先生不识"晋"字，又怕在友人面前出丑。于是在晋字旁用红笔画一道杠，让学生等会儿再来询问。不一会，又有个学生来问卫灵公的“卫”字读法时，教书先生又用红笔把“卫”字圈起来，让学生等会儿再来问。又过了一会，一个学生向教书先生问：“‘仁者乐山，智者乐水’的‘乐’字该读何音？”教书先生不耐烦地答道：“与音乐的‘乐’字一样，应读成太阳落山的‘落’字。”学生走后，教书先生问友人说：“最近京城里有什么趣闻轶事吗？”友人答道：“我离京时，晋文公被戳了一刀，卫灵公被红巾军包围了。”先生又问：“不知道他们手下的官兵怎么样了？”友人笑着说道：“落山的落山，落水的落水。”教书先生听后信以为真，还不知友人在嘲笑自己。

2. “待贾”不是“待嫁”

古代有个叫李可及的人，最会说笑话。有一次，庆贺生日，和尚、道士讲完了经，李可及穿着儒士衣冠，登上讲台，自称三教论衡（指佛教与儒、道二教在学说及行事方面的论争）。旁有一人问道：“你既‘博通三教’，请问释迦如来是何人？”李可及说：“女人。”旁边那人大吃一惊，又问：“怎么是女人？”李答：“《金刚经》中说释迦如来‘敷座而坐’，要不是女人，为什么要‘夫坐’后‘儿坐’呢？”又问：“太上老君是何人？”答道：“也是女人。”问的人更加不懂了。李可及说：“《道德经》里讲‘吾有大患，为吾有身’；‘及吾无身，吾复何患’。要不是女人，为什么怕有身孕呢？”又问：“孔夫子是什么人？”答道：“也是女人。”问：“何以见得”？答道：“《论语》说：‘沽之哉！沽之哉！吾待贾者也。’要不是女人，为什么要待贾、等着嫁人呢？”其中“敷”与“夫”同音；“而”和“儿”（唐朝妇女自称为儿）同音。其次，是“有身”的歧义，造成了误会。“贾”字有不同的读音，本来读“gǔ”，却读成“jiǎ”，就变成嫁人了。

3. “还欠款贰仟整”

有人在自己出具的欠条上注明“还欠款贰仟整”，这是“还（huán）欠款 2000 元”，还是“还（hái）欠款 2000 元”？湖南醴陵市人民法院审理了这样一起一字多音引起的欠款纠纷案，判决被告人姚某偿付原告欠款 23827 元。事情的原委是，朱某在公路上行走时被姚某驾驶的微型面包车撞伤，经交警部门调解，姚某赔偿朱某各项损失 57627 元。签订协议时，姚付给朱 30799 元，剩余部分 26827 元由姚向朱出具了欠条。不久，朱某以姚某不还欠款为由向法院起诉。朱提供了一张欠条，其背面有姚某批注的“某年某月某日已付人民币 300 元整”和“某年某月某日已付人民币 700 元整”；在该欠条的正面，姚某还批注了“某年某月某日还欠款贰仟整”。朱某认为欠条正面的批注是“还（huán）欠款 2000 元”仍欠自己 24827 元，而姚某则认为是“还（hái）欠款 2000 元”，即只剩 2000 元未还。醴陵市法院经审理后认为，姚某当初向朱某出具欠条时，欠朱某26827元属实。姚某认为已偿付24827元，只欠原告2000元的事实，“谁主张，谁举证”，但姚某无法提供已偿付24827元的足够证据；同时，欠条正面的“某年某月某日还欠款贰仟整”系姚所批注，与某年某月某日和某月某日两次在欠条背面批注的书写语言不一致，在发生争议时，不利于姚某的解释。据此，醴陵市法院判决：姚某在该欠条正面批注的“某年某月某日还欠款贰仟整”中的还（huán）欠款2000元，加上某年某月某日、某月某日已偿付的1000元，姚某应立即偿付朱某23827元。

4. “昧昧”岂是妹妹

“妹”字的字形演变

从前有个参加科举考试的秀才，考试时竟把《尚书·秦誓》中“昧昧我思之”（昧昧，深切思念的样子），写成“妹妹我思之”。考官看了，哭笑不得，于是便在“妹妹我思之”旁边批上一句“哥哥你错了”，成为后人的笑料。“昧”字在西周青铜器簋（guǐ）中有两种写法。一种是上从“未”，下从“心”，意思是用心想得深，如《尚书》中“昧昧我思之”；另一种是上从“未”，下从“日”，昏暗不清的意思。屈原《九章·怀沙》中有“日昧昧兮其将暮”。小篆把“日”放到“未”的左边，变成从“日”、“未”的形声字。后来“昧”字引申为糊涂、不明白的意思。如“愚昧、蒙昧、冒昧、素昧平生”等。又可引申为隐藏，如“拾金不昧”、“昧良心”等。而“妹”字的甲骨文，左边是“未”，右边从“女”，所以说“后生为妹，女弟也”。弄清了“昧”和“妹”的意思，就不会出现上述的笑话了。

小篆“昧”字

5. 差一字惹纷争

2007年3月，吴明准备出售自己位于石河子市24小区的一套楼房。当月25日，李蓉看房后，与吴明达成口头买卖协议，并当场交给吴明5000元钱。吴明给她开了收据，内容为：收到李蓉购房订金5000元整，房款结算时扣除。3 个月后，吴明将房屋卖给了别人。李蓉得知后，要吴明归还 5000 元，被拒绝后李蓉将吴明告上法庭。吴明辩称，李蓉事后曾反悔，且她交的是定金，他有权不退。至于收条中的“订”字是错别字。石河子市人民法院审理后判决吴明返还李蓉 5000 元。法院认为，收据中写的是“订金”，且收据内容不能反映出这笔钱有定金性质。吴明不服，向农八师中级人民法院提起上诉。近日，中院驳回上诉，维持原判。应注意的是“订金”与“定金”的区别：“订金”是订购商品预付的款项。“定金”则是合同当事人为确保合同履行，由一方预先给付另一方的钱。债务人履行债务后，定金应抵作价款或收回。给付定金的一方不履行约定债务，无权要求返还定金；收受定金的一方不履行约定债务，应双倍返还定金。可见定金具有惩罚性的特点。

6. “下工夫”还是“下功夫”？

“工夫”最早的书证在东晋葛洪的《抱朴子・遐览》中：“既生值多难之运，乱靡（mí，无）有定，干戈戚（斧，古代一种兵器）扬，艺文不贵，徒消工夫，苦意极思，攻微索隐，竟不能禄在其中，免此垄亩（田地）。”“功夫”在西晋时期已有书证，见《三国志・魏志・三少帝纪》：“吾乃当以十九日亲祠，而昨出已见治道，得雨当复更治，徒弃功夫。”两处书证中的“工夫”与“功夫”意思相同，都是做事花费的时间和精力。直到清代，表示这个意思时，“功夫”和“工夫”都可混用。《红楼梦》一书中即如此：“贾珍等在女人身上是做功夫的，因此忙得不堪”；“他竟比盖这园子还费工夫”。所从在“做事花费的时间和精力”上，“功夫”与“工夫”是通用的。直到现在多数辞书认为“工夫”和“功夫”大部分含义是一致的，只有个别含义是有区别的：《辞海》中“工夫”亦作“功夫”，还有几个义项：① 工力；素养；② 指工程夫役；③ 空闲的时间。而在干释“功夫”中有两个义项：①同“工大”；② 武术的别称。由此可见只有指武术才有区别。《现代汉语字典》中“工夫”有三个义项：① 指占用的时间；② 空闲时间；③ 方位词，时候。“功夫”有两个义项：① 本领、造诣；② 指武术；③ 同“工夫”。概括地说：“工夫”指时间；“功夫”指本领，为此两者分工明确、各司其职。“下工夫”指花时间；“下功夫”指用本领。

7. 给我“抱”一下

有个叫王则明的人，是一家建筑公司的成本会计。有一次，为了核对一笔账目，他对坐在后面的李小姐说：你给我报一下吧！谁知李小姐柳眉倒竖、杏眼圆睁，根本不理睬王会计。——原来是发生了误会：李小姐把“报数”的“报”字误解为“搂抱”的“抱”，以为王会计言语轻薄呢！

第三节　张冠李戴、惹人捧腹的背后

——字义辨析

大部分汉字记录的词素，是有实在意义的。应辨清不同的字义，包括是每个字的原（本）义与引申义、比喻义。

1. “天地君亲”质疑

当今流行歌曲的歌词，往往随心所欲，似通非通。《百家姓》便是一例。“百家姓里你姓李我姓张，骨血里淌的都是黄河长江。”这句歌词意思不错，但“骨血”一词似欠斟酌。“骨血”通常指子女后代，虽然有个“血”，却和血管、血脉、血液并不是一回事。这首歌里还有一句：“横平竖直方方正正的中国字”，“天地君亲堂堂正正的中国心”。旧时有“天地君亲师”的提法，表示这五者是最值得顶礼膜拜的。现从中截取出“天地君亲”四字已属不伦，还把“君”字即皇帝作为“中国心”的代表，更让人有恍若隔世之感。

“非法”两字误用

2. “他、她、它”和“吗、嘛”

文字差错，大都不难辨别，但稍不留意，差错难免。以小品《“打工”幼儿园》为例，除写字板上“红掌拨清波”误写为“红掌拔清波”外，幼儿园主任说“幼儿园，他不能这么办啊”也错了，“他”指幼儿园，应该用“它”。一个小女孩子说杨六郎是“一只羊和六只狼”，另一个小女孩说：“他说得不对。”“他”显然用错，应用“她”。老师对主任说：“他要成不了银行家呀，银行有多少钱你赔他多少钱！”主任说：“我赔得起嘛？”“嘛”作为助词用于陈述句，表示道理是显而易见的，此处是反问句，理应用表示疑问语气的“吗”字。

3. “印刷字体”岂是“书法”

也许是言多必失吧，每年中央电视台举办的春节晚会上小品的台词最多，差错也最多。如《招聘》中把印刷字体说成了“书法”，印刷字体不属于书法范畴。书法，一般指用毛笔书写汉字的方法，是我国特有的艺术。“红旗迎风飘，凯歌冲云霄”中的“凯歌”竟错成了“凯光”。“凯歌”指胜利的乐歌，“凯光”含义不明且不成词。

第四节　害怕耳朵

——当心弄错偏旁

汉字的偏旁，有着特殊的含义与部位。汉字中偏旁形体不尽相同，取其相同的表意部分归类，每一类即称一部，每部的第一个字统称为部首。偏旁是针对合体字而言，它除了表示词义类别外，还有的表示读音。为此，偏旁包括部首。弄错偏旁而造成的错字甚多，应予以重视。

1. 三只耳朵的惊恐

从前有个官府里的师爷，写字时经常会写错偏旁。有一次县官让他造一份花名册，他把"陈"字的偏旁耳朵放在了右边，结果被打了二十大板。由于这位师爷生性愚钝，错认为凡是耳朵偏旁都应放在左边，后来造名册时，把"郑、祁"等姓的偏旁都放在左边，又挨了二十大板。时隔不久，有位姓聂（聶）的人找他代写状纸。他一听到这个人的姓，就吓得胆战心惊，连连摆手说："我因为左右两个耳朵偏旁挨了四十大板，你的姓有三只耳朵，如果替你写状纸，还不把我活活地打死。"

2. "捍"、"撼"二字，谬之千里！

2011 年 5 月 13 日，故宫博物院副院长纪天斌等相关负责人来到市公安局赠送锦旗，对市公安局迅速破获故宫博物院展品被盗案表示感谢。然而，一面写有"撼祖国强盛，卫京都泰安"的锦旗却招来了对故宫水平的再次质疑：堂堂故宫，难道也写错别字，而且还是意思截然相反的错别字？有网友揶揄，仅仅 10 个字就有 10% 的差错率，由此可见，故宫安保的差错率会有多大？

对于"捍"和"撼"二字，据《学生实用古汉语词典》（冯蒸主编，北京：人民日报出版社，2001），在其 239 页，对"捍"的解释有四种：① 捍卫，保卫。韩愈《张中丞传后叙》："二公（指张巡、许远）之贤，其讲之精矣。守一城，捍天下，以千百就尽之卒，战百万日滋之师，蔽遮江淮、沮（jǔ，阻止）遏其势力，天下之不亡，其谁之功也！"又，抵御、抗拒。《礼记·祭法》："夫圣王之制祭祀也，法施于民则祀之，以死勤事则祀之，以劳定国则祀之，能御大菑(zī,灾害)则祀之,能捍大患则祀之。”② 坚实的样子。例句从略。③ 古代射箭者所戴的一种皮革袖套。例句从略。④ 通“悍”,勇猛。《韩非子·五蠹》:“故明主之国,无书简之文,以法为教;无先王之语,以吏为师;无私剑之捍,以斩首为勇。”

该词典在240页,对“撼”字有所解释,就一种解释,即“动、摇动、震动”之义。韩愈《调张籍》云:“蚍蜉撼大树,可笑不自量。”《宋史·岳飞传》:“撼山易,撼岳家军难。”其引申义为“用语言打动人”,《宋史·徐勣(jì)传》:“蔡京自钱塘召还,过宋见勣,微言撼之。”

该用哪个字大家都很清楚,这一字之差,其内在的意义却是很重大的。从捍卫到撼动,这如何是好?看看上面与“捍”字的搭配的词语都是哪些词呢,韩愈用“天下”、《礼记》用“大患”。而“撼”呢?“大树”、“山”、军队。很明显,哪个用法厚重,就不用言而自明了。故宫的人却说那个“撼”字显得“厚重”,匪夷所思。

3. 朱镕基当“语文教师”

1988年朱镕基任上海市市长期间,当“语文教师”的逸闻传为美谈。1988年4月下旬朱镕基当选上海市市长后不久在市政府办公厅机关干部大会上讲话,对大家提出几点希望。最后他说:“我向同志们提出个小小要求,就是你们不要再让我当语文老师了。因为此前我在国家经委时经常当语文教师,白天开会,晚上批改文件,从语言文字到标点符号,牵扯了不少精力。”想不到,朱镕基仍做了几次“语文老师”。

有一次他在北京开会,上海市里将出台一份改革猪肉销售价格,即暗补改明补的文件,文稿作为急件发到北京请他签批,由于疏忽,出现了三个错别字。其中如“职工赡养家庭人口系数”中的“赡”字,应是“贝”字旁,打印稿中却错写为“目”字旁,“赡养”成了“瞻养”。“赡”(shàn)字指供给人财物。“瞻”(zhān)字指往上或往前看。为此“瞻养”中“瞻”字错用无疑。朱镕基把出现的三个错别字一一改正过来,并批示:“注意,你们把错别字送到北京来了!”“贝”与“目”字两个不同偏旁的字,形与义全不相同。

4. 投保人姓名的纠纷

江苏兴化市某镇的某先生1992年在中国人寿某镇办事处给女儿买了一份婚嫁保险。2001年,该办事处通知他更换保险证,某先生依言将原有的保险证交给对方后,不久就拿回新的保险证。后来,某先生细看保险证时吃了一惊,保险公司换证时将他姓名的最后一个字“扣”错写成了“和”。为了避免日后一字之错带来的麻烦,他去办事处要求将填错的投保人姓名一栏更改过来,可办事处工作人员却让他去找兴化市分公司解决。中国人寿兴化市分公司综合部的负责人了解后却解释说,20世纪90年代的保单均是手写的,给某先生换证时,可能因为手写字太潦草,误将“扣”字认作了“和”字。他表示,出现这类错误,保户可直接向办事处提供户籍证明复印件等证件,然后由办事处向分公司申请更改,办事处不得拒绝受理。可见“和”与“扣”字是偏旁的差别不大,却会引出不小的纠纷。

5. 胖子与肚子

评剧艺术家新凤霞出身贫苦,和剧作家吴祖光结合后,才在丈夫的帮助下识字。在她的笔记本内,错别字自然是难免的。有一天晚上,吴祖光准备给一位朋友打电话,这位朋友和他们一家人十分熟悉,被戏称为“胖子”。吴在新凤霞的电话簿上查了半天,找不到胖子的电话号码,就询向新凤霞。新凤霞接过电话簿,用手指着一页说:“这不是吗?”吴祖光一看,电话簿上写的是“肚子”而不是“胖子”。吴祖光顿时大笑。

第五节　汉字规范小议

汉字规范是一项长期而又艰巨的任务,不仅专业文字工作者要大力推广汉字规范活动,而且更应发动广大群众积极参与,才能取得收效。

1. 环境污染和文字污染

相传民国初年,北京有家洗染店请清末状元刘春霖书写字号。刘春霖书写“染”字时,在“染”字的“九”上多加了一点,还注上“以示不俗”四个小字。为此许多洗染店的字号都在“染”字上加上了一点。这位清末状元故弄玄虚,给文字规范带来了不良影响。正是无巧不成书。20 世纪 90 年代初,《中国漫画》杂志曾刊出一幅题为“二龙戏珠”的漫画,一条龙由黑烟构成,一条龙由黑水构成,两个龙头上分别写着“污染”两个字,以点明漫画的主题:废烟废水污染人类环境。漫画上的字却写错了,把“染”字中的“九”写成了“丸”。“染”字为什么一定要从“九”呢?原来古代染料都来源于植物,所以从“木”;染料溶化于水,在染缸染布,所以从“三点水”。染布不能一蹴而就,为了着色牢固均匀,经久不退,须反复染九(示多)次,所以从“九”。可见,染料源于木,染缸装满水。反复染九次,色艳久不退。环境不能污,文字更要洁!

2. 令人瞩目的差错

著名语文刊物《咬文嚼字》公布 2013 年中国出现频率最高、覆盖面最广的十大语文差错。据编辑部介绍,2013 年的差错多来源于热点社会新闻事件,其中包括“棱镜门”、王立军、汉字听写大会、高考等，且高频率差错比较集中。排在“十大语文差错”榜单第一位的是央视汉字听写大会中的“鸡枞(㙡)菌”(括号内为正确写法，下同)。生活中常见的用词错误“伏(服)法”、“授(受)权”，易写错字“冒”等也纷纷上榜。许多网友惊呼，这些错误自己犯了这么多年，竟然浑然不知。同时，有部分网友指出了一些未收录的常见易错字，如“尴尬”的偏旁并非“九”或“尤”，而是“尢”；“善”字上半部分为四横而不是三横。《咬文嚼字》称：“我们每年指出十个错误，就像蚂蚁搬家一样，希望大家能够对生活里的语文错误引起关注，这样我们的目的就达到了。”

2013 年央视中国汉字听写大会总决赛冠军争夺战中，主考官李梓萌出题“jī cōng jūn”，屏幕最终公布答案为“鸡枞菌”。当时，评委和观众对于公布的答案便存在争议。

其实正确写法应该是“鸡㙡菌”，“㙡”应读“zōng”。鸡㙡菌是食用菌，美味如鸡。而“枞”有两个读音，一读“cōng”，木名，冷杉；二读“zōng”，地名用字，安徽省有“枞阳县”。二者都与食用菌无关。

2013 年，王立军、薄谷开来因涉嫌犯罪被公开审判，有媒体在报道中说：“王立军被判处 15 年有期徒刑后，认罪伏法，不上诉”，“涉嫌杀人被公开审判，薄谷开来认罪伏法”。其中的“伏法”均是“服法”之误。“伏法”指犯人被执行死刑，“服法”指犯人服从判决。

“棱镜门”的报道中，“泄密”是高频词，但是许多媒体将“泄密”误写为“泄秘”。“秘”和“密”都有秘密的意思，但侧重点不同。“秘”强调内容隐蔽，客观上不为人所知，如“秘方”、“秘史”等；“密”强调隐蔽内容，主观上不让人知道，如“密谈”、“机密”等。二者不宜搞混。

2013 年 10 月浙江温岭市某医院三名医生被患者持刀捅伤，其中一位医生不幸遇难。多家媒体在报道时称之为“弑医案”。“弑”是古语词，指臣子杀死君主或子女杀死父母。医生与患者之间不存在这种关系，不能用“弑”字。

律师公文分不清“受权”和“授权”。为了解决纠纷，企业或个人有时委托律师全权处理。律师常为当事人发布“律师受权声明”，但“受权”常被误成“授权”。“授权”即把权力授予他人，而“受权”是接受他人赋予的权力。律师接受企业或个人委托发表声明，是“受权声明”，而非“授权声明”。

2013 年陕西南部秦岭等地，曾发生严重的胡蜂蜇人事件。有媒体在报道这一事件时，把“蜇人”的“蜇”误写为“蛰”。“蜇”和“蛰”字形相近，但音、义皆不同。“蜇”读“zhē”，指蜂等用毒刺刺人或动物；“蛰”读“zhé”，本义指动物冬眠，藏起来不动不食。

汉字书写中经常写错“冒”。“冒”人人都认识，但很可能落笔即错，被称为汉字中的“第一易错字”。“冒”上面部分下不封口，两短横与左右竖不相连，不少人误写作“曰”或

“日”。汉字中还有一些以此作部件的汉字，如“日冕”的“冕”、“玳瑁”的“瑁”等。

3. 交警特殊的“家庭作业”

从2005年12月22日起，山西省大同市的700多名交通警察多了一项“家庭作业”——练字。2005年元旦，这700多名交警将集体参加执法规范书写比赛，不合格者将暂停上路执法资格。这是大同市交警部门开展“树文明警务形象，做文明执法表率”的活动的内容之一。因为大同市是山西省的运输大市，当时机动车辆已突破11万辆，其中相当一部分是重型运输车，部分车主反映，有些交警在填写处罚单时，字迹潦草，他们根本不认得，又不敢问。为此，大同市交警支队要求各交警利用10天业余时间练字，届时不合格者将暂停上路执法资格。此类家庭作业值得在各行各业大力提倡，不仅有助于汉字规范化，而且大大增强了事业责任感。

第十五章　网络文字独特的文化魅力

近年来随着互联网蓬勃发展,网络文字迅速增多。不经意间,网络就一天天地走进了我们的生活。今日的网络,不仅结合了科技,更连接了人类、组织和社会。无疑,越来越多的人正处于网络文化的新时代当中,而人类交流的工具——语言文字,也正随着网络的扩展在一个新的时空延伸。E 时代,最初用来指广泛应用电子(electronic)产品的时代。电脑网络出现后产生了电子邮件(E-mail),电子信件以其快速、简便、多功能等在很短的时间内颠覆了传统的手写邮寄信件;同时微软的"浏览 e"的出现,宣布了对传统新闻报纸、书籍、视听彻底颠覆的"大 E 时代"到来。随着电子应用范围不断发展、深化,我们又迎来了电子商务,不断把市场和交易电子化了,随着网络市场交易的不断壮大,电子市场又将颠覆传统的市场交易。电子还在发展——E 时代,E 代天骄,如何创造出"中国 E 市场"?同时,也有人认为,E 时代代表经济(economy)时代,环境(environment)时代与娱乐(entertainment)时代。

目前，人们还没有来得及进行网络文字的研究，甚至还没有真正意识到什么是网络文字，令人应接不暇的网络文字却早已在网络上、生活中纷纷亮相了。

第一节　“旧瓶装新酒”
——原有的词汇产生新义

1. 对现有词语进行重新诠释来表达全新的概念

“树洞”的秘密

树洞可以隐藏一些东西，也比喻隐藏秘密。网词中指人们可尽情倾诉秘密的安全之地。现在社会中“树洞”一词也多了一层更深的含义，即指袒露心声的地方。其说法最早源于童话故事《皇帝长了驴耳朵》，说一个国王长了一对驴耳朵，每个给他理发的人都会忍不住告诉别人，从而被砍头。有一个理发匠把这个秘密藏得好辛苦，终于在快憋不住时在山上对着一个大树洞说出了这个秘密。从此这树上的叶子只要放在嘴边一吹，就会发出“国王有驴耳朵”的声音。

而在电影《花样年华》里，也曾经提到过“树洞”这个概念。它说的是不能告人的秘密，某种内心里无法倾吐与分享的纠结。但是它又让人有强烈的倾诉欲，把它藏在胸中犹如烈焰燃烧，让人片刻不得安宁。但是，人总需要一个倾诉的地方，童话故事里人们将心事找个树洞倾诉，然后用泥封住，而现实社会中的人们也需要这样一个树洞来倾诉。心理医生说过，倾诉有利于身心健康，这就是树洞的作用。

而网词中“树洞微博”指账号和密码公开，供人随意发表言论与宣泄情感的公共微博。微博用户可以在上面说出自己的秘密，个人信息却不会暴露。

不平常的“达人”

“达人”，是指在某一方面有特殊才能之人，亦即“通达”之意。“达人”中的“达”字是“第一”的快速连读。《论语 · 雍也》：“夫仁者，己欲立而立人，己欲达而达人”，意思是“仁是什么呢？自己要站得住，同时也使别人站得住；自己要事事行得通，同时也使别人事事行得通”。此处的“达”意思为“穷塞通达”之“达”意，即通达，在事业、人生与理想上极为顺畅。与网民所用之“达人”中“达”字意义相近。它与王勃《滕王阁序》“所赖君子见机，达人知命”中的“达人”，已经极为一致，即在某一方面某一领域有不凡的成就，通达顺畅无阻之人。但现在所使用的“达人”比《滕王阁序》中的“达人”词意又有扩充，达人常指某一领域非常专业、出类拔萃的人物。

一般用法为“××达人”。例:“音乐达人”就是在音乐方面非常杰出的人;“灌水达人”就是指在 BBS(电子公告牌系统)里长期大量发无意义帖子或回帖非常熟练的人。在东方卫视 2010 年引进的《中国达人秀》中,达人又被赋予了不同的含义,意为“勇于达成梦想的人”。

2. 另一类网词用全新的语素组合表达全新的概念

“人肉搜索”的威力

“人肉搜索”,即“人肉搜索引擎”,是指利用人工参与来提纯搜索引擎提供信息的一种机制,实际上就是通过其他人来搜索自己搜不到的东西。人肉搜索引擎之所以以“人肉”命名,是因为它与百度、谷歌等利用机器搜索技术不同,它更多地利用人工参与来提纯搜索引擎提供的信息。由于人肉搜索聚集了各地不同阶层、不同知识背景的人,所以威力巨大,但同时会产生侵犯隐私的问题。

据了解,人肉搜索的始作俑者是“猫扑网”,接近“百度知道”一类的提问回答网站。先是一人提问,然后八方回应,通过网络社区集合广大网民的力量,追查某些事情或人物的真相与隐私,并把这些细节曝光。人肉搜索中或许没有标准答案,但人肉搜索追求的最高目标是:“不求最好,但求最肉。”“百度知道”、“新浪爱问”、“雅虎知识堂”从本质上说都是人肉搜索引擎,它们都是应用这种针对性的人工参与方式。

最火爆的网络用语——“给力”

“给力”表示给劲、带劲的意思。一说源于中国北方方言,又一说源于闽南语,但均找不到证据。“给力”一词,最早见于《魏书》卷十一《前废帝广陵王纪》:“诏员外谏议大夫、步兵校尉、奉车都尉、羽林监、给事中、积射将军、奉朝请、殿中将军、宫门仆射、殿中司马督、治礼郎十一官,得俸而不给力,老合外选(打破常规的选拔)者,依常格,其未老欲外选者,听解。”其中“给力”的词语释义:事或物向有利的情况发展超出了预期,结果比预期的还好。从构词来看,“给力”是动宾结构,符合汉语构词法。“给力”起初是形容词,可以表示“牛”、“棒”、“酷”、“爽”、“精彩”、“出色”等;而“不给力”则表示“失望”、“遗憾”、“不爽”、“不好”等。后来“给力”也常用作动词,表示“给予力量”、“给予支持”、“加油”、“加一把力”等。

“给力”一词最早在网络上现身是在 2004 年 4 月 28 日,出现在百度贴吧里。原句为“我就是喜欢这种特别给力、特别能释放的歌,符合我的性格,心情不好的时候听听可以释放一下,然后再去全力以赴地迎接那个阴天,把它变成晴天,去创造彩虹”,很显然在这里

"给力"就是"精彩、刺激"的意思。这是能考证到的"给力"在网络上第一次现身。"给力"一词最火爆源出现于2010年5月由中国传媒大学南广学院播音与主持艺术专业06级四名同寝室学生决定用配音的方式纪念即将告别的学生时代。他们采用自己寝室里经常说的富有感染力和幽默感的语调，上传网络的一段日本搞笑动画《西游记：旅程的终点》中文配音版中悟空的一句抱怨："这就是天竺吗，不给力啊！"该动画视频贴到网上，点击率居然突破一百万。所谓"不给力"就是形容和预想目标相差甚远，而"给力"一般理解为有帮助、有作用、给面子。在2010年世界杯期间，"给力"开始成为网络热门词汇。"给力"，即给劲、带劲，后引申出有帮助、有作用、有劲等意思，泛化为一个用途广泛的褒义词：迸发动力、激发活力、释放能力等，已在许多报刊使用。同义词有：得力、挺力。反义词有：抵力、不给力。近义词有：给劲、给脸等。"给力"或"不给力"，言简意赅又传神，旋即风靡网络。

人民日报

江苏给力"文化强省"

《江苏给力"文化强省"》

如果仅限于此，那只是网民的"自娱自乐"。2010年11月10日，"给力"出现在《人民日报》头版标题中——《江苏给力"文化强省"》，引发舆论强震！"《人民日报》太给力"被多重解读，比如大众有创新能力、官方顺应网络潮流等。不可否认的是，网络已成为公民表达意见、参与社会管理最便捷的方式。2011年"给力"一词又登陆春晚，海清和黄海波的小品《美好时代》之后，朱军问大家："刚才的小品给力吗？"台下一片欢呼。而"给力"这个词也因为这个小品成了中国网民的口头禅，成了当时中国最火爆的网络用语！

走入我们视野的"悲摧"

如今年轻人把"悲摧"挂在嘴边："悲摧啊！我挂科了。""今天早晨没睡够，很悲摧！""饭卡丢了，多悲摧！"百度网释义为："从字面上来看意思是悲惨得催人泪下，一般表示不称意、不顺心、失败、伤心、悔恨等意思，带有较强的戏谑意味。"悲摧的心境在当下社会容易与青年人不尽如人意的现实遭遇和内心感受产生共鸣，因而有很广泛的社会认同度。如今其使用范围已超出了网络，以燎原之势扩散到各种平面媒体以及电视媒体的节目上。

"悲催"与"悲摧"二词同音同义。而"悲摧"一词古已有之。如古诗《孔雀东南飞》：

刘兰芝被休回娘家,“兰芝惭阿母”:“儿实无罪过。”“阿母大悲摧。”“悲摧”,即悲伤。《广韵·灰韵》:“摧,阻也。”《广韵·语韵》:“阻,忧也。”“摧”与“怆”、“悲”义近,“悲摧”是同义复词。随着网络流行,一度休眠的古语词“悲摧”被重新激活。

随着使用频率增加,范围扩大,“悲摧”词义中附加调侃成分成为语义的焦点,比其概念义——哀伤还要突出,更加符合年轻人的真实生活,并产生了高于生活的夸张效果。

3. 外来词的合璧

含有外来成分的网词如今比比皆是,其中有音译、谐译、意译、混用词等。音译如:Internet—因特网。意译如:-ing,英文中表现在进行的时态,直接用于中文动词之后表示正在进行,处于状态之中。再有一种应用广泛的谐译。即借用一个和外语词读音相似但意义完全无关的汉语词构成新词。如:“马克”(mark)的谐译,是做好标记,留在今后再用或再读。又如:“败”字,“buy”的谐译。由于中文字义的贬义影响,带上了乱花钱的意味。但谴责的程度,常用于自嘲。如:“hold 住”中英文混用词,在英语中,“hold”有拿、抱、握住、顶住、控制、掌控等意思。“hold 住”就是指面对各种状况都要保持住、坚持住,充满自信,从容应对一切。该词来源于香港粤语,后来迅速蔓延至广东和台湾,也有人认为“hold 住”意思为:保持目前状态并且蓄势待发,随时改变当前状况。这些词汇产生主要是因为电脑和网络本是西方国家的发明,技术上的优势造成语言上的侵入,英文对中国当代的网络词汇有着莫大的影响力,许多网络词汇源于英文。

第二节 “意在言外”的特殊效果
——不规则造词

语言文字活力的表现之一就是不断有新词产生,不管是进口的(如:××控),国产的(如:被××),出口转内销的(如:geilivable,给力),还是老树发新芽(如:神马、浮云、令人发中指)。那些企图限制语言文字自由流通的行为或许只能是庸人自扰。他们造的不是词,造的是寂寞。

1. 老树发新芽的“神马都是浮云”

神马(shén mǎ)作为网络流行语言,是“什么”的谐音,意同“什么”。2011 年最流行的一句话:“神马都是浮云。”随着网络的飞速发展,“神马”成了网络用语,“什么”的谐音。“神马都是浮云”意指什么都不重要。

“神马都是浮云”这一流行语被许多娱乐节目引用,如《快乐大本营》2011年新节目的名称就把“神马都是浮云”和“给力”连了起来,组成了一个新句子——神马都给力。

浮云,即天上飘浮的云彩,“浮”有飘浮、飘动之意。汉代苏武、李陵于河梁相别。李陵《与苏武诗三首》有“仰视浮云驰,奄忽互相逾。风波一失所,各在天一隅”,苏武《诗四首》有“俯观江汉流,仰视浮云翔”。其后,人们便常以“浮云”表示漂泊不定,变幻无常。

浮云

正是由于行踪无定的特征,浮云具有了象征浪迹天涯的游子的意思,比喻飘忽不定,未有定处。又被用以代表转瞬即逝的事物,也引申为不容易实现的事物或不愿去实现的事物。最早在《论语·述而》中便有:“子曰:‘饭疏食饮水,曲肱而枕之,乐亦在其中矣。不义而富且贵,于我如浮云。’”以“浮云”来比喻不合义理而得到的富贵。老一辈革命家陈毅的“莫道浮云终蔽日,严冬过尽绽春蕾”,更表现出冲决阻碍、战胜邪恶、走向胜利的坚定信念。

2. 贾君鹏的“网络奇迹”

贾君鹏,网络虚拟人物。2009年7月16日,网友在“百度贴吧—魔兽世界吧”发表的一个名为“贾君鹏,你妈妈喊你回家吃饭”的帖子,随后短短五六个小时内被390617名网友浏览,引来超过1.7万条回复,被网友称为“网络奇迹”。“贾君鹏,你妈妈喊你回家吃饭”也迅速成为网络流行语。贾君鹏事件可以理解为一次互联网行为艺术,一次贴吧文化狂欢。《贾君鹏,你妈妈喊你回家吃饭》一帖是在2009年7月16日上午11点发出的,帖中内容只有“RT”二个字母,意思为“如题”,对“为什么发帖”,“贾君鹏是何许人物”等问题并没有做出解释。一名自称是“贾君鹏”的网友在跟帖中回复称,“我今天不回去吃饭,我现在在网吧吃饭呢。你帮我给妈妈说一下”。不过该名自称是“贾君鹏”的网友却很快被其他网友戳穿,发现该ID序列号的注册时间比发帖时间晚2分钟,“肯定是恶搞的”。其他跟帖的网友说。这句“贾君鹏,你妈妈喊你回家吃饭”迅速蹿红网络,已然成为2009年网络新流行语。此后,许多网友把自己网名改为“贾君鹏妈妈”、“贾君鹏姥爷”、“贾君鹏女友”……形成异常庞大的“贾君鹏家庭”,“你妈妈喊你回家吃饭”这一句很家常的话也开始广泛套用,形成各种版本,比如“易中天校长叫你回家吃饭”。然而,在这场网络大狂欢的背后,难掩亿万网民内心深深的寂寞。综其原因,既有魔兽世界迟迟不开服(开服指增开服务器后，开放可以游戏的状态)，但更多的是由于当代网民内心生活的空虚寂寞。

《贾君鹏，你妈妈喊你回家吃饭》只是保留了生活中一种原始状态，却不时给人们带来一点惊喜。而商家的介入，更增添了新趣。

“贾君鹏”走红后，经各大网站“宣传”，许多不玩魔兽的网友也开始纷纷涌入“魔兽贴吧”围观，更有不少网友加入恶搞大军，在网络上发布自己杜撰的“贾君鹏”故事。在天涯论坛，一位署名为“TY 版猪吃 G8”的网友上传了数十张自己制作的“贾君鹏”恶搞图集。至此，“贾君鹏”已经脱离了原帖，成为网络恶搞文化中的一块新品牌。

商家也巧妙地运行该流行语。网上某手机店铺，给一款知名品牌手机打出这样的广告语：“贾君鹏，你妈给你买手机了。”网上又出现有“贾君鹏，你妈妈喊你回家吃饭”字样的 T 恤，还有 100 多件网购产品，都用上了“贾君鹏温情推荐”等词语。

官场上出现“你妈妈喊你回家吃饭”，表现出了政治敏锐，寓意则是政治告诫。喊官员回家吃饭的，就不仅是他们的妈妈，更是爱护他们的人民大众。这个流行语也就包含更大的容量与智慧。

2009 年 8 月，在宁波一家公司附近的献血点旁边出现了一张相当“雷人”的宣传语：“贾君鹏——你妈妈叫你来献血。”看来网络名人“贾君鹏”越发有号召力了。

献血宣传语

第三节　网上一道独特的风景线
——缩略语

人们用简单的字符表达略微复杂的意义，真正做到了“言简意赅”。网络中的缩略语大约包括：

(1) 英文或汉语拼音缩略。拼音缩写是网络语言中最常见的，比如：妹妹不叫妹妹叫“MM”，哥哥不叫哥哥叫“GG”，弟弟不叫弟弟叫“DD”，姐姐不叫姐姐叫“JJ”，女孩漂亮不说漂亮说“PLMM”，佩服佩服说成“PFPF”，冰雪聪明说成“BXCM”，神经病说成“SJB”，拍马屁说成“PMP”，照片不叫照片叫“PP”，流氓叫“LM”，臭美叫“CM”，砍人、攻击叫“PK”。“FB”是“腐败”的汉语拼音缩写，原指官员的贪污腐败、公款吃喝等违法乱纪情况，在网络语言中指和一些志趣相投的友人吃喝玩乐。

(2) 数字缩略。一般采用谐音形式，读音大致相似，而且存在一个数字对应几个谐音字。

1414：意思意思；1314920：一生一世就爱你；1372：一厢情愿；1414：要死要死；25184：爱我一辈子；282 饿不饿。233：与其他数字组合不同，最早源于猫扑论坛，使用 NICONICO（动画）动态图组中，代码为 233 的图是捶地大笑。用户只要输入 233 即可生成此图。233 逐渐引申出大笑的意思，并可扩展为 $2\dot{3}$,3 越多表示大笑程度越深。

缩略语的最大特点是简洁，往往用寥寥几个简单字符就能表达一个完整的意思。

第四节　彻底颠覆
——网络另类文字

当网络迈着轻盈的脚步飞快地向我们涌来的时候，网络语言彻底颠覆了中华文化几千年来所凝聚出的文字含义。

拼音缩写是网络语言中最不难理解的，但在网络中很有代表性的字词，却完全改变了原字的含义，比如：人不叫人，叫"银"，我叫"偶"，年轻人叫"小 P 孩"，蟑螂叫"小强"，什么叫"虾米"，不要叫"表"，喜欢叫"稀饭"，这样子叫"酱紫"，好叫"强"，被无数蚊子咬了，叫"新蚊连啵"，吃喝叫"腐败"，请人吃饭叫"反腐败"。"呼呼"是指睡觉，"抓狂"是指受不了刺激而行为失常，"爱老虎油"是指我爱你，"倒"是指晕倒，"废柴"是指没用的人，"贤惠"说你闲闲的什么都不会，"蛋白质"是"笨蛋 + 白痴 + 神经质"。"青蛙"是女孩用来讽刺爱上网，但相貌比较丑的男生。"恐龙"是男孩用来讽刺爱上网，但容貌不出众的女孩子。"菌男"即俊男，"霉女"是说美女。

论坛比较常用的词，比如："菜鸟，小虾"是指初级水平的新人。"老鸟，大虾"是指高手。"斑竹，猪猪"指 BBS 论坛上的管理员。灌水：让你发表意见，写文章。与之相应的还有"造砖"，灌水是随便写，造砖是用心写。拍砖：意思是发表批评意见或不同意见。"潜水员"就是那些喜欢看别人灌水自己不灌水的家伙。马甲：自己在网络中的另一个名字，指虚假的身份。

1. 古文字"囧"的变化

甲骨文　　金文　　小篆　　楷书

“囧”,本义为“光明”。从2008年开始在中文地区的网络社群间成为一种流行的表情符号,成为网络聊天、论坛、博客中使用最频繁的字之一,它被赋予“郁闷、悲伤、无奈”之意。“囧”被形容为“21世纪最风行的一个汉字”。2011年,陕西凤翔一农民捡到一陶器残片,发现上面刻有一个“囧”字。据文物部门专家介绍,陶片距今已有2000年以上历史。陶片上的“囧”是一种象形字,起源于甲骨文,是在先秦战国时代官方发文中经常出现的吉祥图案。在篆体中,最早的“日”字写法就是“囧”。后来,唐代书法家颜真卿在楷书中运用篆书的写法,把“明”字写成“朙”,现在仍有书法家沿用。2011年7月,一块纪念南明永历皇帝朱由检的殉难碑,因出现“囧”字而惹来围观,实际上正是颜体“朙”字的半边。

“囧”字起源于甲骨文。在甲骨文中,“明”字左边是一个圆形太阳,到了金文时期,“太阳”变成车轮形状。秦朝统一六国后,推行小篆,很多字都发生了装饰性变化,《峄山碑》中的“明”变成了“朙”,结构虽复杂,但挺好看。宋代后,“明”字被官方定为正体字,推广使用,“朙”变成了异体字,很少见到。但汉族王朝最后一个皇帝、明思宗朱由检的这块“明永历帝殉国处”石碑,再次让“朙”字进入大众视野。

2. 新兴网络词汇的涌现

“萌”,形容可爱的表情或人。“萌”作为网络流行语,脱胎于日语“萌え(もえ)”。“萌え(もえ)”在日语中表达可爱、喜爱的意思,于是中国网民把单独的萌字拿出来,比喻很可爱的意思。

3. 时尚的“四字成语”

大量所谓“四字成语”出现在学生作文中,这些成语来自网络,代表着时尚,却词不达意。有位小学语文老师,她在开学这几天“备受打击”,竟“沦落”到连小学生作文也看不懂的地步。原来,这位语文老师给学生布置了一篇作文,谈暑期归来后的感想,结果有几个学生写了类似的话:“看到教室在暑假里被粉刷一新,真让人感到喜大普奔。”语文老师是师范中文系硕士毕业,从没听过什么叫“喜大普奔”。而在学生交上来的暑假作文中,有一个平时作文很好的女生颇有文采地写道:暑假看过一部电视剧,女主人公对男主人公心怀好感,但因为两人差距太大,她也只能“十动然拒”。这位语文老师翻遍了词典,也没搞清楚这个成语是什么意思。她把学生叫来询问,学生竟显出“你落伍了”的神情,他们万没想到老师竟连“喜大普奔”是“喜闻乐见、大快人心、普天同庆、奔走相告”的缩略语,“十动然拒”是“十分感动,然后拒绝”之意都不知道。按照现在考试规定,作文1个错别字扣1分,1个网络四字成语就是4分啊,如果用两个这样的成语,一篇作文也就完蛋了。最近所谓网络“四字成语”红得发紫。比如意为“细细想来,恐怖至极”的“细思恐极”,意为“男人沉默,女人流泪”的“男默女泪”,意为“虽然不明白对方什么意思,但觉得很厉害”的“不明觉厉”。人气最高的当属“人艰不拆”。在不久前的七夕节,当被问及“明年七夕你还会是一个人吗”,人们总以“人艰不拆”自嘲。此语现在代表“人生已如此艰难,有些事情就不要拆穿”之意。

4. 汉字最有内涵文字“丨”爆红网络

“茴香豆的‘茴’到底有几种写法?”孔乙己的“千古名言”还在被不少热爱语文的网友津津乐道,另一个更加生僻和令人大跌眼镜的汉字“丨”已经在网络横空出世。“刚刚才知道,‘丨’竟然是个汉字!”“丨”不仅仅是个汉字,而且有四种读音,还是个姓氏!新发现的“丨”迅速走红,并被网友誉为“最有内涵文字”。“丨”,拼音“gǔn”,基本字意:上下贯通。“长相”与笔画“竖”毫无差别的“火柴棍”“丨”竟然是一个汉字,一下子引发了不少网友的兴趣。事实上,更为震惊的事情还在后头,“更凶残的是,这个字竟然还是个多音字”。“丨”不为人知的一面,这根“火柴棍”不光念“gǔn”,还念“shù”,意思和“火柴棍”差不多,同“竖”。“丨”的第三层含义,这个瘦瘦长长的字眼还是个姓氏。作为姓氏时,“丨”的读音摇身一变成了“yī”。汉字讲究的不光是读音,还有笔顺和写法。在“丨”的第四种读音里,这根“火柴棍”竟然要反方向书写。“丨”,拼音:tuì,从下向上倒着写。微博的转发一下子让“丨”字光速走红。

“怪字”被陆续挖出,根据网友留言,“灬”、“丶”等看似是偏旁部首、标点符号的笔画竟然也都是汉字,“灬”念“huǒ”,而“丶”应当读作“zhǔ”。如果查阅《汉语大字典》后可知道“丨”、“丶”、“灬”都是汉字。而在《说文解字》中也能查到“丨”和“丶”。但“丨”在微博上流传的四种读音在《汉语大字典》中只能查到“gǔn”这一种。《汉语大字典》和《说文解字》收录的汉字比较全面,网友所说的“yī”和“shù”的读音目前在权威字典中查不到,有可能是地方方言。“tuì”的读音在一本韵书中曾经出现过。在《集韵》中,被网友找出的汉字“灬”不光念“huǒ”,还有个读音念“biāo”,意为“烈火熊熊”。为什么这些看上去有些古怪的字眼在《现代汉语规范辞典》里压根就查不到?因为《汉语大字典》收录汉字6万多个,而《现代汉语规范辞典》《新华字典》等字典里收录的是现代文字中的常用汉字,多是现行规范字。所以《现代汉语规范辞典》里没有收录的,看上去有些“古怪”的字眼不代表就不是汉字。只是这些字在现代汉语中不常用。

第五节　虚玄奥妙，其趣无穷

——典故术语解密

典故词是网络语言文字中特有现象。典故词包含了大量的信息，浓缩了特定人物与特定事件的背景信息，不了解这些背后的故事，就无法理解和使用这些词语。之所以称典故词，因它的构造方法与使用典故如出一辙，而且随着时间的推移，有些人和事也会逐渐成为未来的典故。术语是指网络语言文字中的术语。

1. 无奈的“打酱油”

2008年新网络上流传香港明星陈冠希不雅照，引起社会轰动。广州电视台街头采访一位市民对此事件看法。这位市民说：关我什么事，我是出来打酱油的。这句话随之被广泛流传。“打酱油”用来表示不想谈敏感话题、与自己无关、自己什么都不知道等意思。由此还引申出“酱油男”、“酱油族”、“酱油党”等用法。

打酱油

来源一

源自于陈强与陈佩斯父子的喜剧《父与子》中的一个镜头：影片中陈佩斯所饰演的二子因为要考大学，刻苦温习功课，以至于走火入魔。父母让他出去打酱油，结果他拿着瓶子，一边背书一边走，撞到了一个路牌，上边写着“前方施工，请绕行”，于是他转了一圈，拿着空瓶子回去了。空走一遭，什么也没留下，什么也没取回，等于路过。

来源二

来自于贾平凹文章《笑口常开》，原文如下：

有了妻子便有了孩子，仍住在那不足十平方米的单间里。出差马上就要走了，一走又是一月，夫妻想亲热一下，孩子偏死不离家。妻说：“小宝，爸爸要走了，你去商店打些酱油，给你爸爸做一顿好吃的吧！”孩子提了酱油瓶出门，我说：“拿这个去”，给了一个大口浅底盘子，“别洒了阿”。孩子走了，关门立即行动。毕，赶忙去车站，于巷口远远看见孩子双手捧盘，一步一小心地回来，不禁乐而开怀。

小孩子因为端的是大口浅底的盘子，所以一时半会儿回不了家，小孩子嘛，可能手里还有几个买酱油剩下的余钱，于是又跑去了网吧，上QQ，又不知老爸老妈让打酱油的真实动机，童言无忌，老老实实道：“我是来打酱油的，关我什么事！”

来源三

由于以前酱油都是散称零卖的，而家里一般都唤小孩去跑腿，也算作是对小孩的一种锻炼。

一般是指小孩都很大了，都能自己一个人去买酱油了，通常都比喻一种预期的结果或时光飞逝，或指说自己已经老了或是不年轻了，如：我上大学时，我的初中同学结婚了，他就对我说："你结婚时，我孩子都能打酱油了。"

来源四

《铁道游击队》第七章：

王强提着一个大玻璃瓶子，眨着小眼，摇晃着膀子，装出一种很快乐的神情，到车站上去。见了鬼子的岗哨，他神情是那么自然，站上的买卖人、脚行都是老熟人，一见面就问：

"王头，多久不上站了呀！提着瓶子打酒么？"

"不，"王强笑着说，"我是来打酱油的，听说洋行里不是有新来的好酱油么？"

王强一边和站上的买卖人搭讪着，一边向洋行的那一边走去。

……

可以看出，在《铁道游击队》中，打酱油就已经是"路过，观察"的幌子了。

派生词

酱油男、酱油哥

原义：皮肤较黑的人，热带地区说法。"酱油男"、"酱油哥"如今意在调侃那些对新事物漠不关心，甚至无知的人，也表达对楼主发的主题表示不关心、没兴趣、不参与话题讨论的意思，由"打酱油"一词延伸出来。

酱油族

在中华网军事论坛里，网友经常展示"我出来买酱油的"的贴图，而且经过网友们不断的修改，对白越来越搞笑。因此，将那些乐此不疲地 PS 那张图片的网友归为"酱油族"。

酱油党

打酱油是一个态度，所谓的沉默的大多数，所谓的"非暴力不合作"；打酱油是一种生活，既不是简单地路过，也不是单纯地看热闹；打酱油是一种娱乐，冷眼旁观他人的喧嚣，静静品味自己的沉默。

再议"打酱油"

"打酱油"这个词语便在网络上迅速蹿红，成为一种幽默的托词。后来，网友用"打酱油"回帖，相当于"路过"、"飘过"的意思。

“打酱油”成为流行网络术语，对其语义试做阐释——虽在道义上确实关注某事，对此也有明确看法，但或明哲保身，或不屑回应，遂以“打酱油”为托词敷衍塞责。表面上无可奉告，其实流露出对现实的无奈。正是：“事不关己不开口，专心致志打酱油。”

打酱油，打的是寂寞。网络的发达，衍生出不少新的词汇，且被网络人士广为传颂。

近来正当人们认为“打酱油”会和其他流行语一样“降温”或“消失”之时，“打酱油”一词在原有意义的基础上再次引申，出现了新的用法，焕发出新活力。“打酱油”出现在娱乐领域，可理解为“当配角”、“跑龙套”等。这是沿着原有“路过”之意引申来的。路过某地一般仅是瞬间发生之事，并不值得注意的，所以“打酱油”又引申出表示做配角的“陪衬”之义，表示并没有太多的出彩表现。“打酱油”一词再次流行，充分显示了网络流行语的生命力。

2. 横空出世的“土豪”和“土豪金”

要说最近的网络热词，“土豪”是最近在网络上十分流行的一个词语，原指在旧社会乡里凭借财势横行霸道的坏人，后被网友引入虚拟世界，指代一些在网络游戏上舍得花大钱的玩家。

“土豪”网络上指无脑消费的人，也可以引申到其他领域[网络游戏、电子设备、动漫ACG(电玩游戏总称)等]。如某网络游戏中的人民币玩家被称为“土豪”，有时也会简化为“壕”。用于讽刺那些有钱又很喜欢炫耀的人，尤其是通过装穷来炫耀自己有钱的人。该意义衍生出“土豪，我们做朋友吧”等句子。有些人把比自己肯花钱的人都称为“土豪”。

“土豪”说简单点就是很土的富豪。检索其所以横空出世，好像是来自不知何方神圣杜撰出来的“青年与禅师”的对话。青年问禅师：“大师，我现在很富有，但是我却一点也不快乐，您能指点我该怎么做吗?”禅师问道：“何谓富有?”青年回道：“银行卡里8位数，五道口有3套房不算富有吗?”禅师没说话，只伸出了一只手，青年恍然大悟：“禅师是让我懂得感恩与回报。”“不，土豪。我们，可以做朋友吗?”

第二个让“土豪”广为人知的事件是，2013年10月26日广州恒大以2∶2逼平韩国首尔足球俱乐部之后于第二天下午2点抵达白云机场。当时广州的球迷们自发集结在机场迎接恒大勇士们。迎接队伍发生骚动，只见十数个身着金色吊带短裙的窈窕美女穿过人群，她们胸部上方以及脸颊上画着“土豪”字样的彩绘，这一富有喜剧色彩的瞬间被记者抓拍，并将此事写成新闻上传网络，迅速蹿红网络。一时，“土豪”一词在新浪微博中被提及5200万余次，而且迅速蔓延到了舆论场之中。

苹果5S的新产品，则让“土豪金”成为一个新的热词，“土豪金”就成为形容那些舍得出高价买颜色不同但是硬件相同的手机的人（iPhone5S金色后壳）。有媒体说，10月6日是乔布斯去世两周年纪念日，乔帮主的传记电影少人问津，而有“土豪金”之称的iPhone5S却正在热销，不仅紧俏，价格还高得离谱，且仍一机难求，甚至，科技界和时尚界“土豪金”效应“横空出世”，在2014米兰时装周上，T台模特也上演了全套“黄金甲”。一些网站专门开辟土豪金专区，三星、HTC（手机牌名）等厂商都纷纷拿出自己的“土豪金”产品，表示与苹果不相上下。

当身边的朋友们动辄将“土豪”挂在嘴边时，很多人都还对这种网络现象感到莫名其妙。可事实上，只要我们稍稍分析这种流行现象背后的编码、解码机制，并对网友热捧这个词的社会心理进行一番探究，便不难发现——“土豪”这个词在微博时代重新流行并非没有原因，它甚至可视为解析网络热词文化的经典样本。从以往案例看，一个词或一个短语之所以能成为网络热词，往往是因为它以网友们喜闻乐见的形式映照了社会现实。“土豪”在网络一出现就被广泛接受和传播，最关键的一个原因在于，人们发现这个词可以当作一个非常贴切的身份标签——在网络游戏中，“土豪”指的是无脑消费的游戏玩家；在现实世界里，“土豪”则是富而不贵群体的代名词。钱钟书先生说过：“字有愈用愈宽者，亦复有愈用愈狭者，不可株守初意也。”所谓愈用愈宽，就是外延不断扩大；所谓愈用愈狭，就是内涵不断缩小。钱先生的意思是，字义像社会一样，同样会发生变迁。狗尾续貂，我们就不妨认为词义也是如此。衡之以当下的“土豪”、“土豪金”，算是符合“愈用愈宽”吧。它兴起于网络，这仅是一种网络原生态文化的产物。

本书主要参考资料

1. 夏军:《甲骨文新鉴》,世界图书公司 2005 年版。

2. 罗琨:《甲骨文解析》,长江文艺出版社 2002 年版。

3. 顾音海:《甲骨文发现与研究》,上海书屋 2002 年版。

4. 左民安:《汉字例话正编》《汉字例话续编》,中国青年出版社 1984、1994 年版。

5. 赵超:《石刻古文字》,文物出版社 2006 年版。

6. 路远、裴建平:《历代碑刻琐谈》,四川教育出版社 1996 年版。

7. 牟作武:《中国古文字的起源》,上海人民出版社 2000 年版。

8. 陈炜湛:《汉字古今谈》,语文出版社 1998 年版;《古文字趣谈》,上海古籍出版社 2005 年版。

9. 曹先耀:《汉字文化漫笔》,语文出版社 1992 年版。

10. 张德胜:《身边的文字学》,上海科技文献出版社 2001 年版。

11. 淳于怀椿:《汉字形体演变概论》,辽宁大学出版社 1989 年版。

12. 陈彬龢:《中国文字与书法》,江苏教育出版社 2006 年版。

13. 北京中国书法研究社编:《各种书体源流浅说》,人民美术出版社 1964 年版。

14. 陆锡兴:《汉字的隐秘世界》,上海辞书出版社 2003 年版。

15. 史宪文、史宪峰:《汉字里的商业秘密》,中国经济出版社 2005 年版。

16. 左民安、王尽忠:《细说汉字部首》,九州出版社 2005 年版。

17. 古敬恒:《人体词与人体的秘密》,团结出版社 2000 年版。

18. 李祥:《姓名文化与名人》,群众出版社 2006 年版。

19. 齐昌等:《幽默诗文小品 1001》,中国青年出版社 1994 年版。

20. 中央电视台海外中心专题部:《语林趣话》(一、二、三册),四川辞书出版社 2002、

2003、2004 年版。

21. 翟天禄、李学晓:《汉字趣事》,未来出版社 1987 年版。

22. 曹先耀:《字里乾坤》(上、下册),中国档案出版社 1998 年版。

23. 陈晓宁:《十字街头的语言文字》,中国经济出版社 2004 年版。

24. 张斌、于漪等:《给城市洗把脸》,上海文化出版社 2004 年版。

25. 徐默凡:《网言网语不求人》,上海锦绣文章出版社 2013 年版。

26.《咬文嚼字》期刊,上海《咬文嚼字》杂志社。